本书为国家社科基金项目“我国合理消费的社会风尚形成问题研究”

（项目批准号：13XKS019）结项成果

本书出版受“云南大学新时代马克思主义理论与实践研究丛书”系列

成果出版资助支持项目资助

云南大学新时代马克思主义理论与实践研究丛书

The Formation Mechanism of Social Trend Towards Rational Consumption

合理消费社会风尚的形成机制

盛美真 —— 著

社会科学文献出版社
SOCIAL SCIENCES ACADEMIC PRESS (CHINA)

目 录

导 论

从人类社会发展的历史来看，生态文明建设是在经济社会发展进程中被提出来的，其根本的任务是要正确处理人与自然的关系，目标是形成人与自然和谐共生的社会。随着人类活动的扩张以及人口的增加，伴随人类生存始终且不断演变的消费活动对生态环境的影响日益增大，如同有句广告词所说："没有消费，就没有杀戮。"人类消费行为同生产生活联系紧密，从作为生命维系必要环节的消费到作为人类行为的消费，从作为经济运行环节的消费到作为表征经济社会发展水平的消费，从个体消费行为到社会消费活动，消费包含从生物学意义到经济学意义，再到文化学意义，乃至政治社会学意义的广泛内涵和丰富内容。

当前，消费对生态环境的影响不仅广泛存在而且日益增大。把消费问题纳入生态文明建设的重要范畴来考量，通过消费行为的调适，促进生态文明建设，通过形成合理消费社会风尚，在全社会树立合理消费的理念，形成引导合理消费的法规制度，推动合理消费行为的社会实践，进而推动生态文明社会的形塑，这已是生态文明建设中不仅要着力完善的观念构想和理论创新，而且是要积极纳入政策设计和制度安排等环节，体现在人类基本政治社会实践层面的要求。从这个意义来说，形成合理消费社会风尚之于生态文明建设"是什么""为什么""怎么样"的问题，构成了从生态文明建设视角探讨合理消费社会风尚"元问题"的基本方面和重要路径。基于此，本研究围绕"提出问题－分析问题－解答问题"的基本路径进行。

一　合理消费社会风尚问题的提出

在人们有目的、有计划的一般实践活动的基础上，人们无论从事怎样的具体实践活动，都同人自身的生存发展息息相关。从实践活动的历史性和具体性来看，生产是消费的基础和前提，消费是生产的目的指向和动力来源。毫无疑问，消费是人类存在和发展的基本条件，也是社会发展的重要动力。马克思强调："人从出现在地球舞台上的那一天起，每天都要消费，不管在他开始生产以前和在生产期间都是一样。"① 可以说，地球可以离开人类的消费行为而独立存在，而人类的消费行为任何时候都不能离开地球而独立存在。在农业文明时代，人类的消费是和自然相联系的农业文明消费。然而自人类进入机器大生产和科技快速进步的工业文明时代以来，伴随着社会生产力的迅速发展，整个社会的物质产品空前繁盛，人们日益增长的物质需求不断得到满足，进而开始放纵越发膨胀的物欲，奢侈消费和过度消费之风日渐盛行，越来越多的人把物质需要的无限满足看作人生幸福的标志和人生追求的终极价值目标。然而，人们在享受和陶醉于不断满足的消费欲望时却蓦然发现，人类正面临前所未有的、严重的生存和发展危机——全球气候变暖、空气质量下降、物种大量灭绝、大片森林消失、耕地迅速减少等资源和环境问题，人类的持续生存受到了严重的威胁。

地球可以满足人类的需求，但远远满足不了人类的贪婪。面对日益严重的全球性环境问题，人类必然要为实现长久的生存而谋划与地球相处的远景构想。1992 年，联合国通过的《21 世纪议程》明确指出："全球性环境不断退化的主要原因是非可持续消费和生产模式，尤其是工业化国家的这类模式。"②《里约环境与发展宣言》也强调："各国应当减少和消除不能持续的生产和消费方式。"③ 之后，世界各国都开始协调自己的生产和消费。《中国 21 世纪议程——中国 21 世纪人口、环境与发展白皮书》即明确指出，我国

① 马克思：《资本论》第三卷，中共中央马克思恩格斯列宁斯大林著作编译局译，人民出版社，1975，第 191 页。

② 《21 世纪议程》，国家环境保护局译，中国环境科学出版社，1993，第 16 页。

③ 转引自《迈向 21 世纪——联合国环境与发展大会文献汇编》，中国环境报社编译，中国环境科学出版社，1992，第 30 页。

要改变传统粗放型的生产方式，形成可持续性的生产模式，实现以尽可能小的环境代价和最少的能源、资源消耗以获取最大的经济效益和生态效益。[1]不可否认，从生产的角度探讨人类社会经济社会的可持续发展，一度成为20世纪诸多学科解决全球性资源环境问题的主要途径，这主要是在假定消费的必要性和需求的正当性前提下，试图从应约束的生产和可优化的生产这样的角度解决问题的必然选择。

但当人们在关注资源环境的问题时，生产和消费领域两方面的原因不仅客观存在，而且几乎同时被提出来。在人类通过技术进步而谋求更多生产来实现自身多方面消费的同时，消费需求的过度满足使地球面临着生态体系及其良性运行的不可承受之重。我们立足经验世界稍微进行一些深入的分析就会发现，生产和消费密切相关，互为因果。正如马克思所言："生产直接是消费，消费直接是生产……没有生产，就没有消费；但是，没有消费，也就没有生产，因为如果没有消费，生产就没有目的。"[2] 在我们强调人自身生存发展前提的同时，更应该关注生活目的指向的问题。因此，解决全球性资源环境问题理应在关注生产的同时，更加重视消费本身带来的影响。正如美国学者施里达斯·拉夫尔所认为的："消费问题是环境危机问题的核心，人类对生物圈的影响正在产生着对于环境的压力，并威胁着地球支持生命的能力。从本质上说，这种影响是通过人们使用或耗费能源和原材料所产生的。"[3] 而人们对能源和原材料的使用或消耗即消费，这其中包含了生产环节和生活领域各种各样的消费。

资源和环境危机首先引起了学者们的高度关注，他们开始从人类生产活动的源头——消费端探寻解决之道，于是消费问题成为学术界的研究热点。特别是在20世纪80年代末90年代初，绿色消费、可持续消费、生态消费等科学合理的消费模式不断形成，推动了现代消费观念及消费实践的发展，进而显著地把地球生态系统运行同人类消费实践直接而现实地联系了起

---

① 《中国21世纪议程——中国21世纪人口、环境与发展白皮书》，中国环境科学出版社，1994，第84~85页。

② 《马克思恩格斯选集》第二卷，中共中央马克思恩格斯列宁斯大林著作编译局编，人民出版社，1995，第9页。

③ 施里达斯·拉夫尔：《我们的家园——地球》，夏堃堡等译，张坤民等校，中国环境科学出版社，1993，第13页。

来。其基本思路就是通过对消费的节制或调适，提出从人类消费终端控制和引导人类实践活动，进而解决资源环境问题的思路和策略。如果生产更多的是要解决技术进步和效率提高的问题，那么消费则要更倾向于解决文明进步和公平实现的问题，这就在历史进步中把消费环节纳入了生态文明建设的视域。

事实上，在人类历史中，资本主义生产方式极大地解放和促进了生产力的发展，进而形成了在谋求技术进步和推动生产力发展的前提下来处理人与自然之关系的生产生活模式。正如《共产党宣言》所指出的那样，受资本和利润的驱使，资产阶级把人与人之间的社会关系变成金钱关系，资产阶级在不断扩大产品销路的过程中到处落户、到处开发、到处建立联系，资产阶级用它的商品的低廉价格迫使人们采取资产阶级的生产方式并推行资产阶级倡导的文明方式。资产阶级通过“自然力的征服，机器的采用，化学在工业和农业中的应用，轮船的行驶，铁路的通行，电报的使用，整个大陆的开垦，河川的通航，仿佛用法术从地下呼唤出来的大量人口”①，基于技术进步和资本主义生产力发展而形成的人与人之间的关系，根本上改变了人与自然的关系，形成了作为绝对主体的人类对资源无限索取和对地球无限开发的基本样式，导致了资源环境问题日益加重。当资本主义发展不能再靠肆意夺取资源而无限扩张的时候，处理人与自然之间的关系再次回到了资本主义生产发展的历史进程中。这一次，资本主义的生产方式要为自己的成功付出应有的代价，从应然的角度来看，就是要优化人与自然的关系，改变资本主义生产方式的掠夺性和扩张性。但从资本主义基本矛盾的固有结构、资本主义在全球生态环境治理上的作为来看，改变资本主义生产方式的固有特点是不现实的。在资本主义生产方式的范畴内，资本主义用以解决周期性危机的消费刺激计划，以及对超前消费、过度消费的倡导和推动，在根本上难以推动形成优化人与自然关系的制度文明。

中国自 1978 年改革开放以来，社会生产力的极大发展，物质产品的无限丰富，不断刺激着人们的消费欲望，加之受西方发达国家极端经济主义和贪婪功利主义的影响，享乐主义消费观日渐蔓延。在这些不正确的消费观的驱

① 《马克思恩格斯选集》第一卷，中共中央马克思恩格斯列宁斯大林著作编译局编，人民出版社，1995，第 277 页。

使和影响下，不合理的消费日渐增多，这不仅严重破坏了我国的自然生态环境，而且极大地影响了整个社会的消费风气，在相当程度上造成了人们消费道德和环境伦理的沦丧。

面对问题，中国共产党人正视问题、迎难而上，在领导中国特色社会主义事业发展的过程中，生态文明建设成为社会主义现代化建设的重要内容。20 世纪 80 年代初，保护环境已成为我国的基本国策。进入 21 世纪，节约资源又成为我国的基本国策。一代又一代中国共产党人在接力探索中逐步形成了中国特色社会主义生态文明建设的理论与实践，为推动新时代生态文明建设提供了思想指引和制度保障。党的十八大报告明确指出："加强生态文明宣传教育，增强全民节约意识、环保意识、生态意识，形成合理消费的社会风尚，营造爱护生态环境的良好风气。"① 党的十九大报告多次提及消费，包括"在中高端消费、创新引领、绿色低碳、共享经济、现代供应链、人力资本服务等领域培育新增长点、形成新动能""完善促进消费的体制机制，增强消费对经济发展的基础性作用""加快建立绿色生产和消费的法律制度和政策导向""反对奢侈浪费和不合理消费"② 等。伴随着中国特色社会主义进入新时代，继续解决我国生态环境的危机，建设生态文明，实现人与自然、人与人、人与社会的和谐发展，其中一条重要出路就是必须对不合理的生活方式和消费取向进行积极引导和根本改造，在全社会形成崇尚合理消费的社会风气，营造一个代内、代际和国际公平的生活和消费环境。

二　国内外相关研究综述

一般认为，随着经济社会发展中环境问题的日益凸显，尤其是联合国环境规划署在 1994 年明确提出"可持续消费"的理念之后，国内外学术界从生态文明视角审视人类消费问题渐成研究热点，主要研究成果多数集中在消费经济学、消费社会学和生态学马克思主义等学科领域，人们的关注点主要是"可持续消费""生态消费""生态文明消费"等消费问题。

---

① 《坚定不移沿着中国特色社会主义道路前进　为全面建成小康社会而奋斗——在中国共产党第十八次全国代表大会上的报告》，《人民日报》2012 年 11 月 18 日，第 1 版。

② 《决胜全面建成小康社会　夺取新时代中国特色社会主义伟大胜利——在中国共产党第十九次全国代表大会上的报告》，《人民日报》2017 年 10 月 28 日，第 1 版。

（一）国内外关于合理消费问题的研究

1. 关于合理消费的概念界定

当前明确对合理消费进行界定的研究成果尚为数不多，代表性成果是《合理消费：生态文明的源头》等。文魁、刘慧认为，合理消费的基本内涵是合乎人的需要、确保生活质量的理性消费，其内在属性是理性消费，“理”之表现有二：其一是消费必须保证人类生活的资料来源和生存环境；其二是选择与个人收入相匹配的最大效用组合。① 龙迎伟、蔡红梅则把合理消费界定为符合以下两个原则来消耗物质财富而满足生产、生活需要的行为：一是尽量满足基本的生存发展需要；二是尽量避免资源的浪费。② 也有学者认为合理消费即可持续消费，包括绿色消费、适度消费、文明消费。③ 合理消费是与过度消费或消费不足相比较而言的，它提倡过简朴的生活和以提高生活质量为中心的更高层次的生活，提倡提高精神消费在生活消费中的比重。多数学者虽未明确界定合理消费，但却从外延上阐释了合理消费，如肖旺群等在《浅析当前人们消费心理倡导合理消费设计》中，提出了合理消费应当包括三个具体尺度：一是合理消费不但应该有效地满足人的各项基本生理需要，而且还应能较好地满足其精神需要，能促进人的全面发展；二是合理消费不但有利于国民经济的持续发展，而且还应该符合国家的政治制度和法律制度，有利于体现国家主流文化形态；三是合理消费应有利于节约资源、改善环境和维护生态平衡。④ 王玉生、刘文波则从个人合理消费的评价标准阐释了何为合理消费，主要包括经济效用标准、社会规范标准、生态效用标准和需求层次标准。⑤

显然，上述对合理消费的界定均强调保障人的基本需要得到满足并不断发展，同时注重保护资源和生态环境，明显超越了单纯的经济学原理，即在满足人们基本需要并不断提升人们生活质量的条件下，使消费支出合理控制

---

① 文魁、刘慧：《合理消费：生态文明的源头》，《北京社会科学》2013 年第 2 期。

② 龙迎伟、蔡红梅：《当代大学生合理消费意识的基本内涵》，《江南论坛》2008 年第 7 期。

③ 顾栋：《浅谈形成合理消费的社会风尚问题》，《中外企业家》2013 年第 6 期。

④ 肖旺群、李纶、许佳：《浅析当前人们消费心理倡导合理消费设计》，《中国西部科技》2004 年第 11 期。

⑤ 王玉生、刘文波：《论个人合理消费的评价标准》，《消费经济》2003 年第 2 期。

在人们的收入范围内，基本保持收支平衡。

2. 关于合理消费社会价值的探究

把资源环境与人类消费联系起来，主要从消费的无限性和资源环境可负担能力的有限性进行分析和探讨，提出合理消费的重要性和必要性。《21 世纪议程》指出：全球环境持续恶化的主要成因之一是人类不可持续的消费。英国学者舒马赫在《小的是美好的》一书中提出，人类的消费方式是造成地球有限资源浪费的主要原因，进而提出谋求新的消费模式的设想。① 1988 年，英国学者 John Elkington 和 Julia Hailes 出版了著名的《绿色消费者指南》，在该书中他们提出了有利于环保的绿色消费模式。“加拿大生态经济学者 Wackernagal 和 Rees 认为，为了实现个人与家庭、组织或机构、区域或国家的消费行为和生态可持续性，必须改变人类的不当消费方式，并通过‘生态足迹分析’方法探讨了如何改善人类的消费方式，实现与人类活动相关的生态消费水平与区域的生态供给能力之间的平衡，最终达到提高消费行为和生态可持续性的目的。”②

西方生态学马克思主义者指出：“‘异化消费’必然导致人与自然关系的紧张和生态环境的不断恶化，因而他们主张消费‘够用就行’‘适当就好’，将‘更少’与‘更好’结合起来。”③ 我国学者许进杰指出，“发达国家 200 年发展过程中出现的环境问题，在我国 30 多年的经济体制改革过程中就集中凸显出来。尽管造成环境危机的直接原因也许更多地表现为企业的不可持续生产模式，以及政府实施粗放式经济增长方式所导致的低效或无效管理，但消费增长，尤其是居民不当生活方式和消费模式的不可持续增长更是加剧了资源消耗和环境破坏”④，进而指出资源性供给紧约束呼唤可持续性的消费模式。钟茂初认为，消费活动是人类的经常性行为和普遍性行为，每时每刻、每个地方都在进行着一定的消费活动，也就意味着同时在进行着资源的

---

① E. F. 舒马赫：《小的是美好的》，虞鸿钧、郑关林译，刘静华校，商务印书馆，1984，第 208 页。

② 转引自许进杰《生态文明消费模式研究——基于资源性供给紧约束的视角》，吉林出版集团股份有限公司，2016，第 9 ~ 10 页。

③ 转引自许进杰《生态文明消费模式研究——基于资源性供给紧约束的视角》，吉林出版集团股份有限公司，2016，第 10 页。

④ 许进杰：《生态文明消费模式研究——基于资源性供给紧约束的视角》，吉林出版集团股份有限公司，2016，第 82 页。

消耗和废弃物的排放，尽管消费活动是分散的，但总体行为的后果加总会造成巨大的环境危害。[①] 合理消费的社会价值显而易见。

3. 关于合理消费实证问题的研究

从微观层面对部分区域和消费主体的合理消费状况进行具体和实证的分析研究。国外典型研究如经济合作与发展组织（OECD）的《1999—2001 可持续消费研究项目》，其中就有部门案例研究和政策案例研究等大量实证性研究，比如部门案例研究报告《家庭食物消费：趋势、环境影响及对策》，便是对经济合作与发展组织成员中的奥地利、波兰、瑞典和美国四国的家庭食物消费模式进行的实证研究，通过对四国家庭食物消费模式以及环境影响进行时间序列分析，探讨了消费模式背后的经济、人口统计学、社会和文化等影响因素以及减轻环境压力的政策选择。国内的代表性成果如高志英的《中国居民可持续消费研究》，通过问卷的形式对“中国居民可持续消费行为与影响因素”进行了实证分析。[②] 朱洪革、佟立志则选取“城市居民生态消费支付意愿”进行实证研究，并得出结论：居民的生态消费支付意愿水平在年龄、受教育程度、收入水平上具有显著的差异，而在性别方面则没有显著的差异。[③] 贺爱忠、戴志利通过问卷调查，运用描述性统计方法、K - Means 聚类方法和 Logistic 回归模型，就农村消费者生态心理意识对生态消费的影响进行了实证研究。[④]

4. 关于合理消费的体系和机制构建问题的研究

经济合作与发展组织在《1999—2001 可持续消费研究项目》中制定了改善可持续消费的评价指标。“环境状况工作组制定了可持续消费指标框架，主要包括三个部分：具有环境意义的消费趋势和消费模式、与环境间的相互作用、经济和政策。联合国可持续发展委员会（UNCSD）详细提出了一套用于度量可持续消费模式变化的指标。”[⑤] 尹世杰认为，建立生态消费体系是一项系统工程，必须坚持正确的指导思想，发展生态产业，发展绿色营销，开

---

① 钟茂初：《可持续发展经济学》，经济科学出版社，2006，第 92 ~ 93 页。

② 高志英：《中国居民可持续消费研究》，湖北人民出版社，2011，第 107 ~ 113 页。

③ 朱洪革、佟立志：《城市居民生态消费支付意愿的调查分析》，《消费经济》2009 年第 4 期。

④ 贺爱忠、戴志利：《农村消费者生态心理意识对生态消费影响的实证分析》，《中国农村经济》2009 年第 12 期。

⑤ 张保生、黄绍峰、刘飞：《可持续消费评价指标体系及调查实例分析》，《北方环境》2011 年第 3 期。

拓绿色市场，培育优美的生态环境，建立完善的生态法制体系。[①] 肖彦花提出，可持续消费指标体系包括消费水平指标、消费结构指标、消费环境指标、消费质量指标、消费效益指标。[②] 东北林业大学博士姚永利认为，生态消费作为人类的一种消费活动，其结果的好坏、质量的高低应能进行评价以便进行比较，比较的结果会更能说服人们主动地实现消费模式的转变。为此，他设计了生态消费水平综合评价指标体系及相应的测度计算方法，并以实例验证了其实用性。[③] 司金銮专门探讨了纳入国家生态消费政策体系的新政策，即生态消费税收政策、可持续产品价格政策、生态消费核算政策、消费环保技术政策。[④] 尹向东、刘敏认为促进新型消费需构建四大机制，即居民收入和消费与经济同步增长的联动机制、消费结构与产业结构良性互动的耦合机制、促进环境优化的市场监管机制、促进消费需求结构优化升级的引导与调控机制。[⑤] 该方面的研究正逐步成为学术界研究的重点。

5. 关于合理消费与可持续发展、生态文明、人的全面发展等关系的研究

国外典型的研究是经济合作与发展组织就消费、生产与可持续发展之间的关系展开的研究。国内方面，杨家栋、秦兴方指出实现可持续发展的关键是可持续消费，从根本上来说可持续消费是可持续发展的实现机制。[⑥] 文魁、刘慧认为合理消费是生态文明的源头，并强调进行消费文化引导是合理消费的基础。[⑦] 还有学者专门研究了生态消费与人的全面发展的关系，指出生态消费可以满足人的生态需要，促进生态公正，恢复人的本性，因而对人的全面发展起重要的作用。[⑧]

（二）关于我国合理消费社会风尚的相关研究

目前我国直接以合理消费风尚（风气）或合理消费社会风尚（风气）

---

① 尹世杰：《关于建立生态消费体系的几个问题》，《长沙铁道学院学报》（社会科学版）2000 年第 1 期。

② 肖彦花：《论可持续消费及其指标体系》，《湘潭大学学报》（哲学社会科学版）1999 年第 3 期。

③ 姚永利：《生态消费问题研究》，东北林业大学博士学位论文，2007。

④ 司金銮：《国家生态消费政策体系探讨》，《经济纵横》2004 年第 12 期。

⑤ 尹向东、刘敏：《构建四大机制 促进新型消费》，《人民日报》2012 年 3 月 12 日，第 7 版。

⑥ 杨家栋、秦兴方：《可持续消费是可持续发展的实现机制》，《当代财经》2000 年第 6 期。

⑦ 文魁、刘慧：《合理消费：生态文明的源头》，《北京社会科学》2013 年第 2 期。

⑧ 吴细玲：《生态消费与人的全面发展》，《三明学院学报》2008 年第 1 期。

为题的研究成果较少，代表性成果是《浅谈形成合理消费的社会风尚问题》，文章指出，“要在全社会形成合理消费的社会风尚，就必须深刻理解可持续消费的内涵与理念，遵循可持续消费的原则，大力提倡可持续消费，营造浓厚的可持续消费的社会氛围；建立可持续的消费机制和可持续消费法律体系；政府还要加大可持续消费的推进力度，从而才能促进社会的合理消费”[①]。其他相关研究则主要散见于对我国消费问题和党风问题的研究中，集中体现在对我国消费主义、消费观念和党风廉政建设等的研究中。

1. 在对消费主义等不合理消费现象的研究中关涉我国合理消费社会风尚形成问题的研究

所谓消费主义，也称消费主义文化（culture of consumerism），是兴起于二战之后的西方资本主义的一种有关消费的价值观念和生活方式，以对物品的绝对占有和追求享乐主义为特征。[②] 严格说来，直至 20 世纪 90 年代初期，消费主义才作为一种价值取向和日常实践，在中华大地上四处蔓延。[③] 中国消费主义潮流主要不是在大众层面发生的，而是存在于高收入的特殊“精英”阶层之中，且由高收入阶层向中等收入阶层扩展，进而影响全社会。[④] 郑红娥利用实证调查研究了消费主义在中国的表现及危害，并提出建立消费发展观是超越消费主义的关键。[⑤] 刘广登、林于良分析了消费主义范式对中国生态文明建设造成的双重围困，一是消费主义范式使奢侈浪费之风日益盛行，中国渐失发展的可持续性；二是消费主义范式严重缺乏生态消费理念，生态危机日益凸显，进而提出根本对策是培育全民生态消费理念，形成合理消费的社会风尚，唤醒生态文明建设的责任主体。[⑥]

---

① 顾栋：《浅谈形成合理消费的社会风尚问题》，《中外企业家》2013 年第 6 期。

② 莫少群：《当代中国的消费主义现象：消费革命抑或过度消费?》，《南京师大学报》（社会科学版）2012 年第 4 期。

③ 成伯清：《消费主义离我们有多远》，《江苏行政学院学报》2001 年第 2 期。

④ 莫少群：《当代中国的消费主义现象：消费革命抑或过度消费?》，《南京师大学报》（社会科学版）2012 年第 4 期。

⑤ 郑红娥：《社会转型与消费革命——中国城市消费观念的变迁》，北京大学出版社，2006，第 314 页。

⑥ 刘广登、林于良：《消费主义范式对中国生态文明建设的影响及其应对》，《前沿》2013 年第 7 期。

2. 在探究我国消费观（念）的研究中包含对合理消费社会风尚形成问题的研究

消费观是人们关于消费的基本观点和看法。由于消费观直接引导并决定着消费行为，因此人们日渐重视对消费观的研究。审视当前我国不合理的消费观，培育合理消费观是该方面研究的重点，而这也是合理消费社会风尚形成问题所要研究的重要内容。该方面的研究主要侧重于两方面，一方面是宏观理论层面的研究，如孙伟平的《我们需要什么样的消费观?》，文章认为，观念是行为的先导，因此提倡消费观念的更新，“既反对抑制消费的禁欲主义，也反对超过经济发展水平的过度消费，更反对影响身心健康、破坏人与自然和谐的奢侈浪费，树立‘节俭消费’‘理性消费’‘健康消费’‘绿色消费’的理念”①，并指出：根治奢侈浪费必须大力进行社会主义核心价值观教育、加强制度建设等。《生态文明视角下的适度消费观》一文比较详细地论述了适度消费观的内涵及适度消费观走向实践的路径。② 另一方面是立足于特定群体进行具体分析，然后有针对性地提出解决问题的对策及思路。如《现阶段中国农村居民消费观特点分析和对策研究》，文章认为我国农村居民消费观存在消极节俭有所削弱，铺张浪费同时存在；重视人情消费，支出项目和数额有增加的趋势等五方面的特点，并提出转变农民消费观的一系列对策。③ 再如，《消费主义批判视野下大学生消费观教育的基本思路探讨》一文提出，大学生科学消费观应依托社会教育、家庭教育、学校教育三者的合力，要开展系统的消费观教育活动。④

3. 在加强党风廉政建设的研究中涉及合理消费社会风尚问题

重视党风建设历来是我们党建设的特点和优点，尤其是改革开放以来，党风廉政建设成为党建的重要内容。针对国内党员干部存在的形式主义、官僚主义、享乐主义和奢靡之风的“四风”问题，党中央出台了“八项规定”和“六项禁令”，其中“八项规定”中的“精简会议活动、例行勤俭节约”

① 孙伟平：《我们需要什么样的消费观?》，《求是》2013 年第 15 期。

② 王敬、张忠潮：《生态文明视角下的适度消费观》，《消费经济》2011 年第 2 期。

③ 赵盈、高娟、杨宏：《现阶段中国农村居民消费观特点分析和对策研究》，《农业考古》2010 年第 6 期。

④ 孙彩霞：《消费主义批判视野下大学生消费观教育的基本思路探讨》，《中国成人教育》2011 年第 16 期。

和“六项禁令”中的“严禁滥发钱物，讲排场、比阔气，搞铺张浪费；严禁超标准接待”，均明确提倡厉行节约、反对浪费。针对天价烟酒、豪车名表等炫富现象和中国成为全球第一大奢侈品消费市场的现状，党中央高度重视，通过抓党风政风促民风，要求党员干部“要坚持勤俭办一切事业，坚决反对讲排场、比阔气，坚决抵制享乐主义和奢靡之风。要大力弘扬中华民族勤俭节约的优秀传统，大力宣传节约光荣、浪费可耻的思想观念，努力使厉行节约、反对浪费在全社会蔚然成风”①。另外，在对奢靡之风和享乐主义这两种不良社会风气的研究中不少学者开始关注合理消费社会风尚问题。如广东省中国特色社会主义理论体系研究中心详细分析了奢靡之风的突出表现：一是大兴土木，违规兴建楼堂馆所；二是热衷于造节办节，劳民伤财；三是超规格接待，舌尖上的浪费触目惊心；四是个人生活奢靡，挥霍无度。在分析其危害的基础上提出了杜绝奢靡之风的途径，即筑牢思想防线、加强制度规范、强化监督检查、营造良好社会氛围、领导干部带头。② 显然，杜绝党员干部奢靡之风的途径也是当前推动我国合理消费社会风尚形成的重要途径之一。

（三）进一步研究的设想

从对前述研究成果的分析，我们不难发现从社会风尚的角度研究合理消费是一个新视角，尚有不少薄弱乃至空白点需要加强和填补。

首先，不同群体的合理消费社会风尚研究有待系统和深化。社会风尚是指一定历史时期一定区域环境中多数成员所崇尚的社会意识和行为，具有鲜明的群体性和传染性。目前关于不同群体消费社会风尚的研究主要局限于“三公”消费群体和党员干部的“四风”现象等，且多数是从国家政治和党建的角度进行探讨，从合理消费社会风尚形成角度进行的研究，目前能看到的仅有《严控公款消费净化社会风气》《杜绝奢靡之风》等为数不多的几篇。对影响我国合理消费社会风尚形成的主要消费群体如领导干部群体、商人群体、明星群体、农民群体、大学生群体缺乏集中而系统的深入分析，对这些群体不合理的消费行为和观念的主要表现、原因分析及推动形成合理消费社

① 习近平：《把权力关进制度的笼子里》（2013 年 1 月 22 日），载《习近平谈治国理政》，外文出版社，2014，第 387 页。

② 广东省中国特色社会主义理论体系研究中心：《杜绝奢靡之风》，《求是》2013 年第 17 期。

会风尚的具体对策的探讨明显欠缺。

其次，对于形成全社会合理消费社会风尚的实践路径、体制机制研究亟待加强。党的十八大报告提出，建设中国特色社会主义生态文明需要在全社会形成合理消费的社会风尚，因此从社会风尚的角度研究合理消费更应该注重实践价值层面，然而目前系统探讨合理消费社会风尚形成机制和实践对策的研究非常欠缺。笔者认为，遵循社会风尚形成规律，应系统研究影响合理消费社会风尚的主要社会群体在消费方面的现状和存在的问题，在此基础上探讨合理消费社会风尚的形成机制，提出合理消费社会风尚形成的分层发展目标及实现对策。

最后，党和政府作为国家意志和人民利益的代表，在合理消费社会风尚形成中的地位和作用应该是研究的重点。根据社会风尚形成的基本理论，一个社会的合理消费社会风尚的形成往往需要助推和引导，而党和政府的作用尤为凸显。邓小平提出，“端正党风是端正社会风气的关键”①，“只有搞好党风，才能改变社会风气”②。对于消费者而言，在一定的可支配收入的条件下，消费者是否选择有益于生态文明建设的合理消费行为取决于整体消费环境、对产品消费效用的判断、个体消费心理等因素，而整体消费环境需要政府来营造，消费者对产品消费效用的判断和个体的消费心理则离不开政府的正确引导和广大中国共产党党员干部的示范与引领。

三　研究价值及创新之处

本研究意在从生态文明建设的视域，探究合理消费社会风尚形成的基本问题，试图通过把握消费一端的基本问题，在对合理消费社会风尚与生态文明建设二者的基本关系进行把握的基础上，实现对合理消费社会风尚形成问题的专题式系统化研究。

（一）研究价值

1. 有助于丰富发展生态文明建设理论

面对生态危机，推进生态文明建设问题引起了各方关注，在探索中形成

① 《邓小平文选》第三卷，人民出版社，1993，第 144 页。
② 《邓小平文选》第二卷，人民出版社，1983，第 178 页。

了一系列相应的理论成果。这些成果体现在生态环境学、生态经济学、生态政治学、生态文化学等领域，以及围绕生态问题而形成的国际关系理论，都成为当代学术研究中的热点问题。在这些领域的研究当中，从消费一端的问题切入，形成了消费生态学、消费政治学、消费经济学、消费社会学、消费文化学等相关的研究领域。但在这些方面的研究成果中，从中国特色哲学社会科学体系建构的要求出发，对合理消费社会风尚进行的研究还没有引起足够的重视，虽然党的十八大报告已明确提出建设生态文明要形成合理消费的社会风尚，但对我国合理消费社会风尚形成问题进行的系统分析和深入研究明显欠缺。因此，本研究可以细化生态文明建设着眼点，从而有助于深化中国特色社会主义生态文明建设的理论内涵，对于建构中国特色社会主义生态文明建设理论体系具有积极探索意义。

2. 有助于促进生态文明建设问题的实践解决

在处理人口、资源、环境关系的实践中，人们从生产的角度提出了可持续发展、科学发展等方面的发展观。在保护自然、节约资源、促进人与自然和谐共生等方面，人们形成了更为全面、更为彻底的生态文明建设实践。而在这样的实践中，消费问题被提到了更加突出的位置，形成合理消费社会风尚，是推进生态文明建设的重要环节，对于促进生态文明建设问题的实践解决，有着重要意义。随着我国改革开放的深入推进、经济全球化的持续发展以及民众生活水平的不断提高，发端于西方资本主义文明的“消费主义”日渐浸淫中国社会。虽然在党和政府的努力下，我国一些群体和地区不合理的消费风气有明显减弱的趋势，但在全国范围内各主要群体中仍存在诸如奢侈消费、炫耀性消费等不良消费风气。

本研究从生态文明建设的宏观视域，依据社会风尚形成的相关理论，分析当前我国合理消费社会风尚形成过程中的主要问题及产生原因，围绕如何形成合理消费的社会风尚这一核心课题，试图提出促进合理消费社会风尚形成的机制构建和对策建议，这在一定程度上对转变当前不良的消费风气和扭曲的消费模式、形成合理消费的社会风尚，具有某种现实决策的参考意义和价值。同时，这对于贯彻习近平生态文明思想、实现人与自然和谐相处、促进人的全面发展和人类经济社会的可持续发展，具有极其重要的现实意义。

3. 有助于拓展消费问题研究的学科领域

目前，对我国消费问题的研究，大多从经济学、社会学等方面进行，并取得了丰富的研究成果。本研究坚持马克思主义的立场、观点和方法，以马克思主义和科学社会主义为知识背景，从生态文明建设的视角，尝试应用社会风尚形成的一般原理，解答我国合理消费社会风尚形成的实践问题，突破了目前主要侧重从社会学、经济学的视野和方法研究消费问题的局限，拓展了当前关于合理消费问题的研究领域，形成了关于消费问题研究的学术方法，为消费问题的研究提供了一个新的视角。

4. 有助于完善关于生态环境问题全球治理的中国方案

生态环境问题是全球性的问题，生态环境问题的解决必须形成全球治理的相关方案。中国特色社会主义进入新时代意味着中国特色社会主义的发展将为包括生态环境问题在内的全球性问题的解决提供中国方案。中国特色社会主义道路、理论、制度、文化在生态文明建设中的优势已经得到越来越多的证明。从生态文明建设的角度来看，合理消费社会风尚的形成是推动生态文明建设的重要途径。在形成合理消费社会风尚方面，中国的治理体系和治理模式有着巨大的示范性和优势。本研究意在通过对合理消费社会风尚形成的中国治理体系和治理模式进行研究，从而推动关于生态环境问题全球治理的中国方案的完善。

（二）创新之处

1. 研究视角的创新

从社会风尚的角度研究合理消费的课题还很欠缺。本研究突破了目前主要侧重从社会学、经济学、哲学的视野和方法研究合理消费问题的局限，以马克思主义与科学社会主义为知识背景，从社会风尚的视角，系统研究我国合理消费社会风尚形成问题，这是研究角度的创新。

2. 研究内容的创新

在研究内容上，本研究尝试应用社会风尚形成的一般原理，解答我国生态文明建设进程中合理消费社会风尚形成的实践问题。在当前同类研究中尚无专门性的成果对这一问题进行论述。按照研究构想，在对合理消费与生态文明建设二者关系把握的基础上，本研究旨在对合理消费社会风尚形成问题进行深入探究，对“合理消费社会风尚是什么”“为什么要形成合理消费社会风尚”“要形成合理消费社会风尚应怎么办”等问题进行专题式、系统化研究。

四 研究思路、研究内容和研究方法

（一）研究思路和内容框架

本研究以马克思主义消费理论特别是习近平生态文明思想为指导，遵循“五位一体”总体布局，全面贯彻落实中国共产党关于生态文明建设的基本精神、目标要求和战略部署，以探索“把生态文明建设融入经济建设、政治建设、文化建设和社会建设各方面和全过程”① 为方向和指引，借鉴其他领域专家、学者相关研究的成果，吸收其他研究对合理消费的定义，立足于生态文明建设和人的全面发展对合理消费进行界定，并分析合理消费社会风尚的基本内涵和特征，构筑形成合理消费社会风尚的理论基础，进而围绕如何形成合理消费社会风尚，深入分析现阶段影响合理消费社会风尚形成的主要问题，在此基础上系统探讨合理消费社会风尚的形成机制，提出合理消费社会风尚形成的分层发展目标及实现对策，为推动形成合理消费社会风尚、进行生态文明建设提供建议。

按照上述研究思路，本研究力图进一步丰富合理消费理论与社会风尚形成理论，并寻找解决当前我国不合理消费风气问题的有效途径，从而形成本研究的研究内容。

本研究的逻辑思路如下。

首先是合理消费和合理消费社会风尚形成的理论基础研究，主要是第一章和第二章的内容。第一章基于多学科对“消费”的界定，从马克思主义和科学社会主义的视角，阐述合理消费的内涵、属性，以及合理消费社会风尚形成的规律。第二章从生态文明建设的视角，立足于人的全面发展，对马克思主义合理消费思想及其他相关理论进行了概述。这两章的内容共同奠定了本研究关于形成合理消费社会风尚的理论基点，为接续探究合理消费社会风尚的形成问题奠定了理论基础。

其次是对我国合理消费社会风尚形成的历史进行考察，即第三章的内

① 《坚定不移沿着中国特色社会主义道路前进 为全面建成小康社会而奋斗——在中国共产党第十八次全国代表大会上的报告》，《人民日报》2012 年 11 月 18 日，第 1 版。

容。通过详细分析不同历史阶段党和政府形塑合理消费社会风尚的内容及特点，论述了新中国成立以来我国合理消费社会风尚的变化，特别是党的十八大以来我国合理消费社会风尚中出现的新特点、新变化，并指出正是党和国家立足于人民群众的发展，服务于国家社会发展的大局，充分发挥生产者、消费者和社会组织的积极性和主动性，使得自上而下的倡导与自下而上的响应深度融合，才最终形成推动合理消费社会风尚的强大合力，取得了一系列成果。但是，实践发展与我国生态文明建设对合理消费社会风尚的要求还有一定的差距，尤其是随着人们物质生活水平的不断提高，人们的消费在满足自身生存的需要后，开始趋向于追逐享受需要的满足，加上受消费主义等各种不良因素的影响，社会上逐渐出现了奢靡之风、浪费之风等不合理的消费风气。为不断满足经济社会发展的现实诉求，我们需要与时俱进，采用各种形式，调动各方力量，推动我国合理消费社会风尚的形成。该部分是第六章的铺垫。

再次是形成合理消费社会风尚的现实诉求和主要问题，即第四、第五章的内容。第四章主要从人的全面发展、经济社会的可持续发展、生态文明建设和构建和谐社会的视角，详细论述了我国形成合理消费社会风尚的重要性。第五章依据联合国在《21 世纪议程》中指出的改变不可持续消费模式"需要政府、消费者和生产者的共同努力"，结合当代中国的发展实际，主要从政府、企业、消费者和新闻媒体等几个层面分析了当前在我国合理消费社会风尚形成中的主要问题及其原因。这是解决合理消费社会风尚形成问题的关键，是第六、第七章的基础。

最后是解决我国合理消费社会风尚问题的路径选择，即第六、第七章的内容。第六章根据社会风尚形成规律，系统分析了我国主要群体在合理消费社会风尚形成中的作用及充分发挥其作用的路径选择。第七章则根据社会风尚形成理论和系统论原理，主要探讨了我国合理消费社会风尚形成机制的要素构成和合理消费社会风尚形成机制构建。

（二）研究方法

基于选题的内容设计和研究思路，本研究将运用马克思主义的辩证唯物主义和历史唯物主义方法，综合运用思想政治教育理论、社会学、政治学等相关学科的理论和方法，主要采用的方法如下。

一是文献研究法。对目前已公开发表的不同学科有关消费、绿色消费、可持续消费、生态消费和消费风气、消费风尚等方面的论文、著述以及相关的报纸、网络、新闻等媒体的报道进行查阅并把握其基本观点和主要内容，为本研究提供重要的资料基础。

二是比较分析方法。比较不同社会主体因生活空间、经济条件、政治社会地位、文化和教育背景等的不同，而在消费观念、行为方面存在的异同，提出形成合理消费社会风尚的分层发展目标及实现对策。

三是系统分析方法。当今社会不良消费问题的产生是多种因素相互影响、相互作用的结果，而形成合理消费的社会风尚，则需要政府、生产者、消费者等主体的有效参与和相互作用，系统分析这些问题，是机制构建和政策设计的关键。

第一章

合理消费社会风尚之基本范畴界定

当今中国正处于由生产型向消费型过渡的时期，随着生产力的高度发展，人们对消费愈发关注和重视，消费问题也日渐凸显，党的十八大报告首次提出“合理消费”，并对之寄予了形成社会风尚的厚望。2016 年通过的《中华人民共和国国民经济和社会发展第十三个五年规划纲要》提出，要“倡导合理消费，力戒奢侈消费，制止奢靡之风……推动形成勤俭节约的社会风尚”[①]。党的十九大报告提出了“倡导简约适度、绿色低碳的生活方式，反对奢侈浪费和不合理消费，开展创建节约型机关、绿色家庭、绿色学校、绿色社区和绿色出行等行动”[②] 的明确要求。何为合理消费？合理消费社会风尚如何形成？要回答这些问题必须首先对消费范畴进行界定。

一　关于消费的基本范畴

消费与人的生存和发展息息相关，是一个高度复杂却具有广泛认同性的概念范畴，对其的概念界定，不同历史时期、不同语境、不同学科有不同的阐述。

在我国古代，消费是一个动词，意为浪费、消磨，具有明显的贬义。如东汉王符在《潜夫论·浮侈》一文中指出：“此等之俦，既不助长农工业，

① 《中华人民共和国国民经济和社会发展第十三个五年规划纲要》，http：//www. xinhuanet. com//politics/2016lh/2016 -03/17/c_1118366322. htm。

② 《决胜全面建成小康社会　夺取新时代中国特色社会主义伟大胜利——在中国共产党第十九次全国代表大会上的报告》，《人民日报》2017 年 10 月 28 日，第 1 版。

无有益于也，而坐食嘉谷，消费白日。”[1] 在国外，“根据英国学者威廉斯·雷蒙德的研究，从 18 世纪中期以后，在资产阶级政治经济学中它（消费）开始成为与生产相对应的中性概念”[2]。马克思将消费分为生产消费和生活消费两种，生产消费是“与生产同一的消费”，生活消费是“原来意义上的消费”。[3]“而消费这个不仅被看成终点而且被看成最后目的的结束行为，除了它又会反过来作用于起点并重新引起整个过程之外，本来不属于经济学的范畴”[4]，20 世纪以后，“消费”开始更多地被赋予社会意义，消费在经济学之外也开始成为社会学、生态学的研究主题和研究对象。

经济学范畴的消费是指“生产的对称，社会再生产的基本环节之一，它指人们通过对各种劳动产品（包括劳务和精神产品）的使用与消耗，满足其各方面的需要，以实现人本身的生产和再生产的过程和行为”[5]。马克思研究消费是立足于整个社会经济体系，从生产、分配、交换、消费的相互关系进行分析的，马克思指出：“在消费中，产品脱离这种社会运动，直接变成个人需要的对象和仆役，供个人享受而满足个人需要。因而，生产表现为起点，消费表现为终点，分配和交换表现为中间环节。”[6] 马克思把消费分为广义的消费（生产消费和生活消费）和狭义的消费（生活消费）两种类型。当前学者们在研讨消费问题时一般把生产消费归入生产范畴，仅仅将生活消费纳入消费范畴加以研究，即研究的是“原来意义上”的生活消费。人们普遍认为，消费是促进人的全面发展和刺激经济增长的强大推动力。

从社会学范畴分析，人们一般认为消费主体（消费者）是生活在一定的社会经济条件和社会关系中的“社会人”，必然受到社会和社会群体的影响。消费者消费的目的不仅是生存需要的满足，还是享受需要和发展需要的满足。在一般情况下，当社会生产力水平较低、物质较为匮乏时，消费主要是

① 参见杨家栋主编《消费经济学》，中国商业出版社，2008，第 2 页。

② 许进杰：《生态文明消费模式研究——基于资源性供给紧约束的视角》，吉林出版集团股份有限公司，2016，第 24 ~ 25 页。

③《马克思恩格斯选集》第二卷，中共中央马克思恩格斯列宁斯大林著作编译局编，人民出版社，1995，第 8 页。

④《马克思恩格斯选集》第二卷，中共中央马克思恩格斯列宁斯大林著作编译局编，人民出版社，1995，第 7 页。

⑤ 林白鹏、臧旭恒主编《消费经济学大辞典》，经济科学出版社，2000，第 3 页。

⑥《马克思恩格斯选集》第二卷，中共中央马克思恩格斯列宁斯大林著作编译局编，人民出版社，1995，第 7 页。

满足自身生存需要，而当社会生产力快速发展带来物质产品极大丰富时，消费就更带有符号和象征意义。“消费并不是一种物质性的实践，也不是‘丰产’的现象学，它的定义，不在于我们所消化的食物，不在于我们身上穿的衣服，不在于我们使用的汽车……如果消费这个字眼要有意义，那么它便是一种符号的系统化操控活动。”① 在现代社会消费正锐化为一种符号消费，即物质消费的奢侈与豪华日渐成为判断人们社会地位和身份的重要指标，消费不再仅仅局限于满足自身的生存和基本生活需要，而具有明显的社会意义和符号价值。人们的消费水平和消费模式是由他所处的阶层地位和条件决定的，而且人们的消费本身也是塑造和提升阶层地位的过程。

从生态学范畴分析，人类来源于自然，是自然生态系统的一分子。消费是能量转换和物质循环的重要环节，是从自然界获得物质和能量，并将“废弃物”以物质和能量的其他形式返回自然生态系统的活动和过程。显然，人们在消费过程中，如果对物质商品的利用效率过低，过度消费不可再生的资源和能源，或者向自然界排放不合理的物质，就会浪费资源、污染环境，进而影响和破坏自然界的生态平衡。当前社会上存在的片面追求物质消费的奢侈消费和过度消费等，无疑加剧了对自然资源的消耗，是破坏自然生态平衡的主要因素。因此，“从生态学的角度审视人类的消费行为就不能仅局限于社会经济系统的平衡，充分考虑社会经济系统与生态系统之间的平衡才是人类的消费行为，乃至经济社会可持续发展的重要保证”②。

经济学、社会学、生态学等不同学科对消费的概念界定，为我们深入理解消费问题提供了重要启示，综合上述概念界定和中国现实发展，我们认为在界定消费概念时应基于人的生存和发展需要，既要关照人作为消费主体的“社会属性”，同时也需关注人作为自然界大系统一分子的“自然属性”，把人的消费行为置于社会经济系统和生态系统的平衡中，因此我们认为，消费是指为满足人、自然和社会发展的需要，对产品和服务的消耗。

消费具有自然属性和社会属性。③

① 尚·布希亚：《物体系》，林志明译，上海人民出版社，2001，第223页。

② 许进杰：《生态文明消费模式研究——基于资源性供给紧约束的视角》，吉林出版集团股份有限公司，2016，第31页。

③ 许进杰认为消费具有自然属性、主观属性、社会属性、文化属性，笔者认为主观属性和文化属性都属于人的社会性本质，所以消费的基本属性为自然属性和社会属性。

消费的自然属性主要是强调消费在满足吃喝等人的机体运行需要方面的功能，其主要体现在两方面：一方面是人类消费的商品来源于大自然，另一方面，人的消费总是处在一定的环境中，其中的自然环境具有显而易见的自然属性。近年来，由于空气污染、水污染、土壤污染等环境问题日益困扰着人们，人们越来越关注和向往良好的生态环境，即关注消费的自然属性。虽然随着经济社会的发展、科学技术的进步，商品的自然属性也在不断变化，但我们必须清楚作为消费对象的商品基本都来源于大自然，来源于我们生于斯长于斯的大自然。

马克思认为："活动和享受，无论就其内容或就其存在方式来说都是社会的，是社会的活动和社会的享受。自然界的人的本质只有对社会的人来说才是存在的。"① "产品的消费再生产出一定存在方式的个人自身，再生产出不仅具有直接生命力的个人，而且是处于一定的社会关系的个人，可见，在消费过程中发生的个人的最终占有……再生产出处在他们的社会存在中的个人，因而再生产出他们的社会存在。"② 由此，人们的消费活动总是在一定的社会关系下进行，是联结经济与文化的社会活动。消费的社会属性主要表现在三个方面。一是在功能性方面，人类不仅通过消费维持个体的存在，还通过消费再生产出人与人之间的社会关系。消费的这一社会属性使得人们常常把消费作为社会认同和社会区分的重要方式和人与人之间关系的纽带。二是在消费观念方面，不同的社会个体，在不同的社会环境下，所表现出来的消费观念存在明显差异。比如，不同的社会群体、不同地域的人们常常具有不同的消费价值观。三是在消费行为方面，消费个体的消费行为常常会受到其他消费个体以及"领袖消费群体"、消费制度等社会因素的影响。

二　合理消费③内涵解析

综合学者们的研究成果，结合我国生态文明建设的实践和要求，我们认

① 《马克思恩格斯全集》第四十二卷，中共中央马克思恩格斯列宁斯大林著作编译局译，人民出版社，1979，第121～122页。

② 《马克思恩格斯全集》第四十六卷（下册），中共中央马克思恩格斯列宁斯大林著作编译局译，人民出版社，1980，第230页。

③ 从消费的领域来看，其涉及生产和生活的多个领域。本研究中的合理消费，主要研究的是生活领域的消费问题。只有在涉及企业问题时，才会论及生产消费。

为合理消费是指合乎人、自然和社会发展的需要，以理性方式对产品和服务的消耗，其主要包含以下三层含义。

1. 合理消费是人们在满足必要需要的同时又强调需要的限制

合理消费是在注重“必要的需要”不断满足的同时，又强调需要的限制，即限制与“必要的需要”相对立的大肆挥霍浪费与奢侈消费，限制严重破坏生态资源与生态环境的消费。合理消费是一种有界限的消费行为，超出必要的界限即为不合理消费。从这个意义来说，合理消费是相对于“不合理消费”而言的。这里需要说明的是合理消费并不是限制人的消费自由，只要是在法律制度规定的范围内以及符合社会道德消费伦理，人是可以自由消费的。但我们应该清楚，即便是一些人所说的经济上的消费自由，也要受到自然资源稀缺性的制约。同时，人作为一定社会关系的产物，也必然要受到社会责任的制约。因此，从消费者的责任意识来说，我们认为合理消费包含需要的限制。

2. 合理消费体现的是对物质消费和精神消费的合理化要求

合理消费强调消费只是人类生活的手段而非目的，消费的价值旨归是促进人的自由全面发展。应当承认，物质是促进人的自由全面发展的重要基础，脱离物质基础的幸福毕竟是虚无缥缈的海市蜃楼。但当人类社会发展到一定程度时，在基本物质条件不断改善的基础上，人们更应该提升精神消费的层次，增加精神消费的比重，这也是人类区别于动物的根本所在。

3. 合理消费是有助于实现人与自然和谐共生的消费

合理消费是指消费过程的一种定向改变，这种改变最终指向人、自然和社会的和谐发展水平。显然，合理消费不仅可以体现出经济发展水平，还表征社会文明程度，更表现为人们处理人与自然、社会和人自身之间及其内部关系的能力。合理消费是消费主体与消费客体二者关系和谐程度的良好状态，是适度的文明消费、绿色的可持续消费，是有利于人自由全面发展的消费。

合理消费作为生态文明建设重要内容的基本特征和内在规定性，可以从如下几个方面进行理解。

从消费过程及消费形态来看，合理消费所强调的消费品的消费过程以及消费结果均是合理的，表现在：在消费过程环节提倡循环利用；在消费结果方面强调消费后尽量不产生危害环境和自然资源的污染物。

从消费数量或规模来看，合理消费要适应生产力发展水平和个人发展的需要，控制合理的规模和数量，既要避免消费不足，也要控制过度消费和奢侈浪费。因为在生产量既定的前提下，消费水平受到当时生产力的发展水平制约，而一定时期、一定社会的生产力水平又决定了其生产规模，这就要求消费者在消费数量和消费规模方面保持合理性。

从主体基本消费的自然界限来看也要体现合理消费之“合理”。从人与自然的关系来说，消费水平应该限制在资源和生态的边界之内，因为只有人类自觉地保护生态环境、维护生态平衡、保持自然生态系统的良性循环，人们赖以生存的消费才有保障。如果人们的消费超出一定限制，造成自然被过度开发或破坏而难以再恢复，就严重背离了合理消费的初衷。从生活方面如何来设定标准呢？或许可以这样认为：在一定的生产力发展水平的基础上既满足消费者的基本生活需要又没有影响自然系统正常循环的消费，就是正常、适度、合理的消费，即所谓“鼓励在生态可能的范围内的消费标准和所有的人可以合理地向往的标准”。在满足主体基本生活需要的同时又不超出自然系统修复运行的界限，以此来实现消费的平衡，是必要的，也是可能的。

由此可以看出合理消费的特征为和谐性、公平性、生态性。和谐性是指人在消费的过程中必须保持与自身、社会和自然的和谐；公平性主要是指人类的消费水平必须与资源环境的供给能力相适应，强调代内公平和代际公平；生态性主要强调消费既要满足人的生存和发展之“必要需要”，也要符合生态环境伦理，把生态承载力作为判断消费是否合理的底线。

从根本上来说，合理消费及其内在规定性是对一切不合理或不完善之消费观的反思与纠正，是对人类消费问题进行的综合性、多层面、多线性的交叉思考。在实现人与自然和谐共生的“统筹”发展中，合理消费进一步优化了消费实践的理性认知、价值判断和目标追求。在合理消费的原则精神的要求下，一切消费行为和消费方式都要在合理消费的法庭面前接受批判，或者说明自身的“合理性”，或者退出消费理论创新和实践发展的历史。从这个意义来说，合理消费以其强大的价值供给和是非判断取向，审视着消费实践的现实，指引着人类消费的美好愿景。

三 合理消费相关概念辨析

中国特色社会主义进入新时代，体现在消费方面则是日渐步入消费社会。不合理消费导致的生态环境恶化问题日益凸显，消费领域的不平衡、不充分仍然存在，这是我国社会主要矛盾在消费领域的表现。从合理消费包含的物质消费与精神消费内容来看，以及从消费风尚形成问题研究的特定指向来看，使用“合理消费”比“绿色消费”“可持续消费”“生态消费”更科学、更合理，更容易为民众所接受，也更有利于推动解决实际问题。

1. 合理消费与绿色消费

无论是1988年出版的《绿色消费者指南》对绿色消费的规定，还是后来国际社会将绿色消费定义为5R[①]，绿色消费强调的主要是消费产品和服务的环保而没有关注消费的量是否合理，也没有关注消费行为的伦理问题，这显然与当前我国资源性供给紧约束的状态不相适应。

绿色消费不等于合理消费。毋庸置疑，绿色消费是人类消费文明的巨大进步。但由于绿色消费是从人的健康的视角出发的，强调人们所消费的产品之“没有被污染、有机、生态、安全”等标准，既没有考虑对消费数量追求欲望的限制，也没有对消费主体在经济社会条件方面的差异进行说明和限制。因此，追求绿色消费并不就是实现合理的消费，因为绿色消费没有解决适度消费的问题，也没有解决消费中的公平性问题。比如对绿色产品的过度消费或大量消费在发达国家就是可能的或常态性的，而在发展中国家的消费者眼里，绿色消费是近乎奢华的不合理消费。因此，绿色消费的概念指称，掩盖了消费过程中产生的国际、代际、代内消费关系的公平性和公正性。

2. 合理消费与可持续消费

1994年，联合国环境规划署（UNEP）在《可持续消费的政策因素》中正式提出可持续消费的概念，其定义为“提供服务以及相关的产品以满足人类的基本需求，提高生活质量，同时使自然资源和有毒材料的使用量减少，使服务或产品的生命周期中所产生的废物和污染物最少，从而不危及后代的需求”[②]。显

---

① 5R主要是指Reduce、Re-evaluate、Reuse、Recycle、Rescue。

② 转引自许进杰《生态文明消费模式研究——基于资源性供给紧约束的视角》，吉林出版集团股份有限公司，2016，第11页。

然，可持续消费更多地强调人类社会内部消费机会的公平。

可持续消费不等于合理消费。可持续消费观的提出是消费理念、行为取向，以及消费活动实践的巨大进步。但根据上述以联合国决议文件为指导而定义的可持续消费理念，其目的依旧是通过人类各个层面的需要的满足，以实现自身消费效用的最大化。这种消费观强调的消费主体是人类，其理论基础依然是人类中心主义伦理思想，“其核心依然只是关注各种物质经济资源在人类代际的平衡，只考虑到环境资源保护与满足人类需求间的关系。另外，可持续消费观没有明确指出人类在自然生态系统中应该承担的生态责任，没有考虑自然环境的生态价值，其目的依旧是人的物质利益的片面发展”①，谋求的不过是以人类经济利益最大化为目标的可持续消费模式，而非实现人与自然关系和谐基础上的合理消费。

3. 合理消费与生态消费

生态消费较之于绿色消费和可持续消费明显具有更加科学和合理的一面，即更加强调人与自然的和谐共生。但生态消费在未成为普遍消费之前，它还是物质条件较好的少数群体的消费，甚至体现了更多的精神消费优越性，即在消费水平的社会经济差异上有着物质层面或精神层面的不合理追求。因此，生态消费也不等于合理消费。

生态消费模式强调了在资源节约型、环境友好型约束下形塑生态文明所要求的消费模式，这是具有更大进步意义的观念。从生态文明建设的要求来看，生态消费模式体现的是生态文明在消费行为上的要求，但如果不顾实际、不顾条件而简单地提倡生态消费模式，则有可能走向口号式或绝对化的方面，也不是有利于促进人的自由全面发展的消费模式。从生态文明建设同物质文明、政治文明、社会文明几个方面的协调推进来看，生态消费所指向的只能是具体的历史的合理消费。从这个意义来说，生态消费模式的形塑，还是为了形成合理消费的模式，就过程和方法而言，其本身并不是目的。

我们认为合理消费较之于生态消费具有更大的理论张力，即它的理论包容空间更大，理论拓展力更强，主要表现在如下三个方面。

首先，合理消费把人的发展置于社会经济系统和生态系统的平衡中进行

① 许进杰：《生态文明消费模式研究——基于资源性供给紧约束的视角》，吉林出版集团股份有限公司，2016，第134页。

考量，体现了对马克思主义辩证唯物主义的基本遵循，具有科学性和合理性。合理消费强调人与自然关系的合理化处理，也就是说，“自然”与“人”是合理消费系统中的平等要素，人的消费遵循尊重自然、顺应自然、保护自然的基本理念，在处理人与环境的关系问题时，坚持保护优先（而不是开发优先）的原则，坚持自然恢复（而不是强制恢复）为主的原则。

其次，合理消费中的“满足人的生存和自由全面发展需要”的目标定位表征着消费的“多方面、多样性”现实特点。“多方面”主要是指人们消费方面的需要较多，根据中国特色社会主义事业“五位一体”总体布局可以将人类的消费需要分为物质、政治、文化、社会、生态五个方面。“多样性”可以理解为这些大的方面的具体化，如物质生活消费方面又可分为衣食住行等；文化消费方面包含旅游、影视、图书、游戏、音乐等，这些消费需要可以具体化为更下位的需要。而“生态消费”则“主要是以生态系统为参考范围，以生态消费的参与者为标准”①，对消费现实缺少应有关照。

最后，针对消费主体的“多层次”性，合理消费的理论包容空间更大。当前的“消费者”可以被划分成更多社会阶层、社会群体或人群等，他们既存在共性又具有鲜明的个性，不同区域、不同人群对“自我发展”的要求不同，制约消费的因素也有差异。对那些没有能力或条件参与生态消费的消费主体（比如低收入或贫困群体）而言，合理消费理论显示出更强的包容性。由于目前我国消费者中的低收入者如农民群体仍占相当比例，而生态产品往往由于改进技术和使用环保性能的材料导致成本较高，相对于同类产品，生态产品的价格往往偏高，以至于大多数消费者不愿购买或无力购买，最终导致生态消费只能成为精英消费。

四　合理消费社会风尚及其形成规律

我们认为，社会风尚是指一定历史时期、一定区域环境中多数成员在社会日常生活中崇尚的社会意识和行为，其本质上属于意识形态。社会风尚是任何时代、任何社会都普遍存在的一种社会现象，随着社会变化而变化，从总体上反映了那个时期社会生活的群体风貌和总体文明程度。社会风尚在非常广

① 姚永利：《生态消费问题研究》，东北林业大学博士学位论文，2007，第27页。

泛的层面反映了社会进步的尺度，成为表征人们生活品质和文明水平的重要标志。从历史发展的过程来看，社会风尚从一种形态到另一种形态的变迁，是对社会进步的深刻反映。如果从历史上看，从传统到现代的转变，在社会风尚方面体现的是根本性，但无论怎样转变，那些表征社会进步的风尚总是不断熔铸在文化中，构成了文化模式的重要元素。

1. 合理消费社会风尚

合理消费社会风尚，简称合理消费风尚，是指多数成员在消费中所崇尚的合理消费意识和合理消费行为，是一个社会或群体消费风貌和消费文明程度的总体反映，是促使消费者进行合理消费并对其进行价值选择的基本参照。人既是自然生物的存在，又是社会文化的存在，其个人消费观念及消费趋向不仅受到各种生态因素的制约，更受到各种社会关系的影响。

合理消费社会风尚是呼唤理性消费、反映公平消费的社会风尚，是体现责任消费和内蕴文明消费的社会风尚。

在合理消费的实践上形塑社会风尚，对于改变人们的消费观念、优化人们的消费行为，具有重要的意义。从生态文明建设的视角来看，合理消费模式和合理消费社会风尚的形成，包含了人在消费实践中的所有追求及其这些追求的合理化品质。在合理消费要求的指引和导向下，从思想观念、行为选择、制度设计、实践推动、环境营造、结果达成等方面，加强合理消费观的认知和实践，按照理性消费之“理”、公正消费之“要”、责任消费之“制”、文明消费之“魂”，推动形成合理消费社会风尚，是促进人们消费理论与实践合理化的基本路径。从这个意义来说，形成合理消费社会风尚，是解决当今时代一切消费问题的重要渠道，也是持久解决消费问题的重要选择。

2. 合理消费社会风尚形成规律[①]

由于合理消费社会风尚就是一种积极向上的、有助于促进社会进步和个体发展的社会风气，故其形成有其自身的特点和规律。

首先，合理消费社会风尚本质上属于意识形态，其形成和发展需要人们有意识地引导和提倡，人们的主观努力程度决定着其社会功能的大小；同

① 部分内容参考了朱力的《社会风尚的理论蕴含》（《学术交流》1998 年第 4 期）和孙燕京的《晚清社会风尚研究》（中国人民大学出版社，2002）的相关内容。

时，合理消费社会风尚的意识形态属性也决定了其产生和流向还必然受到经济、政治、文化等方面的影响。

其次，合理消费社会风尚的产生是许多社会成员合力作用的结果，群体是其主要承载者。恩格斯的历史合力说对解释合理消费社会风尚的形成具有启发意义："历史是这样创造的：最终的结果总是从许多单个的意志的相互冲突中产生出来的，而其中每一个意志，又是由于许多特殊的生活条件，才成为它所成为的那样。这样就有无数互相交错的力量，有无数个力的平行四边形，由此就产生出一个合力，即历史结果，而这个结果又可以看作一个作为整体的、不自觉地和不自主地起着作用的力量的产物。"① 合理消费社会风尚是多数社会成员合力作用的产物，是人们思想和行为的一种共振，反映的是社会的整体风貌。在合理消费社会风尚形成的过程中，"个人是体现集体行为的主体，而不是体现个人行为的主体。每个意志都对合力有所贡献"②。每个人对现实问题的价值判断和行为取向之相互影响，逐渐形成社会上大多数人一致的言行。

再次，合理消费社会风尚的发展是一个相互模仿并不断传播的过程。合理消费社会风尚的传播过程可分为自发型和倡导型两种形式。自发型主要是某种合理消费社会风尚首先在民间少数人中兴起，之后更多的人开始模仿，由于没有科学的思想体系做指导，属于较低的群众集体行为。而倡导型则始于政党、政府以及合法的组织有目的的提倡和宣传，这种社会风尚常常与经济社会发展相一致，与主流意识形态相一致，有规范地组织和实施计划，并形成了科学的思想体系，是较高层次的传播形式。"社会风尚的传播是一个暗示、模仿、认同和传播的过程。社会风尚形成的起点是少数人的意识和行为，其源泉一般来自高地位社会群体，这些人常常是社会风气的最初倡导者。社会风尚的传播规律具有双向性，它是自上而下和自下而上的结合。"③

最后，合理消费社会风尚的运行是在矛盾斗争中曲折发展的。一般而言，在同一时期的同一社会，常常存在并流行多种消费风尚，这些消费风尚

---

① 《马克思恩格斯选集》第四卷，中共中央马克思恩格斯列宁斯大林著作编译局编，人民出版社，1995，第697页。

② 朱力：《社会风尚的理论蕴含》，《学术交流》1998年第4期。

③ 朱力：《社会风尚的理论蕴含》，《学术交流》1998年第4期。

中也必然存在性质和功能截然不同的两面，即健康的、积极向上的正的一面，体现着积极的人生追求和价值取向，能推动社会的进步和发展；与之相反，腐朽的、落后的消费风尚，则代表着消极退化的倾向，阻碍着社会的进步和发展，是需要改造和取缔的。两种性质不同的消费风尚之间的矛盾和斗争，直接或间接地影响着社会的发展。

第二章

合理消费社会风尚形成的理论依据

对于生命的存在而言，消费是绝对的，是必需的。正如马克思所指出的："人从出现在地球舞台上的那一天起，每天都要消费，不管在他开始生产以前和在生产期间都是一样。"① 从根本上说，消费是个实践问题，但当个人消费演变为社会的、民族的、国家的或人类的消费问题时，消费的复杂性就超越了经验世界的感性层面而成为理论研究的重要方面。在对各层面各领域的消费观念、消费现象、消费行为、消费思潮、消费结果的研究中，形成了各种各样的消费理论。在这些相关的理论探究中实际上蕴含着丰富的消费问题探究成果，为我们今天探究合理消费社会风尚形成问题提供了重要的知识背景和理论借鉴。在生态文明建设的进程中，为抵制社会上存在的片面追求经济增长的生产方式和个人奢侈浪费的消费方式，引导人们科学、合理地消费，亟待形成合理消费社会风尚。而形成合理消费社会风尚离不开科学正确的理论基础。在推动我国社会消费取向合理的实践中，我们要始终坚持马克思主义的立场、观点和方法，多方面吸收消费问题研究的理论成果，特别是马克思主义消费观和习近平生态文明思想。

一 马克思主义合理消费思想

像解决人类问题的其他方面一样，马克思主义所具有的深刻洞见是其他

① 马克思：《资本论》第三卷，中共中央马克思恩格斯列宁斯大林著作编译局译，人民出版社，1975，第191页。

的学说所不可比拟的。形成合理消费社会风尚的理论基础，依然要到马克思主义理论中去寻找智慧和思路。

（一）马克思、恩格斯的合理消费思想[①]

马克思在继承前人优秀成果的基础上，立足于人的实践活动，一方面突出了以实践活动为基础的人的现实的主观能动性，强调人对自然的塑造作用；另一方面又深入阐述了人对自然的依赖和自然相对于人来说所处的“优先地位”。马克思认为，人的活动越能动，对自然的依赖就会越深刻，人是自然的一部分，人的所有活动都必须纳入自然当中加以衡量。[②] 尽管马克思主义经典作家没有专门论述过合理消费，但通过对马克思的消费理论的研究，却不难发现合理消费是马克思消费理论所关注的核心，因为马克思始终围绕“人的全面发展”，通过批判人与自然、人与人、人与社会、人与自身的消费异化，科学预测了未来社会消费的应然状态，形成了马克思关于合理消费的基本观点，其要义如下。

1. 关于消费必须与自然和谐统一的观点

马克思主义认为人来源于自然，人作为“自然存在物”存在的必要条件——消费，必须与自然保持和谐统一。马克思认为：“奢侈是自然必要性的对立面。必要的需要就是本身归结为自然主体的那种个人的需要。”[③] 人类的消费只有满足“必要的需要”才不会形成“文明的阴沟”“自然的荒芜”等资本主义社会人与自然的异化关系，否则会“破坏着人和土地之间的物质变换，也就是使人以衣食住行形式消费掉的土地的组成部分不能回到土地，从而破坏土地持久肥力的永恒自然条件。这样，它同时就破坏城市工人的身体健康和农村工人的精神生活”[④]。“土地所有者剥削土地，剥削地下资源，剥削空气，从而剥削生命的维持和发展的

---

① 本部分内容以《形成合理消费风尚：我国生态文明建设的重要途径》为题发表于《思想战线》2018 年第 4 期。

② 《马克思恩格斯选集》第二卷，中共中央马克思恩格斯列宁斯大林著作编译局译，人民出版社，1995。

③ 《马克思恩格斯全集》第四十六卷（下册），中共中央马克思恩格斯列宁斯大林著作编译局译，人民出版社，1980，第 20 页。

④ 《马克思恩格斯全集》第二十三卷，中共中央马克思恩格斯列宁斯大林著作编译局译，人民出版社，1972，第 552 页。

权利。”①

马克思和恩格斯在他们的著作中大量描述了资本主义的生产异化和消费异化导致了对自然环境的严重破坏，并指出要实现人与自然的“和解”就必须利用科技对产品进行循环消费。马克思强调“几乎所有消费品本身都可以作为消费的废料重新加入生产过程”②。“通过这个过程，这种所谓的排泄物就再回到生产从而消费（生产消费或个人消费）的循环中……这些废料本身才重新成为商业的对象，从而成为新的生产要素。”③

2. 关于消费行为与生产活动辩证统一的观点

在马克思之前，资本主义经济学家发现了生产、分配、交换和消费之间的联系，但没有认识到它们之间内在的本质联系，更没能揭示消费与生产之间的辩证关系。马克思论述了消费和生产的辩证统一性，指出这种辩证统一性的内容包括如下几个要点。一是消费与生产的同一性。“生产直接是消费，消费直接是生产”④，也就是说，人在生产过程中消耗掉的体力和脑力通过生活消费而得以补充，然后又开始新的生产，因此从这个意义来说，生产与消费具有同一性。二是生产和消费是相互依存和相互创造的。马克思指出生产“它生产出消费的对象，消费的方式，消费的动力”⑤，新的产品的出现，引起了人们新的需求。新的需求又反过来推动新的生产活动，“消费在观念上提出生产的对象，把它作为内心的图象、作为需要、作为动力和目的提出来。消费创造出还是在主观形式上的生产对象”⑥。马克思正是从这个意义上指出，“没有需要，就没有生产”⑦。三是消费的不足导致了生产的问题。马

① 《马克思恩格斯全集》第二十五卷，中共中央马克思恩格斯列宁斯大林著作编译局译，人民出版社，1974，第 872 页。

② 《马克思恩格斯全集》第二十六卷（第一册），中共中央马克思恩格斯列宁斯大林著作编译局译，人民出版社，1972，第 239 页。

③ 《马克思恩格斯全集》第二十五卷，中共中央马克思恩格斯列宁斯大林著作编译局译，人民出版社，1974，第 95 页。

④ 《马克思恩格斯文集》第八卷，中共中央马克思恩格斯列宁斯大林著作编译局编译，人民出版社，2009，第 9 页。

⑤ 《马克思恩格斯文集》第八卷，中共中央马克思恩格斯列宁斯大林著作编译局编译，人民出版社，2009，第 16 页。

⑥ 《马克思恩格斯文集》第八卷，中共中央马克思恩格斯列宁斯大林著作编译局编译，人民出版社，2009，第 15 页。

⑦ 《马克思恩格斯文集》第八卷，中共中央马克思恩格斯列宁斯大林著作编译局编译，人民出版社，2009，第 15 页。

克思、恩格斯认为，在资本主义社会之前的剥削社会中，由于科学技术落后和生产力水平低下，整个社会的物质财富总量较少，以至于广大劳动群众的消费绝对不足，这就必然影响生产的顺利进行。而在资本主义社会中，消费的不足是相对的不足，资本主义社会中的这种消费不足，是相对于丰盛的社会财富而言的。广大劳动者有支付能力，但消费需求不足，这种不足不是由生产力因素而是由生产关系因素导致的，这种相对的不足在相当程度上破坏了资本主义的生产关系，进而也导致了生产方面问题的出现。因此，合理的消费是与生产协同统一、有助于优化生产与消费关系的消费。

3. 关于消费是人类生活的手段而非目的的观点

马克思指出，消费只是构成人存在和发展的必不可少的一种工具，并非生活的终极目标和价值追求，如同“在吃喝这一种消费形式中，人生产自己的身体”① 一样。马克思指出，“消费，作为必需，作为需要，本身就是生产活动的一个内在要素……个人生产出一个对象和通过消费这个对象返回自身”②。满足“必要的需要”之必要消费是人生活存在的一种刚性消费，而以炫耀和政治为目的的过度消费和奢侈消费则是人自取灭亡的标志。马克思在《政治经济学批判（1857—1858 年草稿）》中说：“在古代各民族那里出现的奢侈品生产，是奴隶制关系的必然结果。古代国家灭亡的标志不是生产过剩，而是达到骇人听闻和荒诞无稽的程度的消费过度和疯狂的消费。”③ 为此，马克思高度关注商品拜物教，并指出商品拜物教的直接结果是将人“物化”，从而失去了对人的价值追求的本质。同时，马克思指出，资本“创立了一个享乐世界”④，他对资本所有者和富人的挥霍消费非常气愤。马克思在《工资、价格和利润》中指出：“国民产品的三分之二被五分之一的人口消费掉了——最近一位下院议员说只被七分之一的人口消费掉了——，那你们就会知道，该有多么大的一批国民产品要作为奢侈品来生产或用来交换奢侈

① 《马克思恩格斯全集》第四十六卷（上册），中共中央马克思恩格斯列宁斯大林著作编译局译，人民出版社，1979，第 28 页。

② 《马克思恩格斯全集》第四十六卷（上册），中共中央马克思恩格斯列宁斯大林著作编译局译，人民出版社，1979，第 31 页。

③ 《马克思恩格斯全集》第四十六卷（上册），中共中央马克思恩格斯列宁斯大林著作编译局译，人民出版社，1979，第 424 页。

④ 《马克思恩格斯全集》第二十三卷，中共中央马克思恩格斯列宁斯大林著作编译局译，人民出版社，1972，第 651 页。

品，该有多么大量的生活必需品要浪费在豢养仆役、马匹、猫等等上面。”①他认为挥霍浪费不是人的本质体现，而是人的自我异化。“享受这种财富的人……对人的蔑视，表现为狂妄放肆，表现为对那可以勉强维持成百人生活的东西的任意糟蹋，又表现为一种卑鄙的幻觉，即仿佛他的无节制的挥霍浪费和放纵无度的非生产性消费决定着别人的劳动，从而决定着别人的生存；他把人的本质力量的实现，仅仅看作自己无度的要求、自己突发的怪想和任意的奇想的实现。”② 马克思在对畸形消费和消费异化的批评中，实际上确立了消费是人类生活的手段而非目的的合理消费思想。

4. 关于消费的价值旨归是促进人的自由全面发展的观点

马克思认为消费的价值旨归是促进人的自由全面发展，主要包含两层含义。一是马克思强调消费是人发展的基础，推动着历史和人自身的发展。他认为“人们为了能够‘创造历史’，必须能够生活。但是为了生活，首先就需要吃喝住穿以及其他一些东西”③。二是消费应是人的需求的全面满足，人的发展不仅需要物质产品而且需要精神产品，为此马克思指出，“培养社会的人的一切属性，并且把他作为具有尽可能丰富的属性和联系的人，因而具有尽可能广泛需要的人生产出来”④。马克思批判了资本主义社会的消费异化限制了人的全面发展，要实现人的全面发展，仅注重物质产品需求是不够的，还需要重视精神产品的消费。精神文化的消费往往反映着消费主体的素质，诚如马克思所言：“因为要多方面享受，他必须有享受的能力，因此，他必须是具有高度文明的人。”⑤ 针对精神消费需要消费主体有更多的“自由时间”，马克思指出，“节约劳动时间等于增加自由时间，即增加使个人得到充分发展的时间”⑥，增加自由时间“使自己的成员能够全面发挥他们的得到

① 《马克思恩格斯文集》第三卷，中共中央马克思恩格斯列宁斯大林著作编译局编译，人民出版社，2009，第 30 页。

② 马克思：《1844 年经济学哲学手稿》，人民出版社，2000，第 130 页。

③ 《马克思恩格选集》第一卷，中共中央马克思恩格斯列宁斯大林著作编译局译，人民出版社，1995，第 79 页。

④ 《马克思恩格斯全集》第四十六卷（上册），中共中央马克思恩格斯列宁斯大林著作编译局译，人民出版社，1979，第 392 页。

⑤ 《马克思恩格斯全集》第四十六卷（上册），中共中央马克思恩格斯列宁斯大林著作编译局译，人民出版社，1979，第 392 页。

⑥ 《马克思恩格斯全集》第四十六卷（下册），中共中央马克思恩格斯列宁斯大林著作编译局译，人民出版社，1980，第 225 页。

全面发展的才能”①，“并且整个人类发展的前提就是把这种自由时间的运用作为必要的基础”②。

显然，在马克思主义这里，合理消费不仅要掌握好人与自然关系的尺度，还要处理好消费事实与消费价值的关系，掌握好消费活动的手段与目的的关系，合理消费是同人的解放和发展程度紧密相关的。根据马克思主义的消费观，形成合理的消费关系，是人与自然之间和谐的标志，也是人与人之间物质利益关系优化发展水平的重要标志，甚至是人的解放与自由全面发展程度的重要标志。

（二）毛泽东的消费思想

毛泽东的消费思想是中国化马克思主义消费思想的重要内容和重要组成部分，是我合理消费社会风尚形成的重要理论依据，其主要内容包括如下几个方面。

1. 高度重视人民群众“必要的需要”之消费

不论是在新民主主义革命时期，还是在新中国成立之后的和平建设时期，毛泽东对关心人民群众生活的重要性都有高度认识。尽管在革命战争时期，“中心任务是动员广大群众参加革命战争，以革命战争打倒帝国主义和国民党，把革命发展到全国去，把帝国主义赶出中国去”③，但毛泽东却强调“解决群众的穿衣问题，吃饭问题，住房问题，柴米油盐问题，疾病卫生问题，婚姻问题。总之，一切群众的实际生活问题，都是我们应当注意的问题”④。在新中国成立后，面对帝国主义国家对新中国的封锁打压，在急需发展维护和保障国家安全的重工业时，毛泽东依然强调人民群众生活水平的提高。关于发展国民经济的第二个五年计划明确提出，“在优先发展重工业的同时，应该在农业发展的基础上，适当地加速轻工业的建设，以适应广大人民对消费品的日益增长的需要”⑤。

---

① 《马克思恩格斯选集》第一卷，中共中央马克思恩格斯列宁斯大林著作编译局译，人民出版社，1995，第243页。

② 《马克思恩格斯全集》第四十七卷，中共中央马克思恩格斯列宁斯大林著作编译局译，人民出版社，1980，第216页。

③ 《毛泽东选集》第一卷，人民出版社，1991，第136页。

④ 《毛泽东选集》第一卷，人民出版社，1991，第136～137页。

⑤ 《中国共产党第八次全国代表大会关于发展国民经济的第二个五年计划（一九五八——一九六二）的建议》，载中共中央文献研究室编《建国以来重要文献选编》（9），中央文献出版社，2011，第309～310页。

总之，毛泽东在革命和社会建设的不同时期，都十分重视满足人民群众的生活消费需要。他说，如果不能“首先使工人生活有所改善，并使一般人民的生活有所改善，那我们就不能维持政权，我们就会站不住脚，我们就会要失败”①。

2. 反对浪费，注重勤俭节约

无论是在残酷的革命战争年代，还是在新中国成立后经济有所好转的和平建设时期，毛泽东一直比较重视勤俭节约，并坚决反对浪费。在革命战争年代，他指出，“政府中一切可以节省的开支，如客饭，办公费，灯油杂费，都须尽量减少，尤其纸张信套，更可以节省使用。这一切节省，虽在各部分为数甚少，但积少成多，并可以养成苏区中更加刻苦更加节省的苏维埃工作作风——这是万分必要的。对苏维埃中贪污腐化的分子，各级政府一经查出，必须给以严厉的纪律上的制裁。谁要隐瞒、庇护和放松对这种分子的检查与揭发，谁也要同样受到革命的斥责。同时要注意到经费节省，决不是工作减少，相反的，在刻苦的精神之下，还要使工作的效能更加增大起来”②“应该使一切政府工作人员明白，贪污和浪费是极大的犯罪”③“节约是一切工作机关都要注意的，经济和财政工作机关尤其要注意。实行节约的结果，可以节省一大批不必要的和浪费性的支出”④。1957 年，毛泽东在《关于正确处理人民内部矛盾的问题》一文中把厉行勤俭节约作为解决当时中国发展和贫穷之矛盾的重要方针，他指出：“我们要进行大规模的建设，但是我国还是一个很穷的国家，这是一个矛盾。全面地持久地厉行节约，就是解决这个矛盾的一个方法。……反对浪费，同批判其他缺点错误一样，好比洗脸。人不是每天都要洗脸吗？中国共产党、民主党派、无党派民主人士、知识分子、工商业者、工人、农民、手工业者，总之，我们六亿人口都要实行增产节约，反对铺张浪费。……要使全体干部和全体人民经常想到我国是一个社会主义的大国，但又是一个经济落后的穷国，这是一个很大的矛盾。要使我国富强起来，需要几十年艰苦奋斗的时间，其中包括执行厉行节约、反对浪

① 《毛泽东选集》第四卷，人民出版社，1991，第 1428 页。

② 毛泽东：《中华苏维埃共和国中央执行委员会训令第十四号》，载中共中央文献研究室编《毛泽东著作专题摘编》（下），中央文献出版社，2003，第 2139 页。

③ 《毛泽东选集》第一卷，人民出版社，1991，第 134 页。

④ 《毛泽东选集》第三卷，人民出版社，1991，第 896 页。

费这样一个勤俭建国的方针。”① 由此我们可以看出，毛泽东认为厉行勤俭节约，是对当时中国六亿人口的全体要求，是必须持久坚持的方针，是防止党员干部脱离群众的重要举措。

（四）新时期的合理消费思想

在革命战争时期和社会主义建设道路初步探索时期，面对物资短缺或物质财富较少的情况，毛泽东十分重视人民群众的生活消费问题。但因发展程度不高，人民生活消费水平普遍较低。自 1978 年我国实行改革开放政策以后，随着国家鼓励消费政策的实施，人民群众的生活消费水平迅速提高。新时期的合理消费思想逐步发展和完善，成为中国特色社会主义理论体系的重要内容，具体包括如下几个要点。

1. 关于高度重视提高人民消费水平的观点

1978 年党的十一届三中全会后，随着国家工作重心的转移，人民群众的消费问题受到党和国家前所未有的重视。1990 年 3 月，邓小平在谈到苏联解体的教训时，向几位中央负责同志讲到，“世界上一些国家发生问题，从根本上说，都是因为经济上不去，没有饭吃，没有衣穿，工资增长被通货膨胀抵消，生活水平下降，长期过紧日子”②。1992 年，邓小平在武昌、深圳、珠海、上海等地的谈话中提出判断改革开放和各项政策是非得失的“三个有利于标准”：“是否有利于发展社会主义社会的生产力，是否有利于增强社会主义国家的综合国力，是否有利于提高人民的生活水平。”③ 人民生活水平的提高成为衡量一切工作得失成败的三大标准之一。除此之外，邓小平还把提高人民生活水平和消费水平上升到社会主义本质的高度来认识和实践，这些都充分表明了国家层面对人民生活和消费的极度重视和高度关注。

2. 关于逐步拓展人民群众消费内容的观点

在强调提高物质生活水平重要性的同时，邓小平提出在注重人民群众物质生活水平不断提高的基础上，要引导民众进行健康的精神消费。1984 年中国共产党第十二届中央委员会第三次全体会议通过的《中共中央关于经济体

---

① 中共中央文献研究室编《毛泽东文集》第七卷，人民出版社，1999，第 240 页。

② 《邓小平文选》第三卷，人民出版社，1993，第 354 页。

③ 《邓小平文选》第三卷，人民出版社，1993，第 372 页。

制改革的决定》指出，要努力在全社会形成“文明的、健康的、科学的生活方式，摒弃那些落后的、愚昧的、腐朽的东西”①。显然，这凸显了国家对精神文明的重视，是对人的发展内容的进一步丰富。2001 年，江泽民在庆祝中国共产党成立八十周年大会上的讲话中指出：“我们要在发展社会主义物质文明和精神文明的基础上，不断推进人的全面发展。”② 显然，消费的内容不断扩大，不仅包括基本的衣食住行等物质消费，还包括提升道德素质和科学文化素养的精神消费等，即实现人的全面发展所有方面的消费。2003 年，党的十六届三中全会提出如下观点：“坚持以人为本，就是要以实现人的全面发展为目标，从人民群众的根本利益出发谋发展、促发展，不断满足人民群众日益增长的物质文化需要，切实保障人民群众的经济、政治、文化权益，让发展的成果惠及全体人民。”③ 总体而言，改革开放以来人民群众从温饱到富裕、从治病到保健、从休息到休闲、从居家到旅行、从物质消费到精神消费，人民群众消费的内容和领域不断拓展，广大人民群众的生存需要、享受需要和发展需要等不同层次的需要均受到关注和重视。

3. 关于努力实现人民群众公平消费的观点

社会主义不是少数人富、多数人穷，不是那个样子。人民群众的消费应体现公平性的要求，为此，邓小平在改革开放初期就提出让“一部分地区、一部分人可以先富起来，带动和帮助其他地区、其他的人，逐步达到共同富裕”④，后发展为“效率优先、兼顾公平”的分配原则。邓小平多次强调，“我们的政策是不使社会导致两极分化，就是说，不会导致富的越富，贫的越穷”⑤，“社会主义的目的就是要全国人民共同富裕，不是两极分化”⑥。之后，以江泽民、胡锦涛为代表的中国共产党人，在推动地区之间、城乡之间以及人群之间的收入差距问题的解决上，都注重从公平性的要求出发来推动

① 《中共中央关于经济体制改革的决定》，人民出版社，1984，第 40 页。

② 中共中央文献研究室编《改革开放三十年重要文献选编》（下），中央文献出版社，2008，第 1183 页。

③ 中共中央文献研究室编《改革开放三十年重要文献选编》（下），中央文献出版社，2008，第 1392 ~ 1393 页。

④ 《邓小平文选》第三卷，人民出版社，1993，第 149 页。

⑤ 《邓小平文选》第三卷，人民出版社，1993，第 171 ~ 172 页。

⑥ 中共中央文献研究室编《改革开放三十年重要文献选编》（下），中央文献出版社，2008，第 369 页。

消费各方面的发展。江泽民强调，“千方百计增加农民收入，是当前农业和农村工作的一项重要任务”①，“人民生活问题的另一个重点是要关心城镇低收入人民生活”②。胡锦涛明确指出：“要通过发展增加社会物质财富、不断改善人民生活，又要通过发展保障社会公平正义、不断促进社会和谐。”③ 总之，不能出现消费水平的两极化，要坚持社会主义消费公平性的原则。

4. 关于提倡艰苦奋斗和反对奢侈浪费的观点

改革开放以来，由于人民生活水平的提高，社会上出现了一些奢侈浪费现象。这些奢侈浪费现象严重侵蚀了党风政风和社会风气。出现这些问题的原因是多方面的，但人们消费观的错误是其中的一个方面，受西方资本主义国家拜金主义、享乐主义的腐朽生活方式的影响，一些人“只想在前人创造的物质文明成果上坐享其成，贪图享乐，不图进取”④，由于这些人的身份特殊，产生的负面作用非常大，败坏了党的优良传统，带坏了社会风气。对此，邓小平、江泽民、胡锦涛严厉批评，并强调领导干部要带头反对奢侈浪费行为，提倡艰苦奋斗作风。江泽民指出，领导干部“要自觉地起来大兴艰苦奋斗之风，抵制在一些地方蔓延起来的铺张浪费之风，不要去参与那些豪华性娱乐，更不能去追求奢靡腐朽的生活方式。希望各级领导干部在这方面带个好头”⑤。胡锦涛强调“高级干部要率先垂范。……各级领导干部要牢记‘两个务必’，带头发扬艰苦奋斗、勤俭节约的精神，带头反对铺张浪费和大手大脚，带头抵制拜金主义、享乐主义和奢靡之风，在各项工作中都要贯彻勤俭节约原则，精打细算，严格把关，真正把有限的资金和资源用在刀刃上。”⑥ 显然，提倡勤俭节约、艰苦奋斗，关键在领导干部，为此，党和国家领导人特别强调领导干部要把勤俭节约和艰苦奋斗作为一种精神状态内化于日常消费行为和实践中，这是新时期中国特色社会主义合理消费思想的重要

① 《江泽民文选》第二卷，人民出版社，2006，第441页。

② 《江泽民文选》第二卷，人民出版社，2006，第442页。

③ 中共中央文献研究室编《科学发展观重要论述摘编》，中央文献出版社、党建读物出版社，2008，第68页。

④ 中共中央文献研究室编《厉行节约　反对浪费——重要论述摘编》，中央文献出版社，2013，第40页。

⑤ 江泽民：《加强思想政治建设，提高干部和党员队伍素质》，载中共中央文献研究室编《十四大以来重要文献选编》（中），中央文献出版社，1996，第216页。

⑥ 胡锦涛：《全面加强新形势下的领导干部作风建设》，载中共中央文献研究室编《十六大以来重要文献选编》（下），中央文献出版社，2008，第875页。

内容。

新时期中国特色社会主义的科学消费观，是在我国实行改革开放政策和发展市场经济的基础上形成的，是对马克思主义消费观的运用和发展，是对毛泽东辩证消费思想的丰富发展。新时期中国特色社会主义的科学消费观坚持合理消费的导向，结合我国人民消费水平实际的变化，倡导在不断发展的基础上提高消费水平、逐步丰富消费内容，注重公平消费，强调节约消费、反对奢侈浪费，体现了改革开放以来我国对合理消费社会风尚的主流引领和有力规范。

（五）习近平生态文明思想蕴含的合理消费观

党的十八大以来，以习近平同志为核心的党中央，以高度的理论自觉和实践自觉，把生态文明建设纳入中国特色社会主义事业“五位一体”总体布局中，在习近平总书记关于生态文明建设的一系列论述的基础上，形成了习近平生态文明思想，这一思想包含的合理消费观，是在坚持和发展马克思主义合理消费思想、丰富和发展毛泽东辩证消费思想和中国特色社会主义消费观，在总结新时代人民消费实践经验的基础上形成的。习近平生态文明思想蕴含的合理消费观的丰富内容主要体现在如下几个方面。

1. 以“厉行节约和反对铺张浪费”为核心要求的总体消费观

2013 年 1 月 17 日，习近平总书记在新华社《国内动态清样》第 227 期《网民呼吁遏制餐饮环节“舌尖上的浪费”》的文章上做出重要批示。习近平指出：“从文章反映的情况看，餐饮环节上的浪费现象触目惊心……各种浪费现象的严重存在令人十分痛心。浪费之风务必狠刹！要加大宣传引导力度，大力弘扬中华民族勤俭节约的优秀传统，大力宣传节约光荣、浪费可耻的思想观念，努力使厉行节约、反对浪费在全社会蔚然成风。……坚决杜绝公款浪费现象。要采取针对性、操作性、指导性强的举措，加强监督检查，鼓励节约，整治浪费。”① 结合习近平总书记的批示及对其的贯彻落实要求，中共中央文献研究室整理编辑了《厉行节约　反对浪费——重要论述摘编》3 万余字的单行本，较为完整地呈现了毛泽东、邓小平、江泽民、胡锦涛等

① 中共中央文献研究室编《十八大以来重要文献选编》（上），中央文献出版社，2014，第 119 页。

党和国家领导人关于提倡节约、反对浪费的消费观，习近平继承和发展了我们党关于合理消费的基本观点，结合新的时代任务提出了新的要求。

从习近平总书记的批示来看，新时代的合理消费观是坚决反对奢侈浪费的，浪费现象务必坚决禁止；合理消费观的树立要弘扬勤俭节约的中华优秀传统文化；合理消费观体现在要厉行节约、反对浪费的社会风尚中；合理消费观的落实要建立健全制度，要进行示范引领，公款消费行为必须纳入严格的管理。结合习近平总书记关于消费问题的多次讲话，围绕形成合理消费的思想观念，习近平生态文明思想蕴含的合理消费观有着丰富的内涵和要求，其核心要求是厉行节约和反对铺张浪费。

2. 以“反对享乐主义和奢靡之风”为底线要求的干部消费观

2013 年 1 月 22 日，习近平在中国共产党第十八届中央纪律检查委员会第二次全体会议上的讲话中就指出，“我们的财力是不断增加了，但决不能大手大脚糟蹋浪费！要坚持勤俭办一切事业，坚决反对讲排场比阔气，坚决抵制享乐主义和奢靡之风”①，明确提出党员干部要把抵制享乐主义和奢靡之风作为纪律。党的十八大以来，以习近平同志为核心的党中央推动了以“为民务实清廉”为基本内容的党的群众路线教育实践活动，在活动中提出了纠正形式主义、官僚主义、享乐主义和奢靡之风的要求。实际上，无论是享乐主义还是奢靡之风，根本上都是人们的消费观念和消费行为出了问题。党政干部在消费上的享乐主义和奢靡之风是在党的群众路线教育实践活动中应予以坚决纠正的。2013 年 6 月 18 日，习近平在党的群众路线教育实践活动工作会议上的讲话中指出，一些党员干部“有的追求物质享受，情趣低俗，玩物丧志，沉湎花天酒地，热衷灯红酒绿，纵情声色犬马。……在奢靡之风方面，主要是铺张浪费、挥霍无度，大兴土木、节庆泛滥，生活奢华、骄奢淫逸，甚至以权谋私、腐化堕落。有的修建豪华气派的办公大楼，甚至占地上百亩、耗资几个亿，搞得富丽堂皇，吃喝玩乐一应俱全。有的热衷于造节办节，节庆泛滥成灾，动辄花费几百万、几千万，劳民伤财啊！有的热衷于个人享受，住房不厌其大其多，车子不厌其豪华，菜肴不厌其精美，穿戴讲究名牌，对超出规定的生活待遇安之若素，还总嫌不够。有的要求超规格接

① 中共中央文献研究室编《厉行节约　反对浪费——重要论述摘编》，中央文献出版社，2013，第 1 页。

待，住高档酒店，吃山珍海味，喝美酒佳酿”①。习近平总书记指出，我们一定要牢记“奢靡之始，危亡之渐”的古训，狠抓落实治理奢靡浪费之风，切实解决人民群众反映强烈的突出问题。尽管我国取得了巨大的成就，但享乐主义和奢靡之风是同党的宗旨和政策严重背离的，是同社会主义的性质和目标严重背离的，是同人民的意愿严重背离的，必须严肃对待，坚决刹住。“反对享乐主义和奢靡之风”是对广大干部的底线要求。

3. 以提倡节约光荣为基本要义的全民消费观

2013 年 1 月 17 日，习近平总书记针对《网民呼吁遏制餐饮环节“舌尖上的浪费”》的文章所做出的批示明确要求“要加大宣传引导力度，大力弘扬中华民族勤俭节约的优秀传统，大力宣传节约光荣、浪费可耻的思想观念，努力使厉行节约、反对浪费在全社会蔚然成风”②。这实际上提出了在全社会提倡节约光荣的合理消费观。按照习近平总书记的批示精神，我们要养成“厉行节约人人有责”的观念。尽管花钱消费是个人自由，但厉行节约，人人有责，尤其是经济资源短缺日渐成为我国发展的瓶颈。因此，习近平总书记强调厉行节约应该成为一种社会公德，要求党员干部带头，狠刹公款消费、改变“面子消费”、严禁“炫耀消费”，在全社会倡导合理消费，反对不合理消费观滋生蔓延，反对享乐主义和奢靡之风。习近平总书记还从家教家风家庭等方面提出了一系列有关合理消费的要求。从其相关的论述来看，勤俭节约是维护党风政风家风和社会风气的基本规范，要在全社会形成厉行节约、崇尚节俭的社会风尚。

4. 以倡导和推广绿色消费为导向的新型消费观

2017 年 5 月 26 日，习近平总书记在中共中央政治局第四十一次集体学习时提出“倡导推广绿色消费……推动形成节约适度、绿色低碳、文明健康的生活方式和消费模式，形成全社会共同参与的良好风尚”③。这为我们的社会、普通人的生活提出了以绿色消费为导向的新型消费观，是极富现实意义

① 中共中央文献研究室编《十八大以来重要文献选编》（上），中央文献出版社，2014，第 312 页。

② 中共中央文献研究室编《十八大以来重要文献选编》（上），中央文献出版社，2014，第 119 页。

③ 《习近平主持中共中央政治局第四十一次集体学习》，http：//www. gov. cn/xinwen/2017 - 05/27/content_5197606. htm。

的。但是要实现全社会的绿色消费，依然任重道远。“媒体调研发现，餐桌上的浪费依然触目惊心。在不少餐饮店，‘光盘行动’的热度减退了，‘半份菜’也消失了，大吃大喝的‘剩宴’又开始回潮。在农村，红白喜事大操大办、炫富攀比的风气仍然存在……除了‘舌尖上的浪费’，包装浪费也很严重，一些消费品在包装上里三层、外三层，严重浪费资源。数据显示，我国快递包裹去年一年所用胶带就可绕地球赤道 425 圈，产生的垃圾量达数百万吨。”① 显然，习近平总书记关于树立和倡导绿色消费的消费观，作为习近平生态文明思想的重要内容，也是当前我国合理消费社会风尚形成的重要理论基础。

总之，包括毛泽东的消费思想和中国特色社会主义的消费思想在内的马克思主义消费理论，无论是在价值指向、阶级立场方面，还是在制度政策、作用和影响等方面均超越了发端于西方资本主义国家的享乐主义、利己主义的消费主义思潮。马克思主义消费理论强调从生产和消费的辩证性来看待消费问题，从劳动者丰富性、公平性的消费要求来说明和判断消费行为的进步性，以艰苦奋斗、厉行节约为合理消费的实践要求，肯定不断提高人民大众消费水平的愿望和主张，坚持在协调处理人与自然关系中优化消费行为实践，主张以人为本，将消费定位为有助于人的自由全面发展的必要手段和必经环节，特别是主张不断拓展人民群众消费的内容，追求人民群众消费的公平性，体现了马克思主义的基本立场和观点在中国特色消费问题上的运用。马克思主义消费理论主张人与人、人与社会、人与自然的和谐发展，是我们今天树立合理消费观、推动形成合理消费社会风尚的最重要的理论依据。

二　消费伦理观

作为人类生活重要组成部分的消费活动，是在人类社会生活实践中运行的，在消费构成中肯定会与他人、社会形成各种各样的关系，因而也会产生各种矛盾和冲突，在利益与道德、事实与价值的关系中，消费本身涉及道德伦理等方面的因素，存在一个消费伦理观的问题。

① 《习近平：倡导推广绿色消费》，http：//news. 12371. cn/2017/06/16/ARTI1497594164959783. shtml。

具体而言，消费伦理观是人们在消费过程中围绕消费内容、消费方式等问题产生的道德观念、道德规范以及对社会消费行为的价值判断和道德评价，属于消费价值观的范畴。消费伦理观要反映的基本问题是明确的，它意在引导我们思考这样一些问题：从消费实践中存在和产生的关系来看，人与自然界中的其他生物之间应形塑何种关系？人与自然之间应该形成什么样的关系？人类利用乃至破坏自然的正当性如何？回答这些问题不仅存在实然层面的样态，更存在应然层面的预期。从消费伦理观倡导的价值观来看，我们应该追求的是积极向上的生产生活方式，即在人与自然的关系中，要放弃人类中心主义的观念和做法，坚持人与自然和谐共处的消费方式，要从人与自然二者相互关系的协调角度，来定位和评判人类的消费行为。消费伦理观的基本原则认为，在人类的消费中要坚持生态化、适度性原则，坚持人与人以及人与自然之间的和谐原则，坚持“以人为本”原则，这里的“以人为本”非但不是“人类中心主义”的翻版，反而是“去中心主义”的消费思想在人与自然关系中的贯彻实施和应用落实。消费伦理观倡导在满足人的需要的同时要兼顾自然的需要，体现着人与自然的友好和谐，而不是人对自然的征服和抛弃，是人与自然两个方面的永续发展共同体现着整体的正义。

事实上，消费伦理观有着深厚的哲学依据。许多哲学思想中都包含着提倡人与自然和谐共处的观点，比如中国古代“天人合一”的思想，它反映在消费方面的要求就是消费必须有度、有敬畏、有禁止地向大自然索取。从今日消费领域的问题解决的要求来看，中国古代的“天人合一”思想，道出了消费伦理观的真谛。国外很多学者对这一思想及其倡导的价值理念持赞同态度。像美国著名的生态哲学家林恩·怀特就指出，“人与自然相互协调”源自具有深厚渊源的中国文化，值得所有西方人借鉴。法国的著名哲学家施伟泽认为，中国哲学中的“天人合一”思想把人类最高的生态智慧体现出来了。而在从古希腊哲学开始的西方哲学史上，一开始就有自然主义的思想传统，它是同极端的人类中心论和功利主义相对抗的思想，它强调人对自然的依赖和人与自然的统一。到 20 世纪，海德格尔提出的人要“诗意地栖居在大地上”的看法则是倡导人与自然合一的代表性思想，而康德、黑格尔、谢林等德国古典哲学家们也都肯定了人与自然构成了一个统一的有机整体，人的生存是与大自然息息相关这样的认识。

基于上述思想形成的消费伦理观，告诉人们在满足人类自身需要的同时，要考虑大自然的承受能力，要深刻认识到人类离不开地球、离不开自然，而地球离开人类、自然离开人类则是能够生存的。所以，在消费方面，人类要对赖以生存的自然界友好负责。要对大自然充满敬畏，才能避免受到大自然无情的报复。遵循正确的消费伦理观，人类就应该改变传统的消费方式，采取一种新的人与自然和谐共处的消费方式，而合理消费包含各种积极进步消费的品质，正好是符合这种要求的，是正确消费方式的高度概括和集中表现。从我国的生态文明建设实践来看，我们按照生产发展、生活富裕、生态良好的原则来处理人与自然的关系，建设资源节约型、环境友好型社会的本质，是对生态文明建设正确理念和消费伦理观的生动实践。显然，研究作为我国生态文明建设的重要途径和主要内容的合理消费社会风尚，应该积极吸收和借鉴科学合理的消费伦理观。

三　可持续发展理论

可持续发展理论是伴随着资源环境问题凸显而逐步形成的。1972 年，《增长的极限——罗马俱乐部关于人类困境的报告》一书指出："地球是有限的，任何人类活动愈是接近地球支撑这种活动的能力限度，对不能同时兼顾因素的权衡就变得更加明显和不可解决。"① 有限的地球和无限增长之间的矛盾必然使增长面临极限，这催生了可持续发展理论。1987 年，时任世界环境与发展委员会主席的布伦特兰明确提出可持续发展概念，并给可持续发展下了定义。1992 年，在巴西里约热内卢召开的地球高峰会议把"可持续发展"写进了大会通过的《21 世纪行动议程》。之后，对可持续发展的研究和讨论在全世界范围内形成热潮，涉及不同学科和不同领域，对可持续发展的概念界定也不尽一致。目前对可持续发展的权威表述还是布伦特兰夫人所界定的：可持续发展是"既满足当代的需求，又不危及后代人满足其需求能力的发展"②。

一般认为，可持续发展理论具有丰富的内涵。可持续发展理论首先是一

① 丹尼斯·米都斯等：《增长的极限——罗马俱乐部关于人类困境的报告》，李宝恒译，四川人民出版社，1983，第 95 页。

② 世界环境与发展委员会：《我们共同的未来》，王之佳、柯金良等译，夏堃堡校，吉林人民出版社，1997，第 52 页。

种共同发展观。地球是一个复杂而稳定的生态系统，由多方面、多层次、各区域的子系统构成，各子系统之间是相互影响和相互作用的，任何一个子系统出了问题，都会波及或影响其他系统的正常运行。其次，可持续发展理论还是一种协调发展观。经济、社会、生态三大系统需要整体协调，不同地域空间需要区域协调，具体子系统中的经济与人口、环境、资源、社会以及内部各个阶层之间需要具体协调，要实现可持续发展，上述这些要素之间就要完好地协调发展。再次，可持续发展理论是一种强调公平发展的发展观，一是强调代际公平，即强调当代人的发展不能以损害、威胁后代人的发展能力为代价；二是强调同代公平，即强调一个国家或地区的发展不能以损害其他国家或地区的发展能力为代价，一些人的发展和需求的满足不能以另一些人的不发展和需求的不满足为代价。最后，可持续发展理论是一种高效的发展观，即强调在人口、经济、社会、环境、资源等方面的协调是高效率的，这种效率考量和关涉了自然环境和资源，把它们的损益也包括在内。

目前可持续发展是世界公认的一种新的发展观念和模式，即一种实现经济、生态、社会发展的可持续性以及和谐统一的理论。经济发展的可持续性在强调发展数量的同时，更加重视以“节约资源，减少污染”为核心的发展质量，以保证发展的目的是改善人们的生活质量。生态发展的可持续性强调发展必须基于良性循环的生态系统。社会发展的可持续性则更强调发展的目的性，即提高人类的生活质量，促进社会的发展进步。

显然，可持续发展包含了发展与可持续性两个概念，更加强调和注重发展的“可持续”特征，关注的重点是人类活动同自然资源、生态环境之间的相互关系。因为人类是从自然环境系统中获取生存、繁衍和发展所必需的生活资料的，又通过生产与消费等环节向自然环境排放废弃物，进而改变资源存量和环境质量，同时被改变的自然资源和生态环境又反过来作用于人类系统。

按照可持续发展理论的基本要求，作为人类的我们必须跳出传统的、单纯追求经济增长的发展模式，切实要求改变传统的以“高投入、高消耗、高污染”为特征的生产和消费模式，要求清洁生产和绿色消费，以提高经济效应，节约资源和保护环境，务必努力追求一种新的可持续发展模式。这种可持续发展模式要求能够协调好经济发展与环境的关系、与人口的关系、与资源的关系，能使社会的发展既满足当代人的需求，又不对后代人的需求的满足造成危害，最终实现社会、经济、生态的协调发展。可持续发展需要各方协同，需要社会参与。

鉴于资源供给的有限性与人类对资源消费需求的无限性之矛盾，我们必须做到节制不合理的消费需求，自觉践行合理的消费模式。其中，倡导合理消费、在全社会形成合理消费社会风尚就是建立在可持续发展理论的基础上对传统消费理论和实践的否定之否定。消费作为经济活动中的重要组成部分，与可持续发展密不可分。如果人类消费合理，经济系统与生态系统就能保持一种动态平衡，人类社会就能够朝着健康有序的方向发展。相反，如果人类消费过度，经济系统与生态系统的平衡就会被打破，其结果是资源枯竭、环境污染，整个社会就不可能实现可持续发展。“可持续发展必须有赖于可持续生产和可持续消费。可以说，可持续生产和可持续消费是可持续发展的实现机制。而且，从根本上说，只有实现了可持续消费，才能做到可持续生产，也才能真正实现可持续发展。”① 因此，可持续发展理论是进行合理消费进而在全社会形成合理消费社会风尚的理论基石和目标。

四 消费系统论

现代系统论是指用全面、发展、联系的观点，根据整体、综合、层次、结构、环境关联等原则，研究并揭示事物、对象之间本质和规律的科学理论。其主要观点有系统观点、动态观点、整体观点等。“系统论思想最基本的精神是将事物视为一个内部多种关系具有内在关联的整体。”② 系统论不仅研究系统各要素综合起来的整体性，又关注系统内部各元素之间的联系机制和规律，因为“决定整体及其性质的不仅是构成它们的基质－要素不同，而且在很大程度上取决于构成整体的各个部分（要素）之间的相互作用与相互关系”③。

系统科学作为一门新兴学科，自 20 世纪中期发展起来很快便受到学术界的关注，并被广泛运用到管理学、社会学、政治学等社会科学领域，具有重要的方法论意义。系统方法就是把研究对象放在系统中，从整体与部分之普遍联系的研究中达到目的最优化的一种方法。

① 杨家栋、秦兴方：《可持续消费是可持续发展的实现机制》，《当代财经》2000 年第 6 期。
② 齐卫平、宋瑞：《试析系统论思想与党的建设科学化》，《社会科学》2012 年第 7 期。
③ 邹珊刚等编著《系统科学》，上海人民出版社，1987，第 27 页。

根据系统论的观点，我们可以把人的消费置于“自然界－人类社会”的系统中来进行审视，从而说明什么样的消费才是合理的消费，这在一定程度上形成了消费系统论，其基本思想如下。

首先，消费者的消费水准必须与人类社会生产系统以及自然环境再生产系统相协调。在人类日益增长的美好生活需要中，消费水准和要求的不断提高既是社会发展的必然，也是实现人不断追求全面发展的目标使然。消费水准的提高必须依赖于产品和服务质量的提升和总量的增加，也就是人类生产活动范围和规模的不断扩大。这就需要处理好消费与人类生产系统（包括物质生产和精神生产）以及自然生产系统之间的关系，即人的消费水准的提高必须建立在不断增长的人类生产的基础上。同时，人类在消费时还要注重自然再生产过程的补偿和顺利进行，使人类对自然资源的利用和自然生长的速度及自然再生产的能力相一致、相协调，否则，人类的消费将难以为继。

其次，消费者的消费观念及消费价值取向必须与人类生产系统以及自然生产系统相协调。消费者的消费观念及消费价值取向本质上属于人的主观意识形态，是人类精神生产系统的一部分，决定于人类社会实践，即自然生产系统与物质生产系统。因此，我们必须大力提倡合理消费观念并推动形成合理消费社会风尚，采用各种有效方式对系统实施调控，以实现自然界－人类社会系统的和谐发展。

显然，运用系统论的观点和方法研究人的消费问题，必须把“人的消费”放在社会经济系统和自然生态系统的平衡发展中进行，既要遵循人类社会发展规律，也要遵循自然生态发展规律。系统论强调人与自然是相互作用的系统，是“人－自然”系统中的两个平等“主体”，是平等的伙伴。系统论的核心是要实现人与自然的和谐共生，其基本的要求是要树立尊重自然、顺应自然、保护自然的基本理念，其基本的做法是要在形成资源节约型、环境友好型社会的过程中优化人与自然的关系。毫无疑问，消费系统论为形成合理消费的科学理论和合理消费社会风尚提供了重要的思想资源。

总体而言，树立和培育合理消费观，形成合理消费社会风尚，必须坚持马克思主义生态文明思想，特别是要贯彻落实好习近平生态文明思想，坚持这些思想的立场、观点和方法，把马克思主义的生态文明思想与消费实践具体地、历史地结合起来，结合当今时代和当代中国的发展要求，吸收中外消费观的合理成分，为形成合理消费社会风尚拓展理论视野、奠定思想基础。

第三章

我国形塑合理消费社会风尚的历史考察

中华人民共和国成立至今，在政府消费政策由“实现满足人的基本生存需要”到“重发展的物质需要与精神需要并存”，再到“追求并崇尚合乎人、自然和社会和谐发展”的显著改变中，我国合理消费社会风尚也发生了由“以崇俭黜奢为主”到“以崇尚节约、环保、健康为主”的显著变化。

一 基于满足基本生存需要的消费风尚引领时期

中华人民共和国成立至改革开放前的时期（1949～1978 年），国内主要实行的是计划经济，人们消费的物品、消费物品的数量以及如何消费的消费方式，在很大程度上取决于国家有关消费的政策安排和制度设计。这一时期，国家的消费政策和导向主要表现为抑制消费，从而形成了以崇俭黜奢为主的消费风尚。

1. 满足基本生存需要的低消费及其制度安排

新中国成立之初，中国的生产力水平尚处于农业文明时期，生产依靠人力和畜力，加之受战争的严重破坏，整个社会的生产力水平较低，经济发展落后使得人们的消费基本是以满足自然主体的那种个人的生存需求为目标，消费内容单一、水平低下，消费需求处于解决基本温饱问题的最低层次。

这一时期国家的消费政策主要是抑制消费，其突出特点是高积累、低消费，这符合新中国成立初期的特殊需要。新中国成立之初，为巩固新生政权，实现国家的富强和人民的幸福，人们的共识是首先建立社会主义的工业化。关于工业化的重要性，早在1945年4月召开的中国共产党第七次全国代表大会上毛泽东就指出："没有工业，便没有巩固的国防，便没有人民的福利，便没有国家的富强。"① 1950年，刘少奇指出："只有工业化和电气化，才能建立中国强大的经济力量和国防力量。只有逐步地做好这件事情，不断地提高劳动生产率，发展近代化的生产事业及其他经济事业，才能使中国人民逐步地提高生活水平，能够过富裕的和有文化的生活。"② 鉴于当时中国物质资源的严重匮乏和实现工业化目标的艰巨性和紧迫性，中共领导人意识到，要实现社会主义的工业化，必须选择优先发展重工业的工业化道路，并强调这是保障人民生活水平不断提高的基础。我国的第一个五年计划便是优先发展重工业的实践展开。正如《关于发展国民经济的第一个五年计划的报告》所指出的："社会主义工业化是我们国家在过渡时期的中心任务，而社会主义工业化的中心环节，则是优先发展重工业。"③ 1954年周恩来在第一届全国人民代表大会第一次会议上所做的《政府工作报告》指出："第一个五年计划的方针是大家已经知道的，这就是：集中主要力量发展重工业，建立国家工业化和国防现代化的基础……第一个五年计划所以要集中主要力量发展重工业，即冶金工业、燃料工业、动力工业、机械制造工业和化学工业，这是因为只有依靠重工业，才能保证整个工业的发展，才能保证现代化农业和现代化交通运输业的发展，才能保证现代化国防力量的发展，并且归根结底，也只有依靠重工业，才能保证人民的物质生活和文化生活的不断提高。"④

显然，在经济发展水平落后的中国实行重工业优先发展的战略必然面临着不得不抑制人民消费的取舍。为此周恩来指出："当目前国家需要集中主要力量建设重工业、奠定社会主义基础的时候，我们全国人民都必须把注意的重点放在长远利益上面。我们不能只看到眼前的利益而忽视了长远的利益。为着我们子子孙孙的幸福，我们不能不暂时把许多

① 毛泽东：《论联合政府》，载《毛泽东选集》第三卷，人民出版社，1991，第1080页。

② 刘少奇：《国家的工业化和人民生活水平的提高》，载中共中央文献研究室编《建国以来重要文献选编》第一册，中央文献出版社，2011，第457页。

③ 周鸿主编《中华人民共和国国史通鉴·第一卷（1949～1956）》，当代中国出版社，1993，第788页。

④ 周恩来：《政府工作报告》，载中共中央文献研究室编《建国以来重要文献选编》第五册，中央文献出版社，2011，第504页。

困难担当起来。”① 为服从国家发展的大局和长远利益，抑制消费、鼓励人们节衣缩食是该时期消费政策的核心。在第一届全国人民代表大会第一次会议上，周恩来指出：“重工业需要的资金比较多，建设时间比较长，赢利比较慢，产品大部分不能直接供给人民的消费，因此在国家集中力量发展重工业的期间，虽然轻工业和农业也将有相应的发展，人民还是不能不暂时忍受生活上的某些困难和不便。但是我们究竟是忍受某些暂时的困难和不便，换取长远的繁荣幸福好呢，还是因为贪图眼前的小利，结果永远不能摆脱贫困和落后好呢？我们相信，大家一定会认为第一个主意好，第二个主意不好。”② 陈云指出：“减少消费，当然是一件不舒服的事情，但是我们必须在两者中间选择一个：或者是暂时减少可以减少的消费，以便完成国家工业化，由此来建立我国能够进一步地发展农业和轻工业的基础，使我们有可能在将来迅速地增加各种消费品的产量；或者是尽其所有在国内消费掉，因而不能建设工业，使我国经济长期处于落后状态。全国人民自然应该选择前者，不应该选择后者。”③ 显然，减少消费已经成为实现国家工业化的必要条件和理性选择。这也成为中共中央宣传的主要论点：“由于工业化要以发展重工业为重点，而重工业需要的资金多，赢利较少较迟，产品不能直接满足人民的消费需要，所以在工业化时期不能不节衣缩食，艰苦奋斗。但这些困难是必须克服，也是可以克服的。必须教育全党和全体人民认识国家社会主义工业化的极端重要的意义，认识它是全国人民的最高利益，全国人民的一切局部的暂时的利益都应当服从这个最高的利益。……因此人民生活的改善就不能不有相当的限度；它必须服从生产的发展，它的速度必须较低于生产发展的速度。”④

为保障人民的基本生存需要和工业化建设的顺利开展，国家实行了计划

① 周恩来：《政府工作报告》，载中共中央文献研究室编《建国以来重要文献选编》第五册，中央文献出版社，2011，第522页。

② 周恩来：《政府工作报告》，载中共中央文献研究室编《建国以来重要文献选编》第五册，中央文献出版社，2011，第504~505页。

③ 陈云：《关于计划收购和计划供应》，载陈云著《陈云文选》第二卷，人民出版社，1995，第257页。

④《为动员一切力量把我国建设成为一个伟大的社会主义国家而奋斗——关于党在过渡时期总路线的学习和宣传提纲》，载中共中央文献研究室编《建国以来重要文献选编》第四册，中央文献出版社，2011，第612页。

供应制度和精神激励机制。

国家计划供应制度的典型体现是 1953 年国家实行的统购统销制度。"1953 年上半年，全国灾情严重。河南、江苏、安徽、辽宁、吉林等产粮区不同程度地受到了旱灾、霜冻等影响，受灾面积达到了 35463 万亩，占全国各种作物种植面积的 16.47%，仅小麦一项，预计减产 70 亿斤。此外，由于工业生产需要大量的棉花、麻类等农产品作为原料，国家鼓励农民种植工业原料作物，相对地减少了粮食作物的种植面积。"① 到 1953 年下半年，全国粮食供应问题极其严重，很多投机商趁机大搞投机活动，抬高粮价，"当时私商活动频繁的地区，粮食市价一般高出牌价 20% ~30%"②。这严重影响了百姓的生活，国家领导人认识到"如果放任这种波动，就会引起人心不安，社会震动，大规模经济建设就很难进行"③。为此，主管财经工作的陈云提出："在农村中采取征购粮食的办法，在城镇中采取配售粮食的办法，名称可以叫做'计划收购'、'计划供应'，简称'统购统销'。"④

1953 年 10 月 16 日，中共中央政治局扩大会议通过了《关于实行粮食的计划收购和计划供应的决议》，确定在 12 月初开始在全国范围内（除西藏、台湾外）实行粮食的统购统销。同年 11 月 19 日，政务院第 194 次政务会议根据中共中央的决议通过了《中央人民政府政务院关于实行粮食的计划收购和计划供应的命令》，规定了实行粮食统购统销的具体办法⑤，后又实行了对棉花、食油等主要农产品的统购统销。统购统销政策中涉及消费的主要是计划供应，其中涉及的消费品有砂糖、猪肉、火柴、手表、缝纫机、自行车等 100 多种。

尽管统购统销的主要目的是国家控制以粮食为主的基本消费品价格，"但是，随着这个制度的发展，它逐步成为国家主义消费模式得以确立的一种制度性路径。一方面，统购统销政策有助于形成与国家计划经济体制相配

---

① 徐树英、陈国庆：《统购统销政策的渊源及其价值判断》，《山东理工大学学报》（社会科学版）2005 年第 5 期。

② 薄一波：《若干重大决策与事件的回顾》（上卷），中共中央党校出版社，1991，第 258 页。

③ 薄一波：《若干重大决策与事件的回顾》（上卷），中共中央党校出版社，1991，第 258 页。

④ 陈云：《实行粮食统购统销》，载陈云著《陈云文选》第二卷，人民出版社，1995，第 216 页。

⑤《中央人民政府政务院关于实行粮食的计划收购和计划供应的命令》，载中共中央文献研究室编《建国以来重要文献选编》第四册，中央文献出版社，2011，第 486 ~487 页。

套的宏观消费制度……另一方面，随着计划经济体制所导致的低效率和短缺经济的出现，统购统销（它本身成为效率低下的原因之一）成为国家应对产品短缺的一种工具”①，其明显的好处是在资源短缺条件下确保了基本生活资料的稳定供给，从而有效保障了人民尤其是城镇居民的基本生存需要。

由于中国是在一个极端贫困的基础上建设社会主义工业化的，这就需要人民节衣缩食、克服浪费。1954 年 1 月 13 日，邓小平在《财政工作的六条方针》中指出：“为了把国家财政放在稳固的基础上，保证社会主义工业建设，必须节减一切可以节减的开支，克服浪费。……今天的问题复杂得很，仅靠几个章程、几个法令、几个办法办事是不行的，要因地制宜。只有大家管财政，大家热心财政，事情才好办。节约也要有积极性，如果没有地方的积极性，就不可能节约，就要发生浪费。”② 毛泽东强调，“要使我国富强起来，需要几十年艰苦奋斗的时间，其中包括执行厉行节约、反对浪费这样一个勤俭建国的方针”③，并提出把树立节约观念作为经济建设中的一个最中心的问题。1955 年 2 月 3 日，周恩来强调：“节约的观念，在我们现在要加紧建设的当中，是一个最中心的问题。要使我们的干部和人民都要有这样一个观念，节约一点，就是对于国家建设增加一分，对于国防力量增强一分；浪费一点，就是对于国家的经济建设和国防建设有害。要用这个观念经常地教育我们的干部和人民，因为这是很容易疏忽的。国家大了，稍微不留神，就要浪费一批人力，或者物力，或者财力，对我们建设就不利。”④ 为有效倡导节约，中央层面不仅要求各级领导积极发扬艰苦朴素的作风，要求全党“勤俭建国、勤俭办企业、勤俭办合作社、勤俭办一切事业”⑤，还开展了全国规模的增产节约、反对浪费运动，并且把反对浪费和严惩贪污同时进行。毛泽东提出，“浪费和贪污在性质上虽有若干不同，但浪费的损失大于贪污，其结果又常与侵吞、盗窃和骗取国家财物或收受他人贿赂的行为相接近。故严惩浪费，必须与严惩贪污同时进行。浪费的范围极广，项目极多，又是一个

① 王宁：《从苦行者社会到消费者社会：中国城市消费制度、劳动激励与主体结构转型》，社会科学文献出版社，2009，第 74 页。

② 《邓小平文选》第一卷，人民出版社，1994，第 197 页。

③ 中共中央文献研究室编《毛泽东文集》第七卷，人民出版社，1999，第 240 页。

④ 中共中央文献研究室编《周恩来经济文选》，中央文献出版社，1993，第 206 ~ 207 页。

⑤ 刘少奇：《在中国共产党第 8 次全国代表大会上的政治报告》，载《刘少奇选集》（下卷），人民出版社，1985，第 228 页。

普遍的严重现象，故须着重地进行斗争，并须定出惩治办法”①，并提出了反对浪费的具体措施和途径。“应当停止购置家具和车辆，减少办公杂支，除特定场合外，严禁请客送礼，纠正开会方面和文娱活动中的浪费。”②“什么红白喜事，讨媳妇，死了人，大办其酒席，实在可以不必。应当在这些地方节省，不要浪费。这是改革旧习惯。”③

但抑制消费的同时还必须提高人民的劳动积极性，在当时国家物质极度短缺、经济基础薄弱等条件下，国家主要通过精神动员对劳动者进行激励，即精神激励机制，其主要表现首先是人民当家做主的制度安排。具有宪法性质的《中国人民政治协商会议共同纲领》第一条明确指出：新中国“实行工人阶级领导的，以工农联盟为基础的、团结各民主阶级和国内各民族的人民民主专政”④。1954 年《宪法》规定，“中华人民共和国的一切权力属于人民”，这从法律上规定了工农的主人地位。1955 年元旦发表的《人民日报》社论指出：“我国人民在中国共产党和人民政府的领导下，既已成为国家的主人、社会的主人、历史的主人，我们就完全能够按照社会发展的法则，通过自己的创造性劳动，实行有计划的建设，把我国逐步建成为一个繁荣幸福的社会主义社会。”⑤ 1960 年，李富春指出：“人民群众从旧社会解放出来，在社会主义制度下成为主人，就能够充分发挥积极性和创造性，使生产建设得到高速度的发展。”⑥ 毫无疑问，新中国的成立让工人和农民翻身成为主人，人们的主人翁意识大幅度提升，并由此对国家和国家的倡导萌生强烈的认同感，这是很自然的事情。其次是确保国家政权和领导干部感召力和号召力的规定。1949 年 9 月 29 日通过的《中国人民政治协商会议共同纲领》第十八条规定：“中华人民共和国的一切国家机关，必须厉行廉洁的、朴素的、为人民服务的革命工作作风，严惩贪污，禁止浪费，反对脱离人民群众的官

---

① 中共中央文献研究室编《毛泽东文集》第六卷，人民出版社，1999，第 208～209 页。

② 陈云：《关于增产节约问题》，载陈云著《陈云文集》第三卷，中央文献出版社，2005，第 167 页。

③ 中共中央文献研究室编《毛泽东文集》第七卷，人民出版社，1999，第 308 页。

④ 肖贵清等：《中国特色社会主义制度基本问题研究》，人民出版社，2013，第 113 页。

⑤《迎接一九五五年的任务》，载中共中央文献研究室编《建国以来重要文献选编》第六册，中央文献出版社，2011，第 1 页。

⑥ 李富春：《关于一九六〇年国民经济计划草案的报告》，载中共中央文献研究室编《建国以来重要文献选编》第十三册，中央文献出版社，2011，第 138 页。

僚主义作风。”[①] 1954 年 9 月 20 日通过的《宪法》第十七条规定：“一切国家机关必须依靠人民群众，经常保持同群众的密切联系，倾听群众的意见，接受群众的监督。”[②] 1956 年，毛泽东要求党员、军队和干部队伍继续保持艰苦奋斗的精神，“我们要提倡艰苦奋斗，艰苦奋斗是我们的政治本色”[③]。刘少奇也强调：“一切共产党员，不论职位多高，都是人民群众的勤务员，都应该把自己看成普通劳动者，没有任何特权，都必须关心群众生活，和群众同甘共苦。每一个共产党员，都应该以艰苦朴素为荣，以铺张浪费为耻。”[④] 最后是思想政治工作机制，主要是通过宣传社会主义和共产主义崇高理想，抑制人们自私自利和追求个人享乐主义思想，以调动人们投身于社会主义建设的积极性和自觉性。1964 年元旦发表的《人民日报》社论指出：“进一步做好基层单位的思想政治工作，对于顺利完成社会主义革命和社会主义建设的各项任务，具有十分重大的意义。经验证明，凡是抓紧思想政治工作，高举毛泽东思想红旗的单位，广大干部和群众的政治热情和生产积极性就大大发扬起来，工作就做得非常出色。”[⑤] 国家领导人异常注重经济领域的思想政治工作，尤其是针对国家制定的抑制消费政策与人民改善生活水平的期待之矛盾，主要从国家的远大目标和长远利益进行宣传。李富春指出：“我们的一切经济工作是以政治为统帅的，我们的群众运动是在党的集中领导下进行的。党和政府号召人民群众破除迷信，解放思想，发扬敢想敢做的精神。党和政府在个人消费品的分配制度方面实行按劳分配的原则，同时教育人民群众为远大的目标而艰苦奋斗，不斤斤计较个人的报酬。在机关、团体、学校、企业和事业单位中，在人民公社中，运用大鸣、大放、大辩论、大字报的形式，开展批评和自我批评，由人民群众自己教育自己。这样就保证了每个劳动者能够经常地保持着充沛的热情和干劲，能够顽强地克服困

① 转引自周恩来《恢复生产，建设中国》，载《周恩来选集》（上卷），人民出版社，1980，第 362 页。

② 转引自萧心力主编《毛泽东与共和国重大历史事件》，人民出版社，2001，第 129 页。

③ 毛泽东：《艰苦奋斗是我们的政治本色》，载中共中央文献研究室编《毛泽东文集》第七卷，人民出版社，1999，第 162 页。

④ 刘少奇：《在扩大的中央工作会议上的报告》，载中共中央文献研究室编《建国以来重要文献选编》第十五册，中央文献出版社，2011，第 56～57 页。

⑤ 《乘胜前进》，载中共中央文献研究室编《建国以来重要文献选编》第十八册，中央文献出版社，2011，第 4～5 页。

难，能够大胆地创造。”[①] 周恩来强调：“我们革命的目的，就是要使人民得到幸福。……我们现在也应该想一想，怎样为我们的后代谋幸福，为我们民族谋长远的幸福。回想过去，我们是从艰苦奋斗、流血牺牲中过来的。我们的民族有悠久的历史，不仅是近百年，而且从有历史记载以来，几千年间，劳动人民不断斗争，形成了一种艰苦奋斗、不怕牺牲的优良传统。我们应该继承这种传统，并在社会主义建设中发扬光大。现在国际形势趋于缓和，我们应该利用这种环境，在工作中、劳动中艰苦奋斗，勤俭建国。”[②] 1965 年 5 月 29 日，中共中央批转了关于 1965 年财贸工作的两个文件，指出一切业务工作要用政治挂帅，突出政治，政治工作是经济工作的生命线，政治思想工作是经常性的，要天天抓、事事抓。要把政治工作做到日常业务活动中去。政治工作做好了，人的积极性和创造性发挥出来了，业务工作和其他工作才能做好。[③] 上述激励方式在一定时期内取得了预期的效果，并推动形成了崇俭黜奢的消费风尚。

2. 基于传统美德和理想信仰的宣传，助推崇俭黜奢消费风尚的形成

中华人民共和国成立后，受解放效应（解放所带来的对生活条件改善期望提升）的影响，人们自然有提升并改善生活水平的欲望，但最终为了国家长远利益而实施的工业化战略，通过传统美德和信仰的力量倡导崇俭黜奢便成为国家的理性选择。

首先，节俭的传统美德为国家倡导崇俭黜奢的消费风尚提供了丰厚土壤。节俭，作为中华民族的传统美德和行为规范，源远流长，已渗入人们的生产和生活，运用于治生、齐家、治国之实践，广为社会所认同和接受。比如在治生方面，荀子强调“强本而节用，则天不能贫……本荒而用侈，则天不能使之富”[④]。《管子·形势解》曰：“人惰而侈则贫，力而俭则富。”[⑤] 在齐家方面，勤俭一直是中国人治家的重要内容。明代的冯梦龙在《喻世明

① 李富春：《关于一九六〇年国民经济计划草案的报告》，载中共中央文献研究室编《建国以来重要文献选编》第十三册，中央文献出版社，2011，第 143 页。

② 周恩来：《谈谈青年的学习和生活》，载中共中央文献研究室编《周恩来文化文选》，中央文献出版社，1998，第 436 ~ 437 页。

③ 《中共中央批转关于一九六五年财贸工作的两个文件》，载中共中央文献研究室编《建国以来重要文献选编》第二十册，中央文献出版社，2011，第 208 ~ 210 页。

④ 方勇、李波译注《荀子》，中华书局，2011，第 265 页。

⑤ 孙波注释《管子：注释本》，华夏出版社，2000，第 336 页。

言》中倡导“治家以勤俭为本”[①]，《名臣名儒家训》也强调“不肯服布旧之衣，不肯食粗粝之食，若长而弗改，必致穷饿”[②]。曾国藩更是认同“无论大家小家，士农工商，勤苦俭约，未有不兴，骄奢倦怠，未有不败”[③] 的家训。“治国之道，富民为始，富民之要，在于节俭。”[④] 当然，在中国长期的封建社会中，封建统治者宣扬“黜奢崇俭”，要求下层百姓节俭是为维护封建等级秩序和封建统治者既得利益。但是，广大人民注重节俭则是由于中国长期处于劳动生产率低下的现实，是人民求生存的智慧体现。针对新中国成立后国家艰难的经济处境，中国共产党严格要求“共产党人的一切言论行动，必须以合乎最广大人民群众的最大利益，为最广大人民群众所拥护为最高标准”[⑤]，并以身作则，率先节俭，与人民同甘共苦，为倡导崇俭黜奢的消费风尚树立了标杆，发挥了示范作用，这无疑是该时期崇俭黜奢消费风尚形成的重要动力。

其次，人们对共产主义的信仰使国家所倡导的艰苦朴素和节俭观念深入人心。弗洛伊德在《文明及其缺憾》一书中指出，文明的特点就在于人可以借助自我和超我的力量而征服这种自然的本性，从而获得社会的进步。而信仰正是人们用来征服自然欲望的一种精神力量。[⑥] 中国共产党通过广泛宣传和教育，使共产主义理想信仰迅速普及。在此基础上，立足于社会主义和共产主义的实现来宣传勤俭节约、艰苦朴素，勤俭节约的理念就更能深入人心。因为社会主义和共产主义的信仰使人们把目光聚焦未来，人们相信贫困和艰苦的现实生活只是通往未来幸福理想的必要手段和阶段。比如毛泽东在《关于正确处理人民内部矛盾的问题》中就如此强调：“要提倡勤俭建国。要使全体青年们懂得，我们的国家现在还是一个很穷的国家，并且不可能在短时间内根本改变这种状态，全靠青年和全体人民在几十年时间内，团结奋斗，用自己的双手创造出一个富强的国家。社会主义制度的建立给我们开辟

① 冯梦龙编《喻世明言》，上海古籍出版社，1996，第229页。

② 成晓军主编《名臣名儒家训》（下册），重庆出版社，2008，第536页。

③ 曾国藩著，张惠民、李远、周树德编著《曾国藩家书》，中州古籍出版社，1994，第247页。

④ 司马迁：《全本史记》大全集第4册，中国华侨出版社，2011，第698页。

⑤ 《毛泽东选集》第三卷，人民出版社，1991，第1096页。

⑥ Sigmund Freud, *Civilization and Its Discontents*, Translated by J. Riviere, Revised and Newly Edited by J. Strachey, London: The Hogarth Press and the Institute of Psycho-analysis.

了一条到达理想境界的道路，而理想境界的实现还要靠我们的辛勤劳动。有些青年人以为到了社会主义社会就应当什么都好了，就可以不费气力享受现成的幸福生活了，这是一种不实际的想法。”①

当节俭观念被国家赋予了政治含义以后，更是有力推动着崇俭黜奢消费风尚的传播与形成。新中国成立后，中国共产党认为党的历史任务是首先实现社会主义工业化，这是迈向共产主义的坚实物质基础，并提出继续保持艰苦奋斗的精神。1956 年，毛泽东强调：“我们要提倡艰苦奋斗，艰苦奋斗是我们的政治本色。……人是要有一点精神的。”② 刘少奇在 1956 年中国共产党第八次全国代表大会上的讲话中指出：“浪费在任何时候都是妨碍生产的发展和生活的改善的。”③ 1963 年，周恩来指出：“要使艰苦朴实成为我们的美德。这样，我们就会心情舒畅，才能在个人身上节约，给集体增加福利，为国家增加积累，才能把我们的国家更快地建设成为一个社会主义强国。”④一旦节俭具有政治上的意义，生活节俭便成为光荣的事情，而追求物质享受便成为“可耻”的事情，国家强调：“要在干部和广大群众中大大发扬勤俭建国的精神，进一步养成以艰苦朴素为荣、以奢侈浪费为耻的社会风气。”⑤为有效遏制奢侈浪费，在全社会推动形成节俭风尚，国家开展了“四清”运动和“五反”运动，并把铺张浪费等消费行为定性为“与社会主义利益不相容的”“资产阶级思想作风”而进行政治整肃。《中共中央关于厉行增产节约和反对贪污盗窃、反对投机倒把、反对铺张浪费、反对分散主义、反对官僚主义的指示》指出：“最近几年，在我们的一部分干部中，资产阶级思想作风确实有所滋长。突出的表现是：损大公、肥‘小公’……贪图个人享受、讲排场、铺张浪费、假公济私……这些，已经严重地阻碍着我们事业的前进。一切同社会主义利益不相容的现象和作风，必须坚决纠正，一切损害社会主义事业的行为，必须坚决反对。一切贪污盗窃、投机倒把等破坏社会主

① 毛泽东：《关于正确处理人民内部矛盾的问题》，载中共中央文献研究室编《毛泽东文集》第七卷，人民出版社，1999，第 226 页。

② 毛泽东：《艰苦奋斗是我们的政治本色》，载中共中央文献研究室编《毛泽东文集》第七卷，人民出版社，1999，第 162 页。

③《刘少奇选集》（下卷），人民出版社，1985，第 227 页。

④《周恩来选集》（下卷），人民出版社，1984，第 427 页。

⑤《中共中央关于开展以保粮、保钢为中心的增产节约运动的指示》，载中共中央文献研究室编《建国以来重要文献选编》第十三册，中央文献出版社，2011，第 473 页。

义的罪恶活动，必须坚决打击。”[①] 1979 年，邓小平肯定了 20 世纪 50 年代和 60 年代初人们的付出，他说：“在艰难的时候，人们都很守纪律，照顾大局，把个人利益放在集体利益当中，放在国家利益、社会利益当中，自觉地同国家一道来渡过困难。”[②]

显然，中华人民共和国成立至改革开放前的时期（1949 ~ 1978 年），由于我国的一穷二白，人们的消费基本是以满足基本生存需要为目标，消费内容单一、水平低下，消费需求也处于解决基本温饱问题的最低层次。尽管在新中国成立初期，人民政府采取了没收官僚资本归社会主义国有经济所有，对农业、手工业和资本主义工商业进行社会主义改造，以及国民经济调整等一系列经济发展举措，大大提高了社会生产力，与新中国成立前相比，人民群众的收入普遍增加，消费能力有所提高。但之后的大跃进、人民公社化运动，尤其是十年“文化大革命”导致我国刚刚恢复的国民经济发展缓慢甚至停滞。

同时，这一时期的中国生产力发展水平还处于农业文明时期，生产动力以人力和畜力为主，农民和手工业者利用其有所进步的技术和工具改造局部自然生态系统，对生态环境的负效应影响尚不显著。

崇俭黜奢的重生存消费是这一时期我国消费风尚的典型特征。正如毛泽东所说：“一九五五年提倡过节约，重点是在非生产性的基本建设中反对了过高的标准，在工业生产中节约原料，成绩很大。……今年要求在全国各方面提倡节约，反对浪费……要使全体干部和全体人民经常想到我国是一个社会主义的大国，但又是一个经济落后的穷国，这是一个很大的矛盾。要使我国富强起来，需要几十年艰苦奋斗的时间，其中包括执行厉行节约、反对浪费这样一个勤俭建国的方针。”[③]

从历史上看，这时关于提倡节俭的主张，主要考量的是我国生产力发展水平和人们的物质生活水平较低这样的实际，要形成的合理消费社会风尚是

---

① 《中共中央关于厉行增产节约和反对贪污盗窃、反对投机倒把、反对铺张浪费、反对分散主义、反对官僚主义的指示》，载中共中央文献研究室编《建国以来重要文献选编》第十六册，中央文献出版社，2011，第 150 页。

② 邓小平：《社会主义也可以搞市场经济》，载《邓小平文选》第二卷，人民出版社，1983，第 233 页。

③ 中共中央文献研究室编《毛泽东文集》第七卷，人民出版社，1999，第 239 ~ 240 页。

基于实行“勤俭建国”的方针，从是否执行“厉行节约”和“反对浪费”的角度来衡量和评价的。毫无疑问，在确保基本生活需要得到满足的基础上，提倡节俭成为引导消费行为、形塑合理消费社会风尚的重要内容。当然，我们要看到，在当时不能满足人们有效需求的背景下，形塑合理消费社会风尚还缺乏坚实的物质基础，党和政府对消费风尚的引领带有明确的政治自觉性，还不是从生态文明建设的角度提出的政策主张。

二 基于注重社会生产力进一步协调发展要求的消费风尚引领时期

改革开放后至党的十八大召开前的时期（1978 ~ 2012 年），由于国家的消费政策和导向经历了从补偿消费政策到适度消费政策再到鼓励消费政策的重大转变[①]，重视人的物质发展和精神发展的“双重消费”突出，20 世纪 90 年代后，绿色消费、可持续消费越来越成为时尚。

1. 消费政策的转变使由重“人的生存”到重“人的发展”的消费日渐凸显

1978 年党的十一届三中全会之后，党和政府通过调整农轻重、积累与消费的比例关系，开始实行补偿消费政策。针对轻重工业比例失调，中央提出“要适当提高轻纺工业的投资比重，适当增加轻工业生产和建设所需要的外汇，多发展一些投资少、收益快、赚钱多、国内外市场需要的轻工业，少发展一些投资多、建设周期长的重工业”[②]。这一政策扭转了实行多年的优先发展重工业的战略。同时针对积累和消费的比例失调，赵紫阳强调，必须“把消费品工业的发展放到重要位置”[③]。由于政府采取了着重发展日用消费品生产的方针和一系列具体措施，“轻纺工业产品的花色品种增多，质量继续有所提高，高中档产品显著增加，日用百货日益丰

① 参见房爱卿主编《我国消费需求发展趋势和消费政策研究》，中国经济出版社，2006，第 4 ~ 14 页。

② 李先念：《在中央工作会议上的讲话》，载中共中央文献研究室编《三中全会以来重要文献选编》（上），中央文献出版社，2011，第 112 页。

③ 赵紫阳：《当前的经济形势和今后经济建设的方针》，载中共中央文献研究室编《三中全会以来重要文献选编》（下），中央文献出版社，2011，第 320 页。

富多彩……”[①]，我国的市场比前几年有了很大的变化。1985 年 9 月 23 日，《中共中央关于制定国民经济和社会发展第七个五年计划的建议》指出：“努力扩大消费品工业的生产领域，积极发展民用建筑业。‘七五’期间，我国城乡人民消费将趋向多样化，将更加讲究食品的营养和衣着的改善，住房、中高档消费品和耐用消费品的消费比重将有较大的提高。适应这种情况，必须在继续抓好日用必需品生产的同时，大力增产名牌产品和优质产品，发展新品种和新产品，开辟新的生产门类。应当把食品工业、服装工业、耐用消费品工业作为重点，带动整个消费品工业生产的更好发展。”[②] 同时还指出，为了确保加快消费品工业的发展，国家应当继续在贷款、外汇使用、能源和原材料供应、运输条件等方面给予优先保证。[③] 从“七五”规划可以明显看出，重工业优先发展的战略已完全变为消费品工业优先发展的战略，经济发展开始纳入新的增长模式，即经济发展以消费品需求为导向。

补偿消费政策的另一个表现是分配结构开始向人民生活倾斜。1978 年 5 月 7 日，国务院发布了《国务院关于实行奖励和计件工资制度的通知》，恢复了计件工资制度和奖金制度。1985 年 1 月，国务院发布了《国务院关于国营企业工资改革问题的通知》，职工的工资收入也有相当幅度的提高。[④] 1985 年，机关和事业单位开始实行以职务工资为主要内容的结构工资制。1993 年，国家对机关、事业单位工资制度再一次进行了改革。此后，按照两年一次正常晋升职务工资档次和五年一次正常晋升级别工资的规定，大多数机关、事业单位工作人员分别在 1995 年、1997 年、2001 年和 2003 年晋升了职务工资档次，机关单位在 1998 年和 2003 年启动了晋升级别工资的机制。[⑤] 1994 年，为适应党的十四届三中全会提出的建立现代企业制度的目标要求，国家实行了新税制，停止对企事业单位征收工资调节税

---

① 赵紫阳：《当前的经济形势和今后经济建设的方针》，载中共中央文献研究室编《三中全会以来重要文献选编》（下），中央文献出版社，2011，第 308 页。

② 中共中央文献研究室编《十二大以来重要文献选编》（中），人民出版社，1986，第 804 页。

③ 中共中央文献研究室编《十二大以来重要文献选编》（中），人民出版社，1986，第 804 页。

④ 参见王宁《从苦行者社会到消费者社会：中国城市消费制度、劳动激励与主体结构转型》，社会科学文献出版社，2009，第 230 ~ 231 页。

⑤ 胡放之：《中国经济起飞阶段的工资水平研究》，中国经济出版社，2005，第 110 ~ 111 页。

和奖金税。[①] 据统计，1978 年至 1998 年，在排除物价因素的影响后，实际工资水平基本是稳步提高的（除了 1981 年、1988 年和 1989 年）。[②]

“从 1979 年至 1981 年……通过提高农副产品收购价格、减轻部分地区的农村税收负担，共计减少财政收入 520 亿元，相应地增加了农民的收入。……农民家庭人均纯收入也由 1979 年的 160.17 元上升到 1988 年的 544.9 元，10 年间增长了 3.4 倍。”[③] 之后，国家又逐步取消了粮食统购统销制度。

基于我国社会生产力的快速发展和国民生活的显著改善，人们的消费能力和消费水平日益提高，“到 1984 年以后，收入的迅速增长，超过了生产的发展，城镇居民进入耐用消费品普及阶段，但是耐用消费品的普及速度远远快于国内供给水平增长的速度，到 1988 年城市抢购耐用电器导致了整个消费品市场的波动，零售物价指数上升了 18.5%”[④]。正如江泽民同志所言：“加快改革开放和经济发展，目的都是为了满足人民日益增长的物质文化需要。随着生产发展和财富的增加，城乡居民的实际收入、消费水平和生活质量要有明显提高。”[⑤]

1998 年是国家消费态度转变的一个转折点，因为这个时期商品的供求状况发生了变化，即由开始供不应求到供求基本平衡甚至供大于求的转变。1998 年 3 月 5 日，李鹏在中华人民共和国第九届全国人民代表大会第一次会议上指出，1997 年“主要生产资料和消费品出现了供求基本平衡或供大于求的格局，长期以来困扰我们的商品紧缺现象已经根本改观了”。[⑥] 加之 1998 年的亚洲金融危机对我国产生的负面影响，国家开始采取扩大内需的政策，并指出“在扩大投资需求的同时，要采取有力措施引导和扩大消费需求，形成投资和消费对经济增长的双重拉动。要通过多种渠道增加城乡居民特别是

① 康士勇：《工资改革的演进与继续改革的政策选择——纪念我国工资改革 20 年》，《北京市计划劳动管理干部学院学报》1999 年第 4 期，第 25 页。

② 王宁：《从苦行者社会到消费者社会：中国城市消费制度、劳动激励与主体结构转型》，社会科学文献出版社，2009，第 234 页。

③ 房爱卿主编《我国消费需求发展趋势和消费政策研究》，中国经济出版社，2006，第 4 ~ 5 页。

④ 房爱卿主编《我国消费需求发展趋势和消费政策研究》，中国经济出版社，2006，第 6 页。

⑤ 《江泽民文选》第一卷，人民出版社，2006，第 239 页。

⑥ 中共中央文献研究室编《十五大以来重要文献选编》（上），人民出版社，2000，第 213 页。

低收入群众的收入；加快发展消费信贷，推进城镇住房制度改革，支持居民购买住房和大件耐用消费品；积极引导居民增加文化、娱乐、体育健身和旅游等消费，拓宽服务型消费领域。活跃市场流通，大力开拓国内市场特别是农村市场”①。1998 年 8 月，国家对城镇中低收入居民的收入进行了调整，提高了国有企业下岗职工等低收入者的生活保障水平，同时，增加了机关事业单位职工工资；1999 年以来，连续三次较大规模地提高了机关事业单位人员的工资标准。② 1998 年，中国人民银行颁布实施《汽车消费贷款管理办法》，各大银行开始开办汽车消费信贷业务，“各财产保险公司相继开办了汽车消费贷款保证保险（简称车贷险）……在市场需求的强力拉动下，国内汽车产量持续增长。……至 2002 年末，汽车产量飞升至 325.37 万辆，其中轿车产量达到 109.28 万辆，分别是 1986 年产量的 7.7 倍和 87.9 倍”③。经国务院批准，从 1999 年 3 月 1 日起，信息产业部对邮政电信资费进行了结构性调整。调整后的电话初装费、因特网资费、长话附加费等大幅度下调，大大促进了电话的普及和人们对因特网的消费。④ 2000 年 10 月召开的党的十五届五中全会通过了《中共中央关于制定国民经济和社会发展第十个五年计划的建议》，指出：“改善城乡人民生活、不断提高城乡居民的物质和文化生活水平，是发展经济的出发点和归宿，也是扩大内需、保证经济持续增长的动力。向更加宽裕的小康生活迈进，要进一步提高城乡居民吃穿用消费水平，优化消费结构，增加服务性消费；增加城乡居民居住面积，提高住房和环境质量；大力发展公共交通，鼓励计算机、轿车进入家庭，提高电话普及率；加强城乡公共设施建设，改善居民消费环境。”⑤ 2002 年 3 月，朱镕基在中华人民共和国第九届全国人民代表大会第五次会议上进一步指出扩大国内消费需求的政策：“扩大国内需求，首先必须增加城乡居民特别是低收入群体的收入，培育和提高居民的购买力。一是采取更有力的措施，千方百计增加农民收入，切实减轻农民负担。二是进一步完善城镇社会保障体系。……三是继续适

① 朱镕基：《政府工作报告》，载中共中央文献研究室编《十五大以来重要文献选编》（上），人民出版社，2000，第 778 页。

② 李通屏：《中国消费制度变迁研究》，经济科学出版社，2005，第 174 ~ 175 页。

③ 《当前汽车消费贷款存在的问题及政策建议》，http://finance.sina.com.cn/stock/hyyj/20041017/17441084781.shtml。

④ 参见李通屏《中国消费制度变迁研究》，经济科学出版社，2005，第 184 页。

⑤ 中共中央文献研究室编《十五大以来重要文献选编》（中），人民出版社，2000，第1392 页。

当提高机关事业单位职工基本工资，并相应增加机关事业单位离退休人员离退休金。各类所有制企业也要在提高经济效益的基础上，适当增加职工收入。……四是积极扩大就业和再就业。……五是拓宽消费领域，改善消费环境。通过深化改革，调整政策，消除各种限制消费的障碍。鼓励居民扩大住房、旅游、汽车、电信、文化、体育和其他服务性消费，培育新的消费热点。”① 显然，自1998年以来，国家扩大消费需求所采取的措施表明了国家消费政策的转变，也表明了鼓励消费时代的来临。这一时期政府“努力增加城乡居民实际收入，拓宽消费领域，引导合理消费。在改善物质生活的同时，充实精神生活，美化生活环境，提高生活质量”②。

在政府的积极引导下，这一时期人们的消费趋向开始“重人的发展”，而且除注重自身发展和物质需求之外，人们日益注重精神发展的消费。“娱乐、文化、教育、旅游等方面的消费占一个家庭总支出的三分之一左右”③便是有力的例证。当然“重人的发展”的合理消费并不是反对节俭，也不是不要节俭，而主要是“反对高消费、奢侈浪费等不合理消费”④，意在引导人们形成适度消费和支持进一步发展的消费方式、消费行为。尤其是这一时期，伴随着改革开放的深入，人民生活水平有了较大提高，社会上出现了一些高消费和奢侈浪费现象，具体表现为个人消费或集团消费挥霍浪费，少数党员干部浮华享乐，甚至用党和人民赋予的神圣权力大搞权钱交易和权力寻租。正如赫胥黎（Aldous Leonard Huxley）曾经讽刺的那样，“合理化导致过度生产，而过度生产又需要过度消费来平衡。经济的需求很容易也很快变成了一种道德伦理。现代消费者的首要责任，不是像前工业时期那样越少消费越好，而是要求大量消费，不停地消费”⑤。鉴于这些不合理消费的严重影响，为了形塑我国合理消费社会风尚，邓小平、江泽民、胡锦涛等党和国家领导人在分析了产生奢侈浪费现象的原因、危害的基础上提出了反对奢侈浪费、倡导艰苦奋斗的应对措施。邓小平认为要抓教育，并强调：“艰苦朴素

---

① 中共中央文献研究室编《十五大以来重要文献选编》（下），人民出版社，2000，第2265～2266页。

② 《江泽民文选》第二卷，人民出版社，2006，第27页。

③ 杨春花：《改革开放以来消费观念变化的哲学透视》，《山东社会科学》2009年第7期。

④ 白永秀、任保平、何爱平等：《中国共产党经济思想90年》，人民出版社，2011，第493页。

⑤ 转引自王建香《反乌托邦》，高等教育出版社，2016，第109页。

的教育今后要抓紧，一直要抓六十至七十年。我们的国家越发展，越要抓艰苦创业。提倡艰苦创业精神，也有助于克服腐败现象。建国以来我们一直在讲艰苦创业，后来日子稍微好一点，就提倡高消费，于是，各方面的浪费现象蔓延，加上思想政治工作薄弱、法制不健全，什么违法乱纪和腐败现象等等，都出来了。我对外国人讲，十年最大的失误是教育，这里我主要是讲思想政治教育，不单纯是对学校、青年学生，是泛指对人民的教育。对于艰苦创业，对于中国是个什么样的国家，将要变成一个什么样的国家，这种教育都很少，这是我们很大的失误。"① 江泽民则要求广大党员干部发挥模范带头作用，他强调："首先党内要大兴艰苦朴素、勤俭节约之风。严格控制各级党政机关新盖办公楼，大力精简会议。可开可不开的会议一律不开，把会议经费大幅度压缩下来。名目繁多的纪念会、研讨会、新闻发布会，要严加控制，减少到最低的程度。各种会议要一律禁止赠送礼品和所谓纪念品。总之，在各个方面，都要注意精打细算，厉行节约。这样做既可倡导节俭之风，又可把省下来的钱用到迫切需要的地方去；既具有重要的政治意义，又具有重要的经济意义。"② 胡锦涛强调，"关键是领导干部要以身作则，特别是高级干部要率先垂范。……各级领导干部要牢记'两个务必'，带头发扬艰苦奋斗、勤俭节约的精神，带头反对铺张浪费和大手大脚，带头抵制拜金主义、享乐主义和奢靡之风"③，同时"要倡导健康文明的消费模式。广泛开展宣传教育，增强节约意识，引导合理消费和文明消费，在全社会形成节约能源资源、保护环境的良好风尚"④。胡锦涛谈到的具体措施有："严格控制一般性支出，对公务购车用车、会议经费、公务接待费用以及党政机关出国（境）经费等支出实行零增长，严格预算支出管理，严格新建楼堂馆所，坚决制止铺张浪费、奢靡之风，做到令行禁止，违者必究。"⑤

① 邓小平：《在接见首都戒严部队军以上干部时的讲话》，载《邓小平文选》第三卷，人民出版社，1993，第306页。

② 江泽民：《大力发扬艰苦奋斗精神》，载《江泽民文选》第一卷，人民出版社，2006，第622页。

③ 胡锦涛：《全面加强新形势下的领导干部作风建设》，载中共中央文献研究室编《十六大以来重要文献选编》（下），中央文献出版社，2008，第875页。

④ 胡锦涛：《在中央经济工作会议上的讲话》，载中共中央文献研究室编《厉行节约　反对浪费——重要论述摘编》，中央文献出版社，2013，第48页。

⑤ 胡锦涛：《在中央经济工作会议上的讲话》，载中共中央文献研究室编《厉行节约　反对浪费——重要论述摘编》，中央文献出版社，2013，第51页。

毫无疑问，该时期国家鼓励消费政策的实施，一方面满足了人民群众的发展需要，刺激和拉动了经济的发展，但另一方面也加速了消费主义的蔓延，正如有学者所指出的："为了促进经济发展而鼓励的消费活动，慢慢脱离了消费是消费者满足自身需要手段的原初职能，变成了满足经济需求的手段。"① 消费主义的不断蔓延，使得我国的资源环境问题日益凸显。

2. 20 世纪 90 年代以后政府开始倡导并形塑绿色消费、可持续消费的社会风尚

（1）消费方式的改变带来了严重的资源环境问题

进入 21 世纪，我国改革开放和现代化事业进入了一个新的发展阶段，以 2003 年人均 GDP 达到 1000 美元为标志，我国居民的消费模式正从生存型向发展型和享受型加快过渡。国民经济的快速增长在有力推动人们生活水平提高的同时，它所带来的资源环境问题也开始凸显。如 Geng 所言："人口消费对资源环境的影响效应主要包括资源占有（耗竭）和环境污染，居民消费需求的增长将导致消费水平的提高、消费规模的扩大以及人均环境压力的进一步加大。"② 由人们的消费方式所带来的问题主要表现在以下两个方面。

一方面，供求矛盾凸显。"从资源禀赋看，我国是总量上的大国，人均上的贫国。人均淡水资源占有量仅为世界平均水平的四分之一，人均耕地占有量不到世界平均水平的 40%，45 种矿产资源人均占有量不到世界平均水平的一半，石油、天然气人均占有储量为世界平均水平的 7% 和 4.5%，铁矿石、铜和铝土矿储量分别为世界平均水平的 1/6、1/6 和 1/9。"③ "但万元 GDP 能耗水平超过发达国家 3～11 倍。"④ 而从国内需求来看，我国正处在工业化和城镇化加快的时期，资源、能源消耗量大，我国能源储量与未来几十年的发展需求之间尚存在一个巨大缺口。

---

① 郭芙蕊、孙慕天：《消费悖论：我国公众生态意识启蒙的核心阻力》，《自然辩证法研究》2018 年第 9 期。

② Geng, L. P., Analysis of the Influence of Chinese Citizens' Consumption on Resourses Envionment and Ecology, *China Population, Resourses and Environment*, 2004, 14（1）: 39－44. 转引自许进杰《生态文明消费模式研究——基于资源性供给紧约束的视角》，吉林出版集团股份有限公司，2016，第 66 页。

③ 马凯：《贯彻落实节约资源基本国策，加快建设节约型社会》，《经济日报》2005 年 12 月 19 日。

④ 李禾：《我国资源和环境已近极限》，《科技日报》2004 年 11 月 16 日。

另一方面，“我国环境污染已从陆地蔓延到近海水域，从地表水延伸到地下水，从一般污染物扩展到有毒有害污染物，已形成点源与面源污染共存、生活污染和工业排放叠加、各种新旧污染与二次污染相互复合态势，大气、水体、土壤污染相互作用格局，对生态系统、食品安全、人体健康构成了日益严重的威胁”①。2004 年，中国 500 个“城考”城市统计结果表明，有 290 个城市的环境空气质量达不到国家环境空气质量二级标准（居住区标准），有 119 个城市超过了三级标准；有 50 个城市的水环境功能区水质达标率低于 50%，一部分城市的饮用水水源水质尚达不到标准；垃圾围城、机动车污染、噪声扰民、扬尘污染、油烟污染等环境问题，已成为城市居民投诉最多的问题，直接影响了城市居民的生活质量。② 正如 2006 年 4 月 17 日温家宝总理在第六次全国环境保护大会上的讲话所指出的：“必须清醒地看到，我国环境形势依然十分严峻。长期积累的环境问题尚未解决，新的环境问题又在不断产生，一些地区环境污染和生态恶化已经到了相当严重的程度。主要污染物排放量超过环境承载能力，水、大气、土壤等污染日益严重，固体废物、汽车尾气、持久性有机物等污染持续增加。流经城市的河段普遍遭到污染，1/5 的城市空气污染严重，1/3 的国土面积受到酸雨影响。全国水土流失面积 356 万平方公里，沙化土地面积 174 万平方公里，90% 以上的天然草原退化，生物多样性减少。发达国家上百年工业化过程中分阶段出现的环境问题，在我国已经集中出现。生态破坏和环境污染，造成了巨大的经济损失，给人民生活和健康带来严重威胁，必须引起我们高度警醒。”③

（2）政府形塑绿色消费、可持续消费等社会风尚的举措

日趋严重的资源危机和环境问题使得我国政府开始全面反思生产和消费，逐步承担起消费的生态责任，日渐发挥主导作用。

首先，从国家发展规划的角度提出转变消费方式。随着“资源耗竭型和环境污染型消费”行为的不断增多，对自然资源和生态环境的影响日益严重，我国政府不断制定推动绿色消费和可持续消费的相关政策和意见。1994

① 李禾：《我国资源和环境已近极限》，《科技日报》2004 年 11 月 16 日。

② http：//news. sina. com. cn/c/2005 - 06 - 12/06036147095s. shtml。

③《温家宝总理在第六次全国环境保护大会上的讲话》，http：//www. gov. cn/ldhd/2006 - 04/23/content_261716_3. htm。

年，《中国21世纪议程》中提出了“引导建立可持续的消费模式”，并提出了建立可持续消费模式的三个目标和行动准则。党的十六大以后，政府开始积极“倡导健康文明的消费方式”①。2005年颁发的《国务院关于加快发展循环经济的若干意见》指出，发展循环经济的“消费环节要大力倡导有利于节约资源和保护环境的消费方式，鼓励使用能效标识产品、节能节水认证产品、环境标志产品、绿色标志食品和有机标志食品，减少过度包装和一次性用品的使用。政府机构要实行绿色采购”②。2007年的《政府工作报告》强调：“要在全社会大力倡导节约、环保、文明的生产方式和消费模式，让节约资源、保护环境成为每个企业、村庄、单位和每个社会成员的自觉行动，努力建设资源节约型和环境友好型社会。”③ 党的十七大报告从生态文明建设的基本内容方面强调：“建设生态文明，基本形成节约能源资源和保护生态环境的产业结构、增长方式、消费模式。”④ 2010年，党的十七届五中全会通过的《中共中央关于制定国民经济和社会发展第十二个五年规划的建议》指出：“要合理引导消费行为，发展节能环保型消费品，倡导与我国国情相适应的文明、节约、绿色、低碳消费模式。”⑤

其次，大力开展勤俭节约的宣传教育。一方面，从国家、民族发展的角度强调加强思想政治建设和宣传教育，树立勤俭节约的消费风尚。1995年1月23日，江泽民明确指出：“一个国家、一个民族，如果不提倡艰苦奋斗、勤俭建国，人们只想在前人创造的物质文明成果上坐享其成，贪图享乐，不图进取，那末，这样的国家，这样的民族，是毫无希望的，没有不走向衰落的。现在，西方发达国家中有的头脑比较清醒的政治家，对于人们追求物质生活上的纵欲无度，导致社会越来越腐败，已经公开表示忧虑，担心这样的生活方式和价值观念可能把自己的国家引入绝境，使其陷入危机。但是，我

① 中共中央文献研究室编《十六大以来重要文献选编》（中），中央文献出版社，2006，第1096页。

②《国务院关于加快发展循环经济的若干意见》，http://www.gov.cn/zwgk/2005-09/08/content_30305.htm。

③ http://www.gov.cn/test/2009-03/16/content_1260188_3.htm，2009年3月16日。

④ 胡锦涛：《高举中国特色社会主义伟大旗帜　为夺取全面建设小康社会新胜利而奋斗——在中国共产党第十七次全国代表大会上的报告》，人民出版社，2007，第20页。

⑤《中共中央关于制定国民经济和社会发展第十二个五年规划的建议》，http://news.sina.com.cn/c/2010-10-27/204721364515.shtml。

们有些人对腐朽的生活方式和价值观念失去鉴别和抵制能力，自己中了毒害，至今还执迷不悟，我看是应该向他们大喝一声的时候了。”① 1997 年 1 月 29 日，江泽民再次强调全党要通过学习来大力发扬艰苦奋斗的精神，他指出：“不讲学习，不讲修养，思想懒惰，随波逐流，是产生错误、滋长奢侈浪费等不正之风的一个重要原因。所以，中央反复强调，全党同志和各级领导干部，一定要学习、学习、再学习。”② 2005 年 11 月 29 日，胡锦涛在中央经济工作会议上的讲话中明确强调，倡导健康文明的消费模式需“广泛开展宣传教育，增强节约意识，引导合理消费和文明消费，在全社会形成节约能源资源、保护环境的良好风尚”③。2006 年，在中共中央政治局第三十七次集体学习时胡锦涛同志指出：“要提高全民族的节约意识，在全社会倡导节俭、文明、适度、合理的消费理念，倡导绿色消费等现代消费方式，提高消费质量和效益。……要深入开展节约能源资源和环境保护的宣传教育，让节约能源资源深入人心，使节约能源资源成为全社会的自觉行动。”④ 另一方面，严格要求党员、各级领导干部带头践行勤俭节约。江泽民强调：“要在全党全社会大力提倡高尚的社会主义思想道德和发扬中华民族的优良传统，以艰苦奋斗、勤俭朴素为荣，以铺张浪费、奢侈挥霍为耻。对于共产党员和各级干部来说，这也是对政治立场、政治观点、政治鉴别力的一种考验。……害怕艰苦、追求享受、奢侈浪费的干部不能重用。领导干部不仅要管好自己，还要管好配偶子女和身边工作人员。……首先党内要大兴艰苦朴素、勤俭节约之风。严格控制各级党政机关新盖办公楼，大力精简会议。可开可不开的会一律不开，把会议经费大幅度压缩下来。名目繁多的纪念会、研讨会、新闻发布会，要严加控制，减少到最低程度。各种会议要一律禁止赠送礼品和所谓的纪念品。总之，在各个方面，都要注意精打细算、厉行节约。这样做，既可倡导节俭之风，又可把省下来的钱用到迫切需要的地方去；既

---

① 江泽民：《加强思想政治建设，提高干部和党员队伍素质》，载中共中央文献研究室编《十四大以来重要文献选编》（中），中央文献出版社，2011，第 215 ~216 页。

② 江泽民：《大力发扬艰苦奋斗精神》，载《江泽民文选》第一卷，人民出版社，2006，第 624 页。

③ 中共中央文献研究室编《厉行节约　反对浪费——重要论述摘编》，中央文献出版社，2013，第 48 页。

④《把节约能源资源放在更突出的战略位置 加快建设资源节约型、环境友好型社会》，《人民日报》2006 年 12 月 27 日，第 1 版。

具有重要的政治意义，又具有重要的经济意义。只要我们各级领导机关和领导干部下定决心，以身作则，坚持数年，我看党的艰苦奋斗、勤俭办一切事业的优良作风，就一定能够在全党全社会进一步发扬光大起来。”① 胡锦涛强调，“各级党政机关和全体党员、干部都要厉行节约、反对浪费，在建设资源节约型社会中发挥带头作用”②“发扬艰苦奋斗、勤俭节约的精神，关键是领导干部要以身作则，特别是高级干部要率先垂范。领导干部中是勤俭节约之风盛行，还是奢侈浪费之风泛滥，对社会风气会产生重要影响。‘历览前贤国与家，成由勤俭破由奢。’各级领导干部要牢记‘两个务必’，带头发扬艰苦奋斗、勤俭节约的精神，带头反对铺张浪费和大手大脚，带头抵制拜金主义、享乐主义和奢靡之风，在各项工作中都要贯彻勤俭节约原则，精打细算，严格把关，真正把有限的资金和资源用在刀刃上”③。

再次，运用经济手段，推动绿色消费和可持续消费，形塑我国合理消费的社会风尚。作为国家意志的代表，政府除了制定政策外，还通过经济手段，运用价格、税收、收费等经济杠杆，推动实施合理消费政策，形塑我国合理消费的社会风尚。第一，构建资源价格体系，运用价格杠杆调整人们的消费行为。改革开放以后，国家对我国的资源产品采取了调高与放开相结合的办法，在一定程度上解决了企业、消费者对公共资源的滥用问题，有效节约了资源。比如，按照《中国 21 世纪议程》中的“改革资源价格体系，促进资源的节约利用和保护增值”④ 的部署，我国于 1999 年发布了《关于加大污水处理费的征收力度建立城市污水排放和集中处理良性运行机制的通知》，并规定了“污水处理费是水价的重要组成部分。根据用户用水数量，各城市要在用水价格上加收污水处理费，以补偿城市排污和污水处理成本，建立污水集中处理良性运行机制”⑤。第二，不断完善税收制度。税收是市场经济条

① 江泽民：《大力发扬艰苦奋斗精神》，载《江泽民文选》第一卷，人民出版社，2006，第 621～622 页。

② 《把节约能源资源放在更突出的战略位置 加快建设资源节约型、环境友好型社会》，《人民日报》2006 年 12 月 27 日，第 1 版。

③ 胡锦涛：《全面加强新形势下的领导干部作风建设》，载中共中央文献研究室编《十六大以来重要文献选编》（下），中央文献出版社，2011，第 875 页。

④ 《中国 21 世纪议程——中国 21 世纪人口、环境好发展白皮书》，中国环境科学出版社，1994，第 8 页。

⑤ http：//www.doc88.com/p－131713758572.html。

件下的国家进行宏观调控的重要手段和工具，也是有效解决资源消耗和环境污染等问题的重要途径和方法，为鼓励企业和消费者进行绿色消费，我国出台了一系列有利于节能减排、环境保护的税收优惠政策，比如，“对属于生物质能源的垃圾发电、风力发电、水力发电、变性燃料乙醇等实行了即征即退或减半征收政策；……减半征收部分新型墙体材料税。……对企业购置并实际使用的节能节水专用设备，给予一定比例的抵免优惠；对于企业生产产品所使用的主要生产原料是《资源综合利用企业所得税优惠目录》内的且生产的产品符合国家和行业相关标准的，该产品所得的收入可以减免10%税收优惠……对企业购置并实际使用的环境保护专用设备，减免10%的税收”[①]。2008年，财政部、国家税务总局出台了《关于调整乘用车消费税政策的通知》（财税〔2008〕105号），规定根据乘用车排气量实施不同的税率，排气量越高，征收的税率越高。“为鼓励节能减排，自2009年起，将购置1.6L以下排量乘用车，暂减按5%税率征税；为了限制高污染、高能耗产品的出口，我国政府先后多次取消或降低了部分能耗型产品出口退（免）税。”[②]据统计，2011年，1.6L以下排量的汽车市场得到了快速发展，全年累计销售983.93万辆，同比增长了4.0%，节能汽车车型也由推广前的101个增加到427个，汽车销售市场占有率达到53.2%。[③] 为了限制某些奢侈品和高能耗产品的消费、保护环境和节约资源，2006年我国实施了新的消费税制，开始对高尔夫球具、游艇等奢侈消费品和木制一次性筷子及实木地板征税。为引导消费者节能减排、降低油耗，我国在1994正式提出开征燃油税，2009年1月1日实施成品油税费改革，同时取消在成品油价外征收的公路养路费、航道养护费、公路运输管理费等费用，这对于引导居民树立适度合理的出行消费观、节能减排的消费理念具有重要意义。

然后，通过制度规范，形塑绿色消费、可持续消费的社会风尚。绿色消费、可持续消费社会风尚的形成，离不开制度的保障。这种制度主要包括政府制定的法律规范、绿色消费市场准入制度和政府绿色采购制度。

其一是制定一系列法律法规。2002年6月29日，第九届全国人民代表大会常务委员会第二十八次会议通过了《中华人民共和国清洁生产促进法》，其

① 胡雪萍：《绿色消费》，中国环境出版社，2016，第58～59页。

② 胡雪萍：《绿色消费》，中国环境出版社，2016，第59页。

③ 胡雪萍：《绿色消费》，中国环境出版社，2016，第155页。

主要目的就在于“为了促进清洁生产，提高资源利用效率，减少和避免污染物的产生，保护和改善环境，保障人体健康，促进经济与社会可持续发展”[①]。1995 年通过的《中华人民共和国固体废物污染环境防治法》第十六条规定：“产生固体废物的单位和个人，应当采取措施，防止或者减少固体废物对环境的污染。”[②] 第四十条规定：“对城市生活垃圾应当按照环境卫生行政主管部门的规定，在指定的地点放置，不得随意倾倒、抛撒或者堆放。”[③] 1996 年 10 月 29 日，第八届全国人民代表大会常务委员会第二十二次会议通过的《中华人民共和国环境噪声污染防治法》对社会公众在消费活动中应承担的义务进行了相关规定，比如第四十六条规定：“使用家用电器、乐器或者进行其他家庭室内娱乐活动时，应当控制音量或者采取其他有效措施，避免对周围居民造成环境噪声污染。”[④] 1997 年，第八届全国人民代表大会常务委员会第二十八次会议通过了《中华人民共和国节约能源法》。2002 年 8 月 29 日，《中华人民共和国水法》修订通过，其中第八条、第四十九条分别规定：“国家厉行节约，用水单位和个人有节约用水的义务”“用水应当计量，并按照批准的用水计划用水，用水实行计量收费和超定额累进加价制度”[⑤]。2006 年 4 月 1 日，我国开始实行新的消费税收制度。2008 年 8 月 29 日，第十一届全国人民代表大会常务委员会第四次会议通过了《中华人民共和国循环经济促进法》，可以说基本上形成了我国合理消费法的框架和雏形，有力地推动了我国绿色消费、可持续消费，对形塑该时期我国合理消费的社会风尚具有基础作用。

其二是通过制度进行规范，主要包括绿色消费市场准入制度、绿色产品认证制度和政府绿色采购制度。首先是实施绿色消费市场准入制度。绿色消费市场准入制度是指政府部门或行业组织为帮助消费者了解绿色环保产品及其相关服务，为了节约资源、保护环境，推动绿色消费和可持续消费，对产

① 《中华人民共和国清洁生产促进法》，https：//baike. so. com/doc/5411559 －5649670. html。

② 《中华人民共和国固体废物污染环境防治法》，https：//baike. so. com/doc/4532411 －4742620. html。

③ 《中华人民共和国固体废物污染环境防治法》，https：//baike. so. com/doc/4532411 －4742620. html。

④ 《中华人民共和国环境噪声污染防治法》，https：//baike. so. com/doc/5355418 －5590885. html。

⑤ 《中华人民共和国水法》，http：//www. gov. cn/ziliao/flfg/2005 －08/31/content_27875. htm。

品或服务的提供者进行约束的制度总称。2003 年国家标准委审定发布了《农副产品绿色批发市场标准》和《农副产品绿色零售市场标准》，“两个标准的共同原则是在环境、设施设备、商品管理、市场管理和信用管理 5 个方面提出高于一般农副产品市场的要求”[①]。自此我国开始全面实施食品市场准入制。其次是实施绿色产品认证制度。绿色产品认证制度是推行绿色消费和可持续消费的首要前提条件。2005 年，“我国已初步形成 50 多类的中国绿色产品标准体系和技术规范，发展了 1000 多家企业、19000 多种产品和 700 亿元产值的环境标志产品群体”[②]。绿色产品认证制度培育了绿色消费市场，有力推动了我国绿色消费和可持续消费的发展。最后是实施政府绿色采购制度。2002 年，我国出台了《中华人民共和国政府采购法》，其中第九条规定“政府采购应当有助于实现国家的经济和社会发展政策目标，包括保护环境”[③]。2004 年，财政部、国家发展和改革委员会联合制定了《节能产品政府采购实施意见》，要求“财政部、国家发展和改革委员会综合考虑政府采购改革进展和节能产品技术及市场成熟等情况，从国家认可的节能产品认证机构认证的节能产品中按类别确定实行政府采购的范围，并以‘节能产品政府采购清单’（以下简称节能清单）的形式公布。政府采购属于节能清单中的产品时，在技术、服务等指标同等条件下，应当优先采购节能清单所列的节能产品。”[④] 2006 年，财政部和国家环保总局联合发布了《关于环境标志产品政府采购实施的意见》及“环境标志产品政府采购清单”，《关于环境标志产品政府采购实施的意见》的第六条规定：在采购人采购的产品属于清单中品目的，在性能、技术、服务等指标同等条件下，应当优先采购清单中的产品。[⑤] 显然，政府绿色采购制度的实施，标志着中国政府已正式将环境准则纳入政府消费中，这对于引导我国绿色生产和绿色消费，推动我国合理消费社会风尚的形成和生态文明建设的进程，实现经济社会可持续发展都具有非常积极和重要的意义。

---

① 胡雪萍：《绿色消费》，中国环境出版社，2016，第 182 页。

② 陆敏、曾亮亮：《“政府绿色采购”推行时机已成熟》，《经济参考报》2005 年 6 月 29 日。

③ 《中华人民共和国政府采购法（全文）》，http://www.people.com.cn/GB/jinji/20020629/764316.html。

④ 《节能产品政府采购实施意见》，http://www.nea.gov.cn/2011－08/18/c_131057670.htm。

⑤ 《关于环境标志产品政府采购实施的意见》，http://www.ccgp.gov.cn/zcfg/mof/201311/t20131113_3591927.htm。

最后，发挥政府协同作用。政府，是由多个部分组成的一个整体，不仅包括中央政府的各个部门，还包括中央政府与各级地方政府。为落实党和政府倡导的绿色消费和可持续消费政策，中央政府的各个部门以及中央政府和地方政府相互协作，制定并出台了切实可行的措施，积极推动我国合理消费社会风尚的形成。首先是中央政府各个部门的协同。2004 年 12 月，财政部、国家发展和改革委员联合发布了《节能产品政府采购实施意见》和“节能产品政府采购清单”，标志着我国政府在可持续消费方面取得了重大突破。2006 年，财政部和国家环保总局联合发布了《关于环境标志产品政府采购实施的意见》，要求“要优先采购环境标志产品，不得采购危害环境及人体健康的产品”，并公布了第一批“环境标志产品政府采购清单”。2007 年初，经财政部和国家环保总局调整，“环境标志产品政府采购清单”中的企业从 81 家增加到 444 家。[①] 由此，我国政府正式把环境标准纳入政府消费模式。《节能减排全民行动实施方案》《关于限制生产销售使用塑料购物袋的通知》《公共机构节能管理条例》《废弃电器电子产品回收处理管理条例》《关于治理商品过度包装工作的通知》等多项促进合理消费的行政法规和制度性、规范性文件相继出台。在绿色食品方面，至 2000 年，“我国绝大部分省、自治区、直辖市都设立了绿色食品办公室，确定了绿色食品环境监测及环境质量评价机构，制定并颁布执行了绿色食品标志管理规章和办法”[②]。其次是中央政府和地方政府的协同。在推动我国绿色消费、可持续消费的过程中，地方政府积极落实中央政策、制度，在协同中推进绿色消费和可持续消费。比如在农机具购买和报废方面，2004 年开始国家就对指定款式农机诸如节水精播机、激光平地机等进行直接补贴。针对农村耗油大、污染环境且工作效率低的老旧农机，国家和地方也出台了农机报废更新政策和措施。2008 年 4 月 1 日起施行的《中华人民共和国节约能源法》明确指出，鼓励更新和裁剪高耗能的农业机械。2010 年 7 月出台的《国务院关于促进农业机械化和农机工业又好又快发展的意见》再次明确提出：建立农机报废更新制度，抓紧研究以旧换新办法，加快淘汰老旧及高耗能农机，促进安全、节能、环保型农机的推广应用。根据国务院的文件精神，江苏省在 2010 年率先推出了对大中型农

① 胡雪萍：《绿色消费》，中国环境出版社，2016，第 56 页。

② 胡学君：《绿色消费浪潮与我国的对策》，《审计与经济研究》2000 年第 5 期。

业机械和联合收割机报废更新进行财政补贴的政策，如对更换半喂入联合收割机的农户每台补贴3万元，对全喂入联合收割机加配套秸秆切碎装置每台补贴0.54万元。①

在政府和社会各部门的共同推动下，绿色消费和可持续消费日趋流行。据2000年对北京1300名消费者的调查研究表明，首都绝大多数消费者进行过绿色商品的选购。89.2%的被访者实际购买过绿色产品。消费者购买的绿色商品类别，依次是食品、日用品、保健品、家电、建材等。家庭月收入在8000元以上的被访者，全部购买过绿色商品，绿色消费比例最高。② 2000年，“以保护环境、保护人类为主题的绿色浪潮席卷全球，绿色消费成为都市时尚”③。2001年，由中国消费者协会和全国各级消协联合主办，中消协及北京地球环境文化中心共同筹划，历时3个月，涉及31个省、自治区、直辖市1000多万人的“千万个绿色消费志愿者在行动”的调查承诺活动表明了“绿色消费受到了广大消费者的认可和支持”④。2012年，商务部贸易研究院消费经济部副主任赵萍在答记者问时强调：“2012年绿色消费将更受追捧。绿色消费将不仅仅停留在概念阶段，绿色低碳产品将逐渐被消费者接受。”⑤

显然，这一时期关于合理消费的主张，是从在更高层次上满足人们的物质需要和精神需要的立场上提出来的。衡量和评价合理消费的标准，主要是看消费行为是否体现为适度消费和节俭浪费。党和政府对合理消费社会风尚的引领和塑造是在肯定人们需求能力的提高和有支付能力的基础上，鼓励适当消费，反对和防范高消费和奢侈浪费。这一时期关于合理消费的主张及消费风尚，开始主要地从政治要求角度转向更多地从经济、社会和人的发展要求角度来施策。

与此同时，随着20世纪90年代可持续发展和可持续消费理念的提出，人们的认识逐步提高，消费趋向也出现明显变化，即人们在注重自身发展的

---

① 涂俊明：《江苏省农机报废更新有补贴新政》，《农机科技推广》2010年第4期。

② 程红、杨荣芝：《我国绿色消费的特点和构成——首都市场绿色消费调查的启示》，《消费经济》2001年第4期。

③ 小周：《绿色消费走俏市场》，《经济信息时报》2000年7月15日。

④ 陈宜：《千万人绿色消费大调查落幕》，《中国质量报》2001年6月22日。

⑤ 郭丽君：《2012：绿色消费将受追捧——访商务部贸易研究院消费经济部副主任赵萍》，《光明日报》2012年3月30日。

同时，也日渐重视生态环境的保护，绿色消费和可持续消费越来越成为时尚。绿色消费的对象不仅有食品，还有服装、家具、生活用品等，涉及生活消费的方方面面。绿色消费、可持续消费是传统消费风尚中所没有的，它是该时期“生态－社会”的特殊产物。显然，随着物质生产力的进一步发展和消费文化的演变，以及生态环境保护明确要求的提出，这一时期的合理消费社会风尚形塑，体现了兼具处理“合理消费与更大发展”矛盾关系、“满足更多消费需求与可持续发展”矛盾关系的鲜明特点。合理消费社会风尚的形塑走在了促进经济发展和处理好经济发展与人口、资源环境关系的道路上，体现了基于经济发展，以及生态环境保护要求来引导消费风尚的一般特点。

三　基于生态文明建设战略要求的消费风尚形塑时期

2012 年 11 月，党的十八大报告明确把生态文明建设同经济建设、政治建设、文化建设、社会建设一道，纳入中国特色社会主义事业“五位一体”总体布局，并强调“加强生态文明宣传教育，增强全民节约意识、环保意识、生态意识，形成合理消费的社会风尚，营造爱护生态环境的良好风气”①。自此，生态文明建设的战略部署、制度安排、政策设计、实践实施进入了刚性要求和工作落实时期。

众所周知，生态文明建设是一项系统工程，需要在生态文明观指导下进行生产方式、生活方式、文化与科技范式等的系统性变革，需要全社会、各领域齐心协力，共同建设。在全社会倡导绿色生活方式对生态文明建设起着细微却持久的作用，这也是推动社会生产方式转变的根本动力。

2015 年 4 月 25 日，《中共中央　国务院关于加快推进生态文明建设的意见》指出：生态文明建设关系各行各业、千家万户。要充分发挥人民群众的积极性、主动性、创造性，凝聚民心、集中民智、汇集民力，实现生活方式绿色化。② 可以说，有明确目标和刚性要求的消费风尚塑造行动，被纳入了我国生态文明建设的路线图和时间表。为此，自党的十八大以来，提倡节约、注重环保和适应生态文明建设要求的消费风尚日渐盛行。有研究显示，

① 《坚定不移沿着中国特色社会主义道路前进　为全面建成小康社会而奋斗——在中国共产党第十八次全国代表大会上的报告》，《人民日报》2012 年 11 月 18 日，第 1 版。

② http：//www. gov. cn/xinwen/2015 －05/05/content_2857363. htm，2015 年 5 月 5 日。

阿里零售平台的绿色消费者人数由2011年的432万人增加至2015年的6587万人，增加了约15倍，并且低线城市与一二线城市的绿色消费人群渗透率基本持平。[①]

进入新时代，我国形塑合理消费社会风尚的主要过程和历史特点主要体现在以下几个方面。

首先，从国家战略和全局高度强调转变生活方式、形成合理消费社会风尚是关系党的使命宗旨的重大政治问题。

党的十八大通过的《中国共产党章程（修正案）》，明确把“中国共产党领导人民建设社会主义生态文明”写入党章。在全世界执政党中把生态文明建设纳入自己的行动纲领的，中国共产党是第一个。2013年4月25日，习近平在十八届中央政治局常委会会议上的讲话中指出：“如果仍是粗放发展，即使实现了国内生产总值翻一番的目标，那污染又会是一种什么情况？届时资源环境恐怕完全承载不了。想一想，在现有基础上不转变经济发展方式实现经济总量增加一倍，产能继续过剩，那将是一种什么样的生态环境？经济上去了，老百姓的幸福感大打折扣，甚至强烈的不满情绪上来了，那是什么形势？所以，我们不能把加强生态文明建设、加强生态环境保护、提倡绿色低碳生活方式等仅仅作为经济问题。这里面有很大的政治。”[②] 2013年4月在海南考察时，习近平指出：“良好生态环境是最公平的公共产品，是最普惠的民生福祉。头顶着蓝天白云，在清洁的河道里畅快游泳，田地里盛产安全的瓜果蔬菜……是人民群众对生态文明最朴素的理解和对环境保护最起码的诉求。”[③] 习近平的科学论述深刻揭示了全社会践行绿色低碳生活方式、形成合理消费的社会风尚不仅是生态文明建设的重要内容，也是关系党的“全心全意为人民服务”使命宗旨的重大政治问题。

2012年，习近平就任总书记时代表党中央明确指出：“人民对美好生活的向往，就是我们的奋斗目标。”人民过去“求温饱”，现在则“盼环保”，良好的生态环境是新时代人民安全感和幸福感的重要内容。拥有“天蓝、地

① 马维晨、邓徐：《我国绿色消费的政策措施研究》，《环境保护》2017年第6期。

② 中共中央文献研究室编《习近平关于社会主义生态文明建设论述摘编》，中央文献出版社，2017，第5页。

③ 转引自周生贤《走向生态文明新时代——学习习近平同志关于生态文明建设的重要论述》，《求是》2013年第17期。

绿、水净”的美好家园是每个中国人的梦想。为了建设美好家园、实现中华民族伟大复兴，党的十八大以来，以习近平同志为核心的党中央高度重视生态文明建设，将其纳入中国特色社会主义“五位一体”总体布局以及“四个全面”战略布局，并进一步深化人类文明发展规律，提出“保护生态环境就是保护生产力，改善生态环境就是发展生产力”① 的生产力发展理念。党的十九大报告指出：“建设生态文明是中华民族永续发展的千年大计。”显然，中华民族伟大复兴的根基在于良好的自然生态环境，而良好的自然生态环境则在于生态文明建设。然而，当前随着中国向消费社会的转型，美国学者施里达斯·拉夫尔所提出的“消费问题是环境危机问题的核心”② 在中国越发凸显。为此，党和政府立足于中华民族伟大复兴的全局从生态文明建设的战略高度，明确提出合理消费，并对其寄予形成社会风尚的厚望。党的十八大报告指出：“加强生态文明宣传教育，增强全民节约意识、环保意识、生态意识，形成合理消费的社会风尚，营造爱护生态环境的良好风气。”③ 2015 年 4 月 25 日发布的《中共中央　国务院关于加快推进生态文明建设的意见》指出：“倡导勤俭节约、绿色低碳、文明健康的生活方式和消费模式，提高全社会生态文明意识。……倡导勤俭节约的消费观。广泛开展绿色生活行动，推动全民在衣、食、住、行、游等方面加快向勤俭节约、绿色低碳、文明健康的方式转变，坚决抵制和反对各种形式的奢侈浪费、不合理消费。”④ 2016 年 2 月，国家发展和改革委员会等 10 部门联合发布《关于促进绿色消费的指导意见》，明确提出：“到 2020 年，绿色消费理念成为社会共识，长效机制基本建立，奢侈浪费行为得到有效遏制，绿色产品市场占有率大幅提高，勤俭节约、绿色低碳、文明健康的生活方式和消费模式基本形成。”⑤ 2016 年 3 月 17 日发布的《中华人民共和国国民经济和社会发展第十三个五

---

① 中共中央宣传部编《习近平总书记系列重要讲话读本》，学习出版社、人民出版社，2014，第 121 页。

② 施里达斯·拉夫尔：《我们的家园——地球》，夏堃堡等译，张坤民等校，中国环境科学出版社，1993，第 13 页。

③《坚定不移沿着中国特色社会主义道路前进　为全面建成小康社会而奋斗——在中国共产党第十八次全国代表大会上的报告》，《人民日报》2012 年 11 月 18 日，第 1 版。

④ http：//www. gov. cn/gongbao/content/2015/content_2864050. htm。

⑤《关于促进绿色消费的指导意见》，http：//www. gov. cn/xinwen/2016 - 03/02/content _ 5048002. htm。

年规划纲要》明确指出："倡导合理消费，力戒奢侈消费，制止奢靡之风。在生产、流通、仓储、消费各环节落实全面节约要求。管住公款消费，深入开展反过度包装、反食品浪费、反过度消费行动，推动形成勤俭节约的社会风尚。"① 2017 年 5 月 26 日，在十八届中央政治局第四十一次集体学习中，习近平同志再次强调："倡导推广绿色消费。生态文明建设同每个人息息相关，每个人都应该做实践者、推动者。要强化公民环境意识，倡导勤俭节约、绿色低碳消费，推广节能、节水用品和绿色环保家具、建材等，推广绿色低碳出行，鼓励引导消费者购买节能环保再生产品，推动形成节约适度、绿色低碳、文明健康的生活方式和消费模式。"② 不难看出，党和政府从生态文明建设的战略高度，着眼于中华民族伟大复兴，立足于广大人民的美好生活需要，倡导并积极推动形成节约适度、绿色低碳、文明健康的合理消费社会风尚，这确实是关系党的使命宗旨的重大政治问题。

其次，在实行最严格的生态文明建设制度中形塑合理消费社会风尚。

2013 年 5 月 24 日，习近平同志在十八届中央政治局第六次集体学习的讲话中指出："保护生态环境必须依靠制度、依靠法治。只有实行最严格的制度、最严密的法治，才能为生态文明建设提供可靠保障。"③ 2013 年 2 月 22 日，习近平在《专家学者对遏制公款吃喝的分析和建议》等材料上所做的批示强调："中央要求厉行勤俭节约、反对铺张浪费……下一步，关键是要抓住制度建设这个重点，以完善公务接待、财务预算和审计、考核问责、监督保障等制度为抓手，努力建立健全立体式、全方位的制度体系，以刚性的制度约束、严格的制度执行、强有力的监督检查、严厉的惩戒机制，切实遏制公款消费中的各种违规违纪违法现象。"④

2013 年 11 月 12 日，党的十八届三中全会对生态环境保护体制改革、加快生态文明制度建设做出了明确的、系统的战略部署，指出："建设生态文明，必须建立系统完整的生态文明制度体系，实行最严格的源头保护制度、损害

---

① http：//www. xinhuanet. com/politics/2016lh/2016 - 03/17/c_1118366322. htm。

② 中共中央文献研究室编《习近平关于社会主义生态文明建设论述摘编》，中央文献出版社，2017，第 122 页。

③ 中共中央文献研究室编《习近平关于社会主义生态文明建设论述摘编》，中央文献出版社，2017，第 99 页。

④ 中共中央文献研究室编《厉行节约　反对浪费——重要论述摘编》，中央文献出版社，2013，第 56 页。

赔偿制度、责任追究制度，完善环境治理和生态修复制度，用制度保护生态环境。”[①] 鉴于我国人多水少、水资源短缺等问题十分突出，而水资源利用方式比较粗放，用水浪费严重的矛盾，2012 年 1 月，国务院发布《国务院关于实行最严格水资源管理制度的意见》，为水资源保护和管理确立了三条红线、四项制度和严格的考核办法。其中，三条红线是指：“确立水资源开发利用控制红线，到 2030 年全国用水总量控制在 7000 亿立方米以内；确立用水效率控制红线，到 2030 年用水效率达到或接近世界先进水平，万元工业增加值用水量（以 2000 年不变价计，下同）降低到 40 立方米以下，农田灌溉水有效利用系数提高到 0.6 以上；确立水功能区限制纳污红线，到 2030 年主要污染物入河湖总量控制在水功能区纳污能力范围之内，水功能区水质达标率提高到 95% 以上。”[②] 在《关于实行最严格水资源管理制度的意见》的指导下，为提高居民节约意识，引导居民节约用水，2013 年 12 月 31 日，国家发展和改革委员会与住房和城乡建设部印发了《关于加快建立完善城镇居民用水阶梯价格制度的指导意见》，部署全面实行城镇居民阶梯水价制度，要求“2015 年底前，设市城市原则上要全面实行居民阶梯水价制度”。[③] 2015 年 4 月 2 日，《水污染防治行动计划》（又称“水十条”）出台，明确指出“2020 年底前，全面实行非居民用水超定额、超计划累进加价制度。深入推进农业水价综合改革”[④]。在“水十条”中还规定了最严格的考核办法，即“国务院与各省（区、市）人民政府签订水污染防治目标责任书，分解落实目标任务，切实落实‘一岗双责’。每年分流域、分区域、分海域对行动计划实施情况进行考核，考核结果向社会公布，并作为对领导班子和领导干部综合考核评价的重要依据。……对未通过年度考核的，要约谈省级人民政府及其相关部门有关负责人，提出整改意见，予以督促；对有关地区和企业实施建设项目环评限批。对因工作不力、履职缺位等导致未能有效应对水环境污染事件的，以及干预、伪造数据和没有完成年度目标任务的，要依

① 《中共中央关于全面深化改革若干重大问题的决定》，载中共中央文献研究室编《十八大以来重要文献选编》（上），中央文献出版社，2014，第 541 页。

② 《国务院发布实行最严格水资源管理制度的意见》，http：//jiuban. moa. gov. cn/zwllm/zcfg/flfg/201202/t20120217_2484156. htm。

③ 《关于加快建立完善城镇居民用水阶梯价格制度的指导意见》，http：//www. gov. cn/zhengce/2016 -05/22/content_5075654. htm。

④ 《国务院关于印发水污染防治行动计划的通知》，http：//www. gov. cn/zhengce/content/2015 -04/16/content_9613. htm。

法依纪追究有关单位和人员责任。对不顾生态环境盲目决策，导致水环境质量恶化，造成严重后果的领导干部，要记录在案，视情节轻重，给予组织处理或党纪政纪处分，已经离任的也要终身追究责任”[①]。2016 年 3 月 16 日，《中华人民共和国国民经济和社会发展第十三个五年规划纲要》强调，“创新环境治理理念和方式，实行最严格的环境保护制度，强化排污者主体责任，形成政府、企业、公众共治的环境治理体系”[②]。2017 年 6 月，习近平同志主持召开中央全面深化改革领导小组第三十六次会议，审议通过了《领导干部自然资源资产离任审计规定（试行）》，对领导干部自然资源资产离任审计工作提出了具体要求，构筑了生态环境保护的完整责任链条。这样，我国就形成了最严格的环境保护制度框架。

在最严格的环境保护制度框架中，有着最严格的形塑合理消费社会风尚的一系列制度文件。2013 年 1 月 23 日，国务院印发的《循环经济发展战略及近期行动计划》将“推行绿色消费”作为“推进社会层面循环经济发展”的一项重要措施[③]；2013 年，国务院印发了《大气污染防治行动计划》；2014 年，中国绿色食品发展中心发布了《绿色食品标志使用证书管理办法》以及《绿色食品颁证程序》；2015 年，工业和信息化部办公厅发布了《关于在消费品生产领域倡行勤俭节约、反对奢华浪费的通知》，环境保护部发布了《关于加快推动生活方式绿色化的实施意见》，国务院印发了《水污染防治行动计划》；2016 年，国务院印发了《土壤污染防治行动计划》，国务院办公厅发布了《关于建立统一的绿色产品标准、认证、标识体系的意见》，国家发展和改革委员会等 10 部门出台了《关于促进绿色消费的指导意见》；2017 年，国务院办公厅发布了《关于转发国家发展改革委住房城乡建设部生活垃圾分类制度实施方案的通知》；等等。其中，由国家发展和改革委员会等 10 部门出台的《关于促进绿色消费的指导意见》，从着力培育绿色消费理念、积极引导居民践行绿色生活方式和消费模式、深入开展全社会反对浪费

---

① 《国务院关于印发水污染防治行动计划的通知》，http：//www. gov. cn/zhengce/content/2015 – 04/16/content_9613. htm。

② 《中华人民共和国国民经济和社会发展第十三个五年规划纲要》，人民出版社，2016，第 110 页。

③ 《循环经济发展战略及近期行动计划》，http：//www. gov. cn/zwgk/2013 – 02/05/content _ 2327562. htm。

行动、建立健全绿色消费长效机制等方面提出了 17 条具体举措，对形塑我国合理消费社会风尚、力促绿色消费发展具有标志性意义。

在调整人们行为时，法律具有指引、评价、强制等作用，在形塑我国合理消费社会风尚的过程中发挥着积极作用。党的十八大以来，我国加快“立改废”进程，形塑合理消费社会风尚的法律法规进一步健全。2012 年修订的《中华人民共和国清洁生产促进法》第十六条规定，“各级人民政府应当优先采购节能、节水、废物再生利用等有利于环境与资源保护的产品”①，其第三章用十二条较详细地规定了“清洁生产的实施”内容。2013 年 6 月 18 日，最高人民法院、最高人民检察院发布了《关于办理环境污染刑事案件适用法律若干问题的解释》，其中规定了 6 条不合理消费引起“严重污染环境”的标准，加大了打击环境污染犯罪的力度。2013 年修订、2014 年 3 月 15 日正式实施的《中华人民共和国消费者权益保护法》第五条规定，“国家倡导文明、健康、节约资源和保护环境的消费方式，反对浪费”②，这明确了政府倡导合理消费的要求；第八条规定，“消费者有权根据商品或者服务的不同情况，要求经营者提供商品的价格、产地、生产者、用途、性能、规格、等级、主要成份、生产日期、有效期限、检验合格证明、使用方法说明书、售后服务，或者服务的内容、规格、费用等有关情况”③，这则为普通消费者进行合理消费奠定了法律基础。2015 年 1 月 1 日起施行的《中华人民共和国环境保护法》第六条规定，“一切单位和个人都有保护环境的义务。地方各级人民政府应当对本行政区域的环境质量负责。企业事业单位和其他生产经营者应当防止、减少环境污染和生态破坏，对所造成的损害依法承担责任。公民应当增强环境保护意识，采取低碳、节俭的生活方式，自觉履行环境保护义务”④，这为推进合理消费提供了法律依据。2015 年 3 月 1 日起施行的《中华人民共和国政府采购法实施条例》第六条为政府消费提出了节约能源、保

① 《中华人民共和国清洁生产促进法（全文）》，http：//www. china. com. cn/policy/txt/2012 - 03/01/content_24769874_2. htm。

② 《中华人民共和国消费者权益保护法》，http：//www. npc. gov. cn/wxzl/gongbao/2014 - 01/02/content_1823351. htm。

③ 《中华人民共和国消费者权益保护法》，http：//www. npc. gov. cn/wxzl/gongbao/2014 - 01/02/content_1823351. htm。

④ 《中华人民共和国环境保护法（主席令第九号）》，http：//www. gov. cn/zhengce/2014 - 04/25/content_2666434. htm。

护环境的目标。《中华人民共和国水法》规定：单位和个人有节约用水的义务……在开发、利用、节约、保护、管理水资源和防治水害等方面成绩显著的单位和个人，由人民政府给予奖励……在饮用水水源保护区内设置排污口的，由县级以上地方人民政府责令限期拆除、恢复原状；逾期不拆除、不恢复原状的，强行拆除、恢复原状，并处五万元以上十万元以下的罚款……引水、截（蓄）水、排水，损害公共利益或者他人合法权益的，依法承担民事责任。"① 2018 年 1 月 1 日起施行的《中华人民共和国环境保护税法》，是我国第一部推进生态文明建设的单行税法。《中华人民共和国节约能源法》（第八条、第九条、第四十七条、第五十一条等）对合理消费、节约能源进行了规范。

党的十八大以来，国务院及其相关部委出台了一系列生态治理和生态环境保护的行政法规和地方性法规，其中很多都包含规范合理消费和形塑合理消费社会风尚的内容，如《城市生活垃圾管理办法》《电器电子产品有害物质限制使用管理办法》《排污许可管理办法（试行）》等。2018 年 6 月 5 日，生态环境部、中央文明办、教育部、共青团中央和全国妇联联合发布了《公民生态环境行为规范（试行）》，在行为规范十条内容中，有节约能源资源、践行绿色消费、选择低碳出行、减少污染产生、呵护自然生态、共建美丽中国六条内容是有关合理消费的规定。

除了立法外，我国还大力加强执法力度，相关部门深化改革，在严格环境执法过程中使政府、企业和公众的合理消费行为逐步形塑，如重拳整治环评"红顶中介"；环境保护部、公安部和最高人民检察院对环境违法案件联合挂牌督办；狠抓落实"气十条""水十条""土十条"等。

诚然，在最严格的制度、最严密的法治的形塑下，我国企业在合理消费社会风尚形成中的作用逐步显现。自 2018 年环境保护税开征后，曾经的农药、钢铁、发电等高污染、高排放的行业，正逐步蜕变成一颗颗耀眼的"环保新星"。国内新型农药的生产商——江苏澄扬作物科技有限公司，作为杀菌剂行业的排头兵，2018 年全年投入 3000 万元用于二期固废处理和废水废气净化。中天钢铁集团有限公司投资 3.75 亿元引进国内最大的冶炼废渣立磨设备，对冶炼废渣进行综合利用，不仅减少了固废排放，节省了大量矿产资

① 《新〈中华人民共和国水法〉（2016 年 7 月修订）》，http：//www.nea.gov.cn/2011－08/19/c_131060662.htm。

源，而且，由冶炼废渣中提取炼制的新材料为企业实现了增收。目前，中天钢铁集团有限公司冶炼的矿渣微粉已广泛应用于杭长高速、G20 峰会场馆、常州地铁等工程。① 另据报道，2018 年，“慈溪市已有 35 家企业顺利通过强制清洁生产审核验收。这些企业共提出各类方案 527 个，完成投资 16188 万元，每年可节电约 1185 万度，节煤约 1981 吨，减少 VOCs 排放约 65 吨，减少二氧化硫排放约 21. 4 吨，减少氮氧化物排放约 17. 8 吨，可取得经济效益约 5885 万元”②。

在最严格的制度、最严密的法治形塑下，党员干部在合理消费社会风尚形成中的引领示范作用逐步显现。在“八项规定”、“六项禁令”、《中国共产党廉洁自律准则》、《中国共产党纪律处分条例》等一系列制度的规范下，党风政风为之一新，也引领了我国合理消费社会风尚。“从出行不封路、少扰民，到吃家常菜、住普通房；从遏制舌尖上的浪费、剔除月饼里的奢华，到刹住会所中的歪风、整治车轮上的铺张……6 年来，我们党从一个节点一个节点抓起，以一个个具体问题的突破，带动了作风的整体转变，党风政风为之一新，社风民风向上向善。”③

显然，合理消费作为一种新型消费趋向和消费模式，需要法律制度加以引导和保障。随着我国立法进程的深入推进，按照《关于促进绿色消费的指导意见》中“抓紧修订节能法、循环经济促进法等法律，研究制定节约用水条例、餐厨废弃物管理与资源化利用条例、限制商品过度包装条例、报废机动车回收管理办法、强制回收产品和包装物管理办法等专项法规，增加绿色消费有关要求，明确生产企业、零售企业、消费者、政府机构等主体应依法履行的责任义务”④ 的部署和安排，我们相信，在最严格的制度、最严密的法治的规范下，不合理的消费风气会越来越少，合理消费的社会风尚必将不断蔓延和深入，并最终成为人们的自觉选择。

最后，严字当头，注重实效，以“抓关键少数和抓示范”来形塑我国合理消费社会风尚。

---

① 参见孙军、汪小婷《鼓励绿色生产　环保税成效初显》，《中国税务》2018 年第 11 期。

② 《企业“绿色生产”　守护生态环境》，《宁波节能》2018 年第 4 期。

③ 段相宇：《久久为功把“金色名片”擦得更亮》，《中国纪检监察报》2018 年 12 月 4 日。

④ 《关于促进绿色消费的指导意见》，http：//www. gov. cn/xinwen/2016 - 03/02/content _ 5048002. htm。

党的十八大以来，以习近平同志为核心的党中央在我国形塑合理消费社会风尚的过程中高度重视反对奢侈浪费和享乐之风，重视“抓关键少数和抓示范”，即充分发挥领导干部榜样示范和政府表率对人们消费行为和消费趋向的显著影响和作用，其特点是严字当头、注重实效。习近平在谈到反对铺张浪费、豪华奢侈时指出：“要朝严一点的标准去努力，就要来真格的。不痛不痒的，四平八稳的，都是空洞口号，就落不到实处，还不如不做。”① “严”体现在一系列具体的规定上，在领导干部的公务接待、公车使用、出行访问等方面我国出台了一系列具体而严格的标准，并且通过制度规范进行有效落实。如2014年6月，国家机关事务管理局等部门联合印发的《政府机关及公共机构购买新能源汽车实施方案》强调：“各级公共机构节能管理部门应当加强对新能源汽车购买情况的监督检查，将执行情况纳入公共机构节约能源资源和公务用车管理绩效评价考核范围。对工作进展缓慢、未达到购买比例要求的，予以通报；对弄虚作假、造成不良影响的，责令整改，并追究有关领导责任。”② 2016年2月，由国家发展和改革委员会等10部门联合发布的《关于促进绿色消费的指导意见》强调指出：以各级党政机关及党员领导干部为带动，坚决抵制生活奢靡、贪图享乐等不正之风，大力破除讲排场、比阔气等陋习，抵制过度消费，改变“自己掏钱、丰俭由我”的错误观念，形成“节约光荣、浪费可耻”的社会氛围。③ 2017年5月26日，习近平在十八届中央政治局第四十一次集体学习时的讲话中指出：“生态环境保护能否落到实处，关键在领导干部。……要落实领导干部任期生态文明建设责任制，实行自然资源资产离任审计，认真贯彻依法依规、客观公正、科学认定、权责一致、终身追究的原则。要针对决策、执行、监管中的责任，明确各级领导干部责任追究情形。对造成生态环境损害负有责任的领导干部，必须严肃追责。……一旦发现需要追责的情形，必须追责到底，决不能让制度规定成为没有牙齿的老虎。”④ 2018年5月，习近平在全

① 中共中央文献研究室编《厉行节约 反对浪费——重要论述摘编》，中央文献出版社，2013，第52页。

② 《〈政府机关及公共机构购买新能源汽车实施方案〉印发》，http://www.gov.cn/xinwen/2014-07/13/content_2716565.htm。

③ 《关于促进绿色消费的指导意见》，http://www.gov.cn/xinwen/2016-03/02/content_5048002.htm。

④ 中共中央文献研究室编《习近平关于社会主义生态文明建设论述摘编》，中央文献出版社，2017，第110~111页。

国生态环境保护大会上的讲话中进一步对党政主要领导提出严格要求："地方各级党委和政府主要领导是本行政区域生态环境保护第一责任人，各相关部门要履行好生态环境保护职责，使各部门守土有责、守土尽责，分工协作、共同发力。要建立科学合理的考核评价体系，考核结果作为各级领导班子和领导干部奖惩和提拔使用的重要依据。对那些损害生态环境的领导干部，要真追责、敢追责、严追责，做到终身追责。要建设一支生态环境保护铁军，政治强、本领高、作风硬、敢担当，特别能吃苦、特别能战斗、特别能奉献。各级党委和政府要关心、支持生态环境保护队伍建设，主动为敢干事、能干事的干部撑腰打气。"①

为发挥好领导干部这一"少数关键"对合理消费社会风尚的引领示范作用，党中央还从党风和反腐败方面划出合理消费的界限和底线，特别是针对一些领导干部存在的享乐主义、奢靡之风等"四风"问题，以习近平同志为核心的党中央部署了"八项规定"和"六项禁令"，十九届中共中央政治局审议通过了《中共中央政治局贯彻落实中央八项规定的实施细则》，并且在"'八项规定'出台后，50多部涉及厉行节约反对浪费、公务接待管理、公务用车改革、差旅住宿等方面的制度规定和实施细则相继出台"②，进一步细化了关于合理消费的具体要求，划定了消费底线，明确了一系列禁止性要求。当然，要切实发挥领导干部对我国合理消费社会风尚的引领作用，关键是让"八项规定"等系列规定落到实处。以习近平同志为核心的党中央在"八项规定""六项禁令"的落实方面决心极大，强调"说到就要做到"并要求从中央到基层"人人平等，执行制度没有例外"，在落实过程中一方面注重强化监督责任，如在《中国共产党党内监督条例》中对落实"八项规定"中的主体负有的监督责任做了详细分解；对违规违纪案件的查处要求"一案双查"，既追究主体责任，又追究领导责任。另一方面，严格落实领导干部考核体系。各级党委、政府将贯彻落实"八项规定""六项禁令"情况列入领导班子民主生活会与述职述廉述德的重要内容，这些举措极大地保障了领导干部这一"少数关键"对合理消费社会风尚的引领示范作用。

抓好政府消费尤其是政府采购，发挥政府榜样示范作用是我国在新时代

---

① 《习近平出席全国生态环境保护大会并发表重要讲话》，http：//www. gov. cn/xinwen/2018－05/19/content_5292116. htm。

② 王明杰：《"八项规定"带来的巨大改变》，《人民论坛》2017年第1期。

形塑合理消费社会风尚的另一抓手。为发挥政府的表率作用，形塑合理消费社会风尚，推动我国生态文明建设，自党的十八大以来，我国不断加强政府绿色采购，“2013 年，全国强制和优先采购节能、环保产品规模分别达到 1839.1 亿元和 1434.9 亿元，占同类产品的 86% 和 82%，与上年同期相比，增幅达 43.6% 和 52.7%”①。2014 年 7 月，国家机关事务管理局等部门联合印发了《政府机关及公共机构购买新能源汽车实施方案》，提出了 2014 年至 2016 年中央及各省（区、市）政府机关购买的新能源汽车占当年配备更新总量的比例，并要求该比例以后逐年提高。据统计，“2016 年，我国新能源汽车产销量、保有量全球占比均超过 50%。如今，新能源汽车已成为城市居民出行的‘新宠’。杭州城市核心区域已建成电动汽车 2 公里公共充电服务圈”②。

2015 年 3 月 1 日起施行的《中华人民共和国政府采购法实施条例》第六条明确规定：“国务院财政部门应当根据国家的经济和社会发展政策，会同国务院有关部门制定政府采购政策，通过制定采购需求标准、预留采购份额、价格评审优惠、优先采购等措施，实现节约能源、保护环境、扶持不发达地区和少数民族地区、促进中小企业发展等目标。”③ 2015 年，《中共中央关于制定国民经济和社会发展第十三个五年规划的建议》提出“健全优先使用创新产品、绿色产品的政府采购政策”④。2018 年 10 月 26 日，第十三届全国人民代表大会常务委员会第六次会议第二次修正的《中华人民共和国节约能源法》第五十一条明确规定：“公共机构采购用能产品、设备，应当优先采购列入节能产品、设备政府采购名录中的产品、设备。禁止采购国家明令淘汰的用能产品、设备。”⑤ 上述系列政策方案的出台和实施，不仅大大鼓励了绿色产品的研发和销售，而且有助于引导全社会形成合理消费社会风尚，

① 彭妍妍、蔺昊欣：《我国绿色消费政策概况》，《标准科学》2016 年增刊。

② 董峻等：《开创生态文明新局面——党的十八大以来以习近平同志为核心的党中央引领生态文明建设纪实》，《中国环境监察》2017 年第 8 期。

③ 《中华人民共和国政府采购法实施条例》，http://www.gov.cn/zhengce/content/2015-02/27/content_9504.htm。

④ 《中共中央关于制定国民经济和社会发展第十三个五年规划的建议》，http://www.gov.cn/xinwen/2015-11/03/content_5004093.htm。

⑤ 《中华人民共和国节约能源法》，http://www.npc.gov.cn/npc/xinwen/2018-11/05/content_2065665.htm。

充分发挥了政府对合理消费社会风尚的示范引导作用。

显然，党的十八以来，在党和政府一系列政策的倡导和制度的规范下，整个社会的消费活动变得愈加适度和理性，以往的奢侈浪费、污染环境的消费等不合理消费行为大幅度减少，而以节约、环保和适应生态文明建设为特点的合理消费社会风尚日渐风行。其主要表现在以下两个方面。

一方面，理性消费逐渐回归，具体表现有二。一是奢侈消费趋于理性和铺张浪费呈下降趋势。党的十八大以来，消费者逐渐变得理性，不再盲目追捧奢侈品，他们更加认同品牌背后的故事和价值。“2014 年各大奢侈品牌的财报显示，路易威登二季度在中国的销售额仅增加 3%，是预计的一半；古驰 2014 年二季度销售业绩继一季度下跌 3.7% 之后继续下跌 5.7%，上半年营业利润下跌 5.1%；托德斯在大中华区的上半年销售收入下跌 7.6%。”[①] 铺张浪费呈下降趋势，典型表现就是，高端的餐、住消费明显下降。“2013 年全国 680 家五星级酒店的全行业营业额同比下降 25% 左右，其中的餐饮、会议收入下降近 20%；高档餐饮企业近九成营业额同比下降，平均降幅达40% ~50%。2014 年全国高端餐饮业继续下行，高端餐饮营业额下降 6%，人均消费较上年下降 20%，平均毛利率下降 8%，是五种餐饮业态中唯一下滑的一种。”[②] 2018 年 2 月 26 日的《光明日报》报道：“媒体调查发现，春节年夜饭价格亲民，各地餐馆酒店中，8 人以下的小桌年夜饭多了起来，许多人将吃剩的饭菜‘打包’，将喝剩的酒‘拼瓶’带走，节俭、朴素、务实、精简之风扑面。”[③] 二是人们开始追求从非物质化层面寻求精神满足。正如《人民日报》所言：“在一个万物俱备、什么都不缺的年代，占有物质很难再刺激我们的感官，让我们获得长久的满足。在新的时代，比起金钱和物质，更重要的是精神层面的充实感。从实物中获得的满足感只能持续很短的时间，但是我们宝贵的经历以及从中获得的知识，将永远地入驻我们的生命。”[④] 从物质出发寻求精神满足，人

① 商务部国际贸易经济合作研究院编《消费发展升级之路——40 年改革开放大潮下的中国消费》，中国商务出版社，2018，第 167 页。

② 商务部国际贸易经济合作研究院编《消费发展升级之路——40 年改革开放大潮下的中国消费》，中国商务出版社，2018，第 168 页。

③ 钟超：《春节节俭风尚标志消费观念转型升级》，《光明日报》2018 年 2 月 26 日。

④ 《物质幸福时代已经结束，新时代来临》，《人民日报》2017 年 3 月 30 日。

的无限欲望使得这种精神满足不仅易逝，而且短暂。“处于这种状态的人，看似被现代化全副武装，但实际上远没有实现真正的自由，也未获得长久的真正的精神满足”①，以致越来越多的人逐渐意识到这一点，日渐重视非物质化的精神消费。2017 年，第三方数据机构易观携手光大银行、手机 QQ、美团点评、苏宁易购、360 手机助手、摩拜单车、腾讯动漫、唱吧、卡牛信用卡管家等各大品牌联合发布的《2017 年轻人消费趋势数据报告》显示，随着物质生活的满足，年轻人越来越追求精神层次的食粮。2016 年，年轻人在书本上的人均支出达到 168 元，相对于 2015 年的 155 元增长了 8.4%。2016 年，年轻人人均旅游支出达 14738 元。② 另据凤凰网报道：“近年来，一些精神文明产品的消费也呈现强劲的增长态势。2009 年到 2016 年的双 11 数据显示，双 11 消费物质生活产品的总额依旧火速上涨，但其上涨幅度小于消费精神文明产品的消费总额上涨幅度。并且，精神文明产品消费在近三年呈现较大的幅度，其中 2016 年接近 300% 的提升。销售占比方面，精神文明产品也从 2014 年总量的 2% 跃升到 2016 年的 8%。可见，精神文明产品成为消费者在双 11 购物的新选择，并逐渐在这场狂欢节中获得更多关注。”③《2018 年新中产精神消费升级报告》显示，新中产 2017 年的主要消费领域为旅游、子女教育、休闲娱乐/个人爱好、学习提升和居住。同时，新中产人群表示过去两年在旅游、子女教育、人际交往、休闲娱乐/个人爱好、自我学习提升上的消费支出明显增加，呈现精神消费升级的特征。在新中产阶级中，有 44.6% 的人关注教育培训，40.2% 的人关注电影文娱，人们对文化领域的关注不亚于其他实体产品，教育和文娱消费位列新中产阶级关注的前十；63.8% 的新中产保持阅读的习惯，53.8% 的新中产通过网络扩展知识面，此外，他们还会通过购买线上课程、跟随行业大 V 等方式持续学习。④

① 郭芙蕊、孙慕天：《消费悖论：我国公众生态意识启蒙的核心阻力》，《自然辩证法研究》2018 年第 9 期。

② 《2017 年轻人消费趋势数据报告：告别月光　注重精神享受》，https://news.znds.com/article/18677.html。

③ 《新中产阶级消费观改变，双 11 精神文明产品惹关注》，http://news.ifeng.com/a/20171110/53152565_0.shtml。

④ 《艾瑞咨询：2018 年新中产精神消费升级报告》，http://www.199it.com/archives/746223.html。

另一方面，绿色消费观念深入人心。随着党的十九大将绿色消费提高到国家战略位置，绿色消费理念深入人心。据统计，“2017 年我国空调、电冰箱、洗衣机、平板电视和热水器五类家电产品行业总销售量 2.5 亿台，节能产品总销售量近 1.5 亿台，占比 58.9%，其中节能空调销售量约 2300 万台，同比增长 82.2%……2017 年我国新能源汽车产销量分别达到 79.4 万辆和 77.7 万辆，同比增长 53.8% 和 53.3%，分别为 2013 年的 45 倍和 44 倍，新能源乘用车产销量分别为 59.2 万辆和 57.9 万辆，新能源商用车产销量分别为 20.2 万辆和 19.8 万辆。同时我国新能源汽车市场占比不断增加，在汽车销售市场占比达 2.7%，比 2016 年提高 0.9 个百分点。在新能源汽车市场中，纯电动车成为销售主力，销售量约占 84%”①。拼多多统计数据显示，2020 年其平台上节能类大家电的消费人群、消费金额同比增长 35%、41%；节水类大家电的消费人群、消费金额同比增长 115%、89%；在同类大家电产品中，购买节能 2 级（包含 1 级与 2 级）产品的消费金额占比约为 63%。②

毫无疑问，我国合理消费社会风尚的形塑进入了基于生态文明建设任务要求的发展新阶段。

综观我国形塑合理消费社会风尚的历史，尤其是党的十八大以来我国形塑合理消费社会风尚的历史，我们不难发现，党和国家立足于人民群众的发展，服务国家社会发展的大局，充分发挥生产者、消费者和社会组织的积极性和主动性，使得自上而下的倡导与自下而上的响应深度融合，最终形成推动合理消费社会风尚的强大合力。

但是，实践发展与我国生态文明建设对合理消费社会风尚的要求还有一定的差距，尤其是随着人们物质生活水平的不断提高，人们的消费在超出维持自身生命活动的基本需要后，逐渐趋向于追求享受和发展需要的满足，加上受消费主义等各种不良因素的影响，社会上依然存在奢靡之风、浪费之风等不合理消费风气。为不断满足经济社会发展和人的全面发展的现实诉求，我们需要与时俱进，采用各种形式，调动各方力量，推动我国合理消费社会风尚的形成。

① 商务部国际贸易经济合作研究院编《消费发展升级之路——40 年改革开放大潮下的中国消费》，中国商务出版社，2018，第 169～170 页。

② 齐志明：《绿色消费多起来》，《人民日报》2021 年 3 月 17 日。

第四章

形成合理消费社会风尚的现实诉求

2012 年 11 月，党的十八大报告明确把生态文明建设同经济建设、政治建设、文化建设、社会建设一道，纳入建设中国特色社会主义事业的总体布局，并在生态文明建设中突出强调“形成合理消费的社会风尚”，这是中国共产党坚持用辩证唯物主义方法论对中国特色社会主义伟大实践的经验提炼，是从实际出发对中国未来发展做出的科学谋划。

随着我国经济的迅速发展和人民生活水平的不断提高，整个社会的消费需求持续增长，消费日渐成为拉动经济的“三驾马车”之主导力量，以节约、生态和环保为主要内涵的合理消费成为推动经济社会发展的消费选择，具有巨大的发展空间和潜力。然而，消费不足、奢侈浪费等现象依然存在，合理消费的社会风尚还未形成。促进合理消费，形成合理消费的社会风尚，既是传承中华民族勤俭节约传统美德的重要举措，也是持续推动生态文明建设的主要动力，更是社会持续发展和人的全面发展的迫切要求。

一　形成合理消费社会风尚是人的全面发展的现实要求

马克思指出：“在消费过程中发生的个人的最终占有，再生产出处于原有关系的个人，即处在他们对于生产过程的原有关系和他们彼此之间的原有关系中的个人；再生产出处在他们的社会存在中的个人，因而再生产出他们的社会存在，即社会，而社会既是这一巨大的总过程的主体，也是这一总过程的结果。”[①] 显然，消费不仅生产出人自身，也生产出人类社会，是人存在和发展的最重要和最基本的条件，人们的消费观念以及消费行为取向直接影响着人的发展。

首先，合理消费社会风尚的形成有利于促进人的全面发展。合理消费无论是满足人们日益增长的美好生活需要的出发点还是实现人的全面发展的落脚点，都立足于人的身心健康和全面发展。

一是有利于从根本上提高人的素质。合理消费以人的全面和谐发展为最终目的，以改善和提高人的素质和人的生活质量为出发点。面对人们日益增长的消费需要，合理消费强调满足“必需的”基本生存需要和合理的拓展性需要（比如生态需要），限制不合理的拓展性需要，既强调物质需要的满足，又注重满足人们心理和智力素质要求的文化消费即精神需要。合理消费是一种在遵循自然和人类发展规律基础上既保持生态平衡又满足人类生存和发展需要的消费，是实现人、自然和社会和谐发展的科学合理消费观念。马克思在展望共产主义社会时曾指出：“这个领域内的自由只能是：社会化的人，联合起来的生产者，将合理地调节他们和自然之间的物质变换，把它置于他们的共同控制之下，而不让它作为盲目的力量来统治自己；靠消耗最小的力量，在最无愧于和最适合于他们的人类本性的条件下来进行这种物质变换。”[②] 合理消费不仅是一种经济活动，更是一种重要的价值取向，是从更高层次、最本质上综合地反映了“最无愧于和最适合于他们的人类的本性”，是对“人的本质的新的充实”。正如马克思所说：“在社会主义的前提下，人的需要的丰富性，从而某种新的生产方式和某种新的生产对象具有何等的意义：人的本质力量的新的证明和人的本质的新的充实。”[③] 历史发展规律表明：“消费者社会不能兑现它的通过物质舒适而达到满足的诺言，因为人类的欲望是不能被满足的。人类的需要在整个社会中是有限的，并且真正个人幸福的源泉是另外的东西。”[④] “我们能够培养深层的、非物质的满足，这种

① 《马克思恩格斯全集》第四十六卷（下册），中共中央马克思恩格斯列宁斯大林著作编译局译，人民出版社，1980，第 230～231 页。

② 马克思：《资本论》第三卷，人民出版社，1975，第 926～927 页。

③ 《马克思恩格斯全集》第四十二卷，中共中央马克思恩格斯列宁斯大林著作编译局译，人民出版社，1979，第 132 页。

④ 艾伦·杜宁：《多少算够——消费社会与地球的未来》，毕聿译，刘晓君校，吉林人民出版社，1997，第 27 页。

满足是幸福的主要心理决定因素；它包括家庭和社会关系，有意义的工作以及闲暇。……宗教实践、社交、家庭和集体集会、剧院、音乐、舞蹈、文学、体育、诗歌、对艺术和创造的追求、教育以及欣赏自然全都容易适应一种持久的文化，这种文化是一种能够持续无数代人的生活方式。”① 合理消费对精神文化和消费质量的重视，有助于提高“人的享受的感觉，即确证自己是人的本质力量的感觉，才一部分发展起来，一部分产生出来。因为，不仅五官感觉，而且所谓精神感觉、实践感觉（意志、爱等等）……创造同人的本质和自然界的本质的全部丰富性相适应的人的感觉”②，从而提高人的思想政治素质和科学文化素质，使人“作为一个完整的人占有自己全面的本质”③。人的素质提高了，才能进行各种创造性活动，从而进入真正的自由王国。恰如马克思所指出的：“在这个必然王国的彼岸，作为目的本身的人类能力发展，真正的自由王国，就开始了。”④ 毫无疑问，进行合理消费，促进人类素质提升，是人类进入自由王国的必要条件。

二是有利于人性的复归。所谓人性，即人的本性，是人之为人的基本品格，是人的自然属性、社会属性与精神属性的融合统一。形成合理消费社会风尚着眼于人的自然属性。把消费作为自然生态系统中的一个重要环节，并强调消费与自然生态系统的平衡性。形成合理消费社会风尚强调人的社会属性这一本质属性，并提出作为社会细胞的个人在消费时必须关注人类共同的命运，需要负责任地消费，正如美国一则广告所说的：“今天，不同于以往，我们的生活方式必须抗议空前的增长对我们的环境造成的威胁。我们认为这个问题最好在我们购买一些东西之前就问一问自己，它是不是我们真正需要的一些东西，这样就能很好地达到目的。通过采用这种方法，我们将对一个比较健康的消费态度贡献出一分力量。”⑤ 人的精神属性是人的本质力量的外

① 艾伦·杜宁：《多少算够——消费社会与地球的未来》，毕聿译，刘晓君校，吉林人民出版社，1997，第102页。

② 《马克思恩格斯全集》第四十二卷，中共中央马克思恩格斯列宁斯大林著作编译局译，人民出版社，1979，第126页。

③ 《马克思恩格斯全集》第四十二卷，中共中央马克思恩格斯列宁斯大林著作编译局译，人民出版社，1979，第123页。

④ 马克思：《资本论》第三卷，人民出版社，1975，第926～927页。

⑤ 艾伦·杜宁：《多少算够——消费社会与地球的未来》，毕聿译，刘晓君校，吉林人民出版社，1997，第68页。

在体现，是人区别于动物的根本所在。形成合理消费社会风尚强调消费主体消费意识的自觉更新，是人们观念和道德上的更新，是在对人生存权利和消费需要深切关怀的基础上确立的符合人的真实需要的消费理念，有利于将大众消费引向更加健康、科学、合理的消费轨道上，是实现人、自然、社会和谐发展的重要内容。马克思所说的“人的复归”是“对人的本质的真正占有……它是人和自然之间、人和人之间的矛盾的真正解决”。[①] 当代世界，物质财富膨胀到社会生活的每个角落，刺激消费的叫卖声此起彼伏，人们逐渐沦为消费主义的奴隶，主体性逐渐消解。而推动形成合理消费社会风尚则挽救了人的主体性。受其影响和约束，人们在消费时会权衡自己的经济状况、商品的实际效用和自然界的承受力，而不是任由商品销售者的蛊惑来选择商品。合理消费的价值取向和行为实践在很大程度上使消费主体免于外界奴役而自由地控制自己的思想，从而有利于人性的复归。

其次，现代社会的消费异化与人的全面发展之间的矛盾急需合理消费社会风尚来进行协调。马克思指出：“异化既表现为我的生活资料属于别人，我所希望的东西是我不能得到的、别人的所有物；也表现为每个事物本身都是不同于它本身的另一个东西。”[②] “表现为对象的丧失和被对象奴役。”[③] 在现代消费社会，人们的消费观念受外界的诱惑，消费的目的开始变化，不再是为了人的生存发展，人们为消费而消费，为占有而消费，为炫耀而消费，人被消费对象所奴役，在不合理的消费中失去了自我，与人的全面发展相背离。一方面，消费异化破坏了人生存和发展的可持续系统。在消费异化状态下，人们的消费欲望远离人们真实的需要而表现为一种贪欲，一种对物的占有欲。人们把占用和消费物质产品的多少看作社会地位的象征，物质财富就是一切。“他们贪婪地消费这一切，吞噬这一切。世界成了填充我们胃口的巨大物品”[④]，而“一旦打破了需要的自然界限，缺乏自我约束的人类欲望就会日益膨胀”[⑤]。

---

① 马克思：《1844 年经济学—哲学手稿》，刘丕坤译，人民出版社，1979，第 73 页。

② 《马克思恩格斯全集》第四十二卷，中共中央马克思恩格斯列宁斯大林著作编译局译，人民出版社，1979，第 141 页。

③ 《马克思恩格斯全集》第四十二卷，中共中央马克思恩格斯列宁斯大林著作编译局译，人民出版社，1979，第 91 页。

④ E. 弗罗姆：《爱的艺术》，陈维纲等译，四川人民出版社，1986，第 97 ~ 98 页。

⑤ 克里斯托佛·贝里：《奢侈的概念：概念及历史的探究》，江红译，上海世纪出版集团，2005，第 68 页。

伴随着对自然资源的无限“挥霍”以及毫无节制地向大自然排放废弃物，资源枯竭、环境污染、生态失衡等生态危机凸显，进而严重影响和破坏了人类生存和发展的可持续系统。另一方面，消费异化导致了人生价值追求异化，人的精神世界萎缩。消费异化具有的“物质消费的至上性和无限性”特点以及“人的价值求证于物的价值，物的价值确证和彰显人的价值”① 的实质，在使人们完全沉溺于物质生活的感性占有和片面享受中，而疏于关注道德品质、心理素质、审美情趣、世界观、人生观、价值观等精神世界的提升，这显然背离了人的全面发展的目标和价值追求。

“只有人的全面而自由发展才是社会进步的尺度和一切科学的尺度”②，鉴于合理消费对人的全面发展的作用和消费异化对人生存与发展可持续系统的严重破坏以及由此导致的价值追求异化及精神世界萎缩，为实现人的自由全面发展，在全社会倡导合理消费，形成合理消费社会风尚甚为必要，尤为必需。

最后，合理消费社会风尚为新时代的美好生活孕育新生机。自党的十八大以来，“中国特色社会主义进入新时代，我国社会主要矛盾已经转化为人民日益增长的美好生活需要和不平衡不充分的发展之间的矛盾”③。在党的十九大报告中“美好生活”共出现 14 次。把人民对美好生活的向往作为党和政府的发展和奋斗目标，开启美好生活新征程是，党和人民的共同夙愿。“环境就是民生、青山就是美丽、蓝天也是幸福。”④ 绿水青山是美好生活不可或缺的标配，合理消费社会风尚能为美好生活孕育新生机。就个体而言，崇尚合理消费就是以崇尚绿色健康的产品为前提，这是人体机能得以正常运行并保持健康“体魄”的基础，同时，合理消费社会风尚内在地包含着精神文化消费，消费者在精神文化消费中既可给自然减负，又可给身心减压，因此合理消费社会风尚内化为人们的消费行为既能健全心智，又能健康体魄。

① 李慧敏：《拒斥与建构：消费异化和人的全面发展》，《周口师范学院学报》2013 年第 4 期。

② И · Т · 弗罗洛夫：《人的前景》，王思斌、潘信之译，穆功校，中国社会科学出版社，1989，第 144 页。

③ 习近平：《决胜全面建成小康社会　夺取新时代中国特色社会主义伟大胜利——在中国共产党第十九次全国代表大会上的报告》，《人民日报》2017 年 10 月 28 日，第 1 版。

④ 习近平：《在省部级主要领导干部学习贯彻党的十八届五中全会精神专题研讨班上的讲话》，人民出版社，2016，第 19 页。

从整体来看，合理消费社会风尚以关爱“人”与尊重自然为要义，在绿色、环保与简约消费中为人类的美好生活提供了良好的物质前提和优美的环境保障。

二 形成合理消费社会风尚是我国经济社会可持续发展的必然选择

改革开放40多年来，尤其是自党的十八大以来，我们“坚定不移贯彻新发展理念，坚决端正发展观念、转变发展方式，发展质量和效益不断提升。经济保持中高速增长，在世界主要国家中名列前茅，国内生产总值从五十四万亿元增长到八十万亿元，稳居世界第二，对世界经济增长贡献率超过百分之三十。供给侧结构性改革深入推进，经济结构不断优化”[①]，当前我们正处于“比历史上任何时期都更接近、更有信心和能力实现中华民族伟大复兴的目标”的新时代，我们必须抓住有利时机，正确处理好社会、经济与生态环境的协调关系，推动经济更快发展。合理消费社会风尚内含人的全面发展，人、自然、社会和谐统一的发展思路，是适应新时代经济社会可持续发展的必然选择。

（一）不合理消费风气对我国经济社会可持续发展的影响

近年来，受消费主义思潮[②]的影响，在社会生产力快速发展、物质产品极大丰富之后，一些富裕的人日渐崇尚“高消费”“炫耀性消费”，在其强烈的示范作用下，浪费之风和奢靡之风正越来越广泛地影响着大众的消费观念和价值取向，带坏了一部分人，使得消费者对物的占有欲越来越强烈，远远超出其基本需要，最终使人忘记了“奢侈是社会幸福的最大敌人”[③] 的警告。据报道，我国已经在2012年成为全球奢侈品消费第一大国，但是我国人均

① 《决胜全面建成小康社会 夺取新时代中国特色社会主义伟大胜利——在中国共产党第十九次全国代表大会上的报告》，《人民日报》2017年10月28日，第1版。

② 这是19世纪末产生于美国并迅速渗透到美国之外的社会文化现象，其核心思想是推崇“消费至上”“享受至上”的过度消费，并使人以此为人生目标和价值追求。

③ 让·巴蒂斯特·萨伊：《政治经济学概论：财富的生产、分配和消费》，陈福生、陈振骅译，商务印书馆，1963，第453页。

GDP 排名仍然靠后。中国每年浪费的食物总量折合粮食约 500 亿公斤，接近全国粮食总产量的十分之一。即使保守推算，每年最少倒掉约 2 亿人一年的食物或口粮。然而，中国却依然是世界农产品进口大国。这说明在国人消费行为中出现了明显的奢侈浪费现象。在先富群体中，如明星群体、商人群体等，甚至在一些党员干部中，出现了热衷于个人享受的现象，他们对生活的要求越来越高，房子越来越大，车子越来越豪华，菜肴越来越精美，穿戴讲究世界名牌，成为追逐享乐和崇尚奢靡消费的重要群体。这些群体以所谓“成功者”的面目极大地影响着社会的消费风气。作为世界上最大的发展中国家，中国经济的持续发展将导致我国对资源消费的需求急剧扩大，而资源供给紧约束问题却日渐凸显。2017 年的《BP 世界能源统计年鉴》显示，2016 年中国仍然是世界上最大的能源消费国，中国占全球能源消费量的 23%、全球能源消费增长的 27%。[①] 2013 年底，中国石油探明储量为 25 亿吨（181 亿桶），占世界石油探明储量的 1.1%，储采比为 11.9 年；中国煤炭探明储量为 114500 百万吨，占世界煤炭探明储量的 12.8%，储采比为 31 年；中国天然气探明储量为 3.3 万亿立方米，占世界天然气探明储量 1.8%，储采比为 28.0 年。[②] 诚如恩格斯在《自然辩证法》中所指出的：“我们统治自然界，决不象征服者统治异民族一样，决不象站在自然界以外的人一样，相反地，我们连同我们的肉、血和头脑都是属于自然界。”[③] 由于自然资源是人类社会生产生活的先决条件，是我国经济社会持续发展的物质基础，国内消费中的浪费之风和奢靡之风导致人们仅仅根据自身的需求和欲望而恣意索取和掠夺自然资源，完全不考虑资源环境的可承载能力，这种对资源的严重消耗，直接制约着我国经济社会的可持续发展。

另一方面，受拜金主义、盲目攀比等不良消费风气的影响，人们的消费不再仅仅是为满足生存和发展的基本需要，更多的是符号象征意义，即高消费成了有身份和有地位的符号象征。中国人重“脸面”的文化传统，则进一步助推了高消费风气的迅速蔓延。在这种虚荣攀比心理作用下以及虚假需要

---

① 数据来源：http：//power. in – en. com/html/power – 2276738. shtml，2017 年 7 月 6 日。

② 数据来源：冉泽：《BP2014 年世界能源统计年鉴中国数据汇总》，http：//www. china5e. com/news/news – 873981 – 1. html，2014 年 6 月 24 日。

③ 《马克思恩格斯全集》第二十卷，中共中央马克思恩格斯列宁斯大林著作编译局译，人民出版社，1971，第 519 页。

诱导下，人们对高档奢华消费品趋之若鹜，甚至以此为人生价值的终极追求。正如弗洛姆在《在幻想锁链的彼岸》中所言："现代人具有贪婪地占有和使用新物品的欲望，并理智地认为这种贪婪乃是自己所向往的一种更美好的生活体现。"① 此种消费取向，使大多数人丧失主体性，丧失自我判断能力和评价标准，甚至一些人，不惜透支、负债来实现这种符号消费。英国经济学家舒马赫指出："人的需要无穷无尽，而无穷无尽只能在精神王国里实现，在物质王国里永远不可能实现。"② 如果人们不能了解自己的真正需要而完全沉溺于"今朝有钱今朝醉"的物质消费，其结果往往会以畸形的物质满足而损害自己的精神家园。然而，在当今社会，网络媒体信息化使这些不合理的消费风气迅速成为流行时尚，越来越多的人加入消费主义的行列，陶醉于高消费带来的虚荣心、攀比心的满足。毋庸置疑，这种不合理的消费风气不仅淡化了人们的社会责任意识，也侵蚀着我国"勤俭节约"的传统价值观，是我国经济社会可持续发展的最大动力障碍。

（二）形成合理消费社会风尚是适应新时代经济社会可持续发展重要战略的必然选择

合理消费社会风尚要求社会民众在消费行为取向和价值理念中尊崇"必要的需要"不断满足的同时，又强调需要的限制，即限制与"必要的需要"相对立的大肆挥霍浪费与奢侈消费，限制严重破坏生态资源与生态环境的消费，因为"地球所提供的足以满足每个人的需要，但不足以填满每个人的欲壑"③。同时，合理消费社会风尚"鼓励在生态可能的范围内的消费标准和所有的人可以合理地向往的标准"④。相反，如果一定社会在较高水平上满足了消费者的需要，但却损害了资源环境的承载能力和他人或后代人的利益，其消费行为仍然不合理。显然，合理消费既符合社会生产力发展水平，满足人

---

① 埃里希·弗洛姆：《在幻想锁链的彼岸——我所理解的马克思和弗洛伊德》，张燕译，湖南人民出版社，1986，第174页。

② E. F. 舒马赫：《小的是美好的》，虞鸿钧、郑关林译，刘静华校，商务印书馆，1984，第20页。

③ E. F. 舒马赫：《小的是美好的》，虞鸿钧、郑关林译，刘静华校，商务印书馆，1984，第16页。

④ 世界环境与发展委员会：《我们共同的未来》，王之佳、柯金良等译，夏堃堡校，吉林人民出版社，1997，第53页。

类日益增长的合理消费需要，又符合生态资源的可持续发展的要求，它把人类的消费纳入生态系统和社会经济系统的平衡发展中，是经济社会发展的高层次理性消费。当前，面对日益凸显的资源环境与社会发展的矛盾和挑战，转变人们的不合理的消费观念，在全社会形成合理消费社会风尚，通过人们在生活中自觉践行合理化的消费行为，把合理消费理念落实到人民生活中去，是我国经济社会平稳可持续发展、决胜全面建成小康社会和实现中华民族伟大复兴的必然选择。

第一，形成合理消费社会风尚能使经济建设的主体具备可持续发展理念。在合理消费社会风尚的影响下，个人的消费行为不再凌驾于个人意愿之上，个人在消费时会自觉考虑自然的承受力以及对环境和后代的影响等，更多地体现出对大自然的关怀和对生态的关注。这样的消费群体，作为经济建设的主体，必将充分考虑人与自然的和谐共存，也就很容易绘制我国持续发展的社会蓝图，坚持可持续的经济增长方式。

第二，形成合理消费社会风尚能保障维系社会生产和再生产所需物质的持续供给。在合理消费社会风尚的影响下，人们在生产和消费的过程中，会自觉考虑资源的有限性和再生周期，自觉提高物的使用效率，通过循环利用使物尽其用，从而实现资源和能源的节约，这样就为国家发展提供了必需的物质资源，从而保障了经济社会的可持续发展。

第三，形成合理消费社会风尚能使生产者和消费者自觉节约资源。由于节约了资源，生产或消费成本就会随之减少，商品价格就会降低，作为理性经济人的消费者便会乐于去消费，最终则进一步扩大了消费需求，有利于促进我国经济更好更快发展。而且，在合理消费社会风尚的影响下，消费者在进行节约消费后，也会将富余的资源投向更多的消费领域，进而形成新的消费种类和消费热点，在不增加自然资源消耗总量的条件下有效拉动了经济，实现了消费与经济、社会可持续的科学发展。

三　形成合理消费社会风尚是生态文明建设的持久动力

生态文明是人类文明的一种高级形态，是人类文明发展的新阶段。纵观人类的文明史，任何文明都是人与自然相互作用而产生的成果。正如有学者所指出的："人类不管是文明的还是野蛮的，都是自然的孩子……当他试图违背自然规律时，他总是破坏维持他生存的自然环境，而当他的环境迅速恶化时，他的文明也就衰落了。”① 诸如印度文明、玛雅文明等灭亡的一个重要原因，就是破坏了人与自然的和谐。我国吸取历史的教训，同时鉴于工业文明所带来的日益严峻的全球环境问题，明确提出生态文明建设的战略目标。

自党的十八大把生态文明建设纳入中国特色社会主义事业“五位一体”总体布局，以及明确提出大力推进生态文明建设的战略部署以来，在党和政府的倡导和推动下，生态文明建设取得了重大成效，但目前还存在民众生态意识淡薄，参与程度较低的困境。众所周知，只有团结最大多数的民众——生态文明建设的主力军，形成自上而下和自下而上的合力，才能真正实现美丽中国的目标，而形成合理消费社会风尚为生态文明建设提供了细微却持久的动力。

（一）生态文明建设的困境要求形成合理消费社会风尚

随着我国由生产型向消费型国家的转型，消费问题日益凸显，并逐步成为制约生态文明建设的主要困境。因为“人类对生物圈的影响正在产生着对于环境的压力，并威胁着地球支持生命的能力。从本质上说，这种影响是通过人们使用或耗费能源和原材料所产生的”②。

现实生活中凸显的消费问题主要表现在两个方面。一方面，人们的合理消费意识淡薄。面对我国当前严峻的资源环境问题，人们的消费意识对于生态文明建设至关重要。消费主义、“消费至上”等消费观的盛行，导致了过度消费、奢侈消费等不合理消费行为大量涌现，不仅消耗了大量的自然资源，也造成了对环境的污染。合理消费意识的缺乏，阻碍了生态文明建设的进程。另一方面，人们缺少参与生态文明建设的自觉性，铺张浪费、奢侈消费、讲究排场的不合理消费现象层出不穷，并不断蔓延。消费意识决定消费行为，不合理的消费意识决定不合理的消费行为，解决我国的消费问题需要在全社会形成人人崇尚合理消费的社会风尚，这是一个社会或群体消费风貌和消费文明程度的总体反映，是生态文明建设社会合力的主要方面。

---

① 转引自 E. F. 舒马赫《小的是美好的》，虞鸿钧、郑关林译，刘静华校，商务印书馆，1984，第67 页。

② 施里达斯·拉夫尔：《我们的家园——地球》，夏堃堡等译，张坤民等校，中国环境科学出版社，1993，第 13 页。

（二）形成合理消费社会风尚为生态文明建设提供持久动力

恩格斯在1890年致约·布洛赫的信中明确指出："历史是这样创造的：最终的结果总是从许多单个的意志的相互冲突中产生出来的，而其中每一个意志，又是由于许多特殊的生活条件，才成为它所成为的那样。这样就有无数互相交错的力量，有无数个力的平行四边形，由此就产生出一个合力，即历史结果，而这个结果又可以看作一个作为整体的、不自觉地和不自主地起着作用的力量的产物。因为任何一个人的愿望都会受到任何另一个人的妨碍，而最后出现的结果就是谁都没有希望过的事物。所以到目前为止的历史总是像一种自然过程一样地进行，而且实质上也是服从同一运动规律的。……相反地，每个意志都对合力有所贡献，因而是包括在这个合力里面的。"① 马克思主义的社会发展动力论，是对人类社会发展动力的科学阐释，其基本特点为综合动力论。

作为消费者的社会公众是生态文明建设的主体，也是推动生态文明建设的主动力，社会公众是否崇尚合理消费，是否自觉采取合理消费行为，直接决定着生态文明建设的成效。因此，形成合理消费社会风尚对建设生态文明至关重要。美国作家艾伦·杜宁指出："当大多数人看到一辆汽车，首先想到的是它导致了空气污染，而不是它的社会地位时，环境道德就到来了。同样，当大多数人看到过度的包装、一次性产品或者一个新的购物中心而认为这些是对他们的子孙犯罪而愤怒时，消费主义就处于衰退之中了。"② 而这种态度和观念，为推动生态文明建设提供了细微却持久的动力。毫无疑问，形成合理消费社会风尚面临着物质主义、消费主义、贫困及欠发达等各方面的考验和挑战，但作为消费主体，人类一旦在合理消费实践中成为利益共同体、责任共同体和命运共同体，就为推动生态文明建设形成了最广泛的社会基础和社会力量，从而更有助于形成以消费引领生产的发展模式。从这个意义上来说，形成合理消费社会风尚是提升生态文明建设的治理体系和治理能力的重要任务，有利于从消费主体具体性和具象化的角度，在深入社会"细

① 《马克思恩格斯选集》第四卷，中共中央马克思恩格斯列宁斯大林著作编译局编译，人民出版社，1995，第697页。

② 艾伦·杜宁：《多少算够——消费社会与地球的未来》，毕聿译，刘晓君校，吉林人民出版社，1997，第102～103页。

枝末节”中健全生态文明建设的微观基础。

四 形成合理消费社会风尚是构建和谐社会的题中之义

和谐，作为我国建设社会主义现代化强国的重要内容，也是我们为之奋斗的战略目标。构建社会主义和谐社会包括人与自身、人与社会、人与自然的和谐三方面主要内容。形成合理消费社会风尚内在包含并促进和谐社会上述三个方面的内容，具体体现在以下几个方面。

首先，形成合理消费社会风尚有利于促进人与自身的和谐。人与自身的和谐首要的应该是人的身心健康，这是人类生存、发展以及生产活动的前提和基础。然而，现在的不合理消费方式，对于个体消费者来说，也许满足了自身的欲望，却失去了自我。对人类来说，也许物质极大丰富了，却破坏了自然生态环境，最终必然会影响人自身的发展。合理消费社会风尚则能促使人们在消费中自觉关心自然，保护生态环境，维护人与自然的和谐。因为人们已经明白“对自然和社会环境负责，它不仅包含了对自己的负责，而且甚至是对自己负责的前提”①。而只有生活在良好生态环境中的人们才能身心健康，才能对自然和社会环境负责，才能对自己负责。

同时，合理消费社会风尚能有效克服消费主义中消费对人的奴化，实现人与自身的和谐。当前，我国“以消费拉动实现经济转型”的发展选择与消费主义的影响使人失去自我、处于一种奴性状态，具体表现为他们把精力放在物质消费上，把快乐建立在对物质的无限追求上，把自身价值置于物品等级上，这无疑是一种看似自由却被物奴役的状态。正如有学者所指出的：“把消费主义当成一种生活方式的人，经历的消费只不过是一个想象的领域。可能越少选择消费主义提供的商品，你的自我概念就会越有基础。”② “人本身越来越成为贪婪的被动的消费者，物品不是用来为人服务，相反，人却成了物品的奴仆。”③

---

① 乔治·恩德勒等主编《经济伦理学大辞典》，王淼洋、译文主编，李兆雄、陈译环翻译，上海人民出版社，2001，第 252 页。

② Steven Miles, *Consumerism—As A Way of Life*, SAGE Publications, 1998, pp. 151 – 152. 转引自郭芙蕊、孙慕天《消费悖论：我国公众生态意识启蒙的核心阻力》，《自然辩证法研究》2018 年第 9 期。

③ 埃里希·弗洛姆：《在幻想锁链的彼岸——我所理解的马克思和弗洛伊德》，张燕译，湖南人民出版社，1986，第 174 页。

在物质产品极大丰富时期人被物奴役是自愿的。由于自愿，坚持消费主义取向的人们就失去了该有的思考力。同时，当消费者致力于用消费商品构建自我身份时，“这是社会的不良倾向，会引发商品交换原则在社会各领域的渗透，培养出以经济利益为目标的焦虑的人们”①，人与自我之间便不可能和谐。而形成合理消费社会风尚则首先强调无条件地满足人的生存需要，满足合理的发展需要，在此基础上强调人的精神消费的不断增加。因为人只有生理机能完好、健康状况良好，才能真正实现自由全面发展。同时根据马斯洛需求层次理论，生理需求即吃饱、保暖等，安全需求即人身安全、职业安全、生活保障等，社会需求即渴望关怀、爱护、理解等，尊重需求即受到肯定、受到尊重、尊重他人等，自我实现需求即自我理想、价值的实现，为社会做贡献等。当人类的物质需求得到满足后，消费的重心就应该由人的物质需求转入精神需求。马克思关于人的全面发展理论认为，人的全面发展主要体现在精神消费的增加和精神境界的提升。合理消费社会风尚强调“消费是人类生活的手段而非目的”，反对“消费至上”的“形而下”消费，力主克服消费主义中消费对人的奴化，使人不再是“单向度的人”。

其次，形成合理消费社会风尚有利于促进人与社会的和谐。社会是由多个个体组成的，而多个个体构成了社会整体。在社会整体中，社会资源是有限的，一些人过度使用资源实际上剥夺了另一些人对资源的使用权。随着中国逐步进入消费社会，收入分配领域的问题日渐表现为消费差距增大、消费资源的不公平，最为凸显的是一些富裕阶层和群体开豪车、住豪宅、过奢靡的生活，消费着较多的自然资源，而贫困者却连最基本的吃饱穿暖等温饱问题都难以解决。近年来社会中频繁出现的“仇富”心理和“仇富”案例就是消费领域差距的矛盾凸显的表现，这不仅直接影响着人与人的和谐，也影响着社会的稳定。合理消费社会风尚强调消费的代内公平和代际公平，强调人人要树立“地球资源有限，人人平等”的意识，“每个人都是同人类整体的相互依存中生存与发展的”，合理消费社会风尚的形成是有效应对当前消费差距过大造成的社会不公和不稳定问题的重要路径，有利于实现人与人、人与社会的和谐。

---

① 郭芙蕊、孙慕天：《消费悖论：我国公众生态意识启蒙的核心阻力》，《自然辩证法研究》2018 年第 9 期。

最后，形成合理消费社会风尚有利于促进人与自然的和谐。人与自然相互依存，共生共长。一方面，人的生存和发展离不开自然；另一方面，人类为了自身的生存与发展又不断地改造和利用自然。但是近百年来，由于人们消费方式的改变以及人口数量的激增，人与自然的平衡关系遭受了严重破坏，导致出现了温度升高、海平面下降、极端恶劣天气等严重影响人类发展的生态环境问题，甚至威胁着人类的生存。我国自改革开放以来，随着社会生产力的迅猛发展和消费主义的蔓延侵蚀，也出现了高消费、重享受的生活方式并日益流行，其结果是破坏了自然家园，荒废了精神家园。合理消费社会风尚形成后，人们会自觉将消费活动纳入生态平衡的轨道，即人类在消费活动中，把追求生态质量作为消费活动的重要内容，把生态承载力作为判断消费是否合理的底线，生态利益日渐成为人类社会利益中不可缺少的有机组成部分。同时，人们会在利用和改造自然的过程中自觉尊重自然界的客观规律。正如恩格斯所说："我们对自然界的整个统治是在于我们比其他一切生物强，能够认识和正确运用自然规律。"① 对待世界的态度应是把世界看作"既不是一个有待挖掘的资料库，也不是一个逃之不及的荒原，而是一个有待照料、关心、收获和爱护的大花园"②。显然，形成合理消费社会风尚是一种追求人、社会和资源环境和谐共处的科学消费价值取向和行为方式，有助于从根本上解决生态环境问题，促进人与自然的和谐。

形成合理消费社会风尚是满足人民日益增长的美好生活要求、实现人的全面发展的现实要求，是新时代持续推动我国社会主义生态文明建设的主要动力，是经济社会可持续发展的必然选择。然而，当前在我国还存在着阻碍合理消费社会风尚形成的诸多因素，为此，我们应该认真研究并分析阻碍我国合理消费社会风尚形成的主要因素及其原因，进而有针对性的综合施策，以有效推动我国合理消费社会风尚的形成，进而有力推动我国社会主义生态文明建设。

---

① 《马克思恩格斯全集》第二十卷，中共中央马克思恩格斯列宁斯大林著作编译局译，人民出版社，1971，第519页。

② 大卫·雷·格里芬编《后现代精神》，王成兵译，中央编译出版社，1998，第121页。

第五章

阻碍我国合理消费社会风尚形成的主要问题分析

“推动社会前进或主导社会前进的观念和行为由三种行为构成，这三种行为有三个主体：一个主体是政府，一个主体是企业，一个主体是公众。”①《21世纪议程》指出：改变不可持续生产和消费模式“需要政府、消费者和生产者的共同努力”②。结合当代中国的发展实际，我们认为推动我国合理消费社会风尚形成的主体主要有政府、企业（生产者）、新闻媒体和消费者。

由于社会风尚在本质上属于意识形态，其形成和发展受到经济、政治、文化的制约，受到一定社会群体的影响，我们认为要研究影响我国合理消费社会风尚的主要问题，应围绕政府、企业（生产者）、新闻媒体和主要消费群体等主体，从经济、政治、文化、群体等方面进行分析和梳理。

一　政府职能缺位

在市场经济条件下，由于经济利益是企业和公众等社会微观主体的自发追求，在经济利益与生态效益此消彼长的博弈中，期待人们合理消费只可能是幻想。政府作为拥有公共权力、代表公共利益、承担公共责任的特殊社会组织，具有公共权威性，必然代表并体现社会的整体利益和长远利益，其推动形成合理消费社会风尚的作用是其他任何社会组织都无法替

① 叶文虎：《人与自然系统中的三种生产理论》，《安徽科技》2004年第6期。

② 《21世纪议程》，国家环境保护局译，中国环境科学出版社，1993，第19页。

代的。

政府在我国合理消费社会风尚形成中的职能主要表现为两方面，一方面其是合理消费观念和行为的引导者，另一方面其是合理消费政策、制度的制定者、监督者。当前政府在我国合理消费社会风尚形成中部分存在管理缺位、制度缺失、职能缺位和行为失范的问题，其具体表现如下。

第一，在宣传教育方面，尚未建立系统化的合理消费教育体系，这也是目前人们的合理消费自觉意识不强，基于生态文明要求的合理消费观念相对滞后的根源之一。“知是行之始，行是知之成”①，只有人们思想上深刻认同，才会有行动上的坚实有力。当前合理消费教育主要内含于生态文明教育，在教育的内容、方法及路径等方面呈现碎片化样态，其原因除了“社会分工对人的总体性存在方式的消解，资本逻辑下社会的功利化倾向，文化碰撞下价值的多元化”② 之外，政府职能的失守应该是主要原因，其主要表现是尚未建立系统化的合理消费教育体系，包括基于生态文明建设要求，根据人的不同成长阶段，系统化地制定和落实涵盖幼儿、少年、青年、成年等不同阶段的合理消费教育规范体系，及全民合理消费系统化开展的监督和评价体系等。当前有关合理消费的教育载体主要是学校，而对个人合理消费取向和行为有重要影响的家庭和社会，在很大程度上处于失语状态。“社会公众环境教育，成人继续环境教育几乎为空白”③，而学校针对合理消费的教育也是分散于不同专业知识中，内含于环保教育，缺少系统性。而缺乏系统知识的碎片化教育，无法有效塑造受教育者的合理消费行为，也不可能让受教育者真正成为合理消费的自觉践行者。

政府之所以未能建立系统化的合理消费教育体系，既有深层的历史根源，又有现实因素的影响。

首先，政府职能转变过程中社会管理职能的转变严重滞后于经济管理职能的转变，政府受历史“经济发展至上”的影响依然存在。基于改革开放之初我国生产力发展的严重滞后和人民生活水平的低下，在改革开放后的很长

---

① 洪潜等编著《哲学史简编》，人民出版社，1957，第 280 页。

② 刁龙：《生态文明教育的碎片化困境与系统性重构》，《学校党建与思想教育》2017 年第 24 期。

③ 许进杰：《生态文明消费模式研究——基于资源性供给紧约束的视角》，吉林出版集团股份有限公司，2016，第 196 页。

一段时间，我国政府的改革主要是立足于经济发展，以适应国家发展的需要和满足人民群众日益增长的物质文化需要，而对社会管理领域未予以应有的重视。当然这主要是基于当时中国落后的经济基础并适应当时中国改革开放把工作重点转移到社会主义现代化建设上来的战略决策之需要，如1993年的《政府工作报告》指出："过去的五年，党和国家在处理国内外一系列复杂问题时，始终坚持了经济建设这个中心。这是顺乎潮流，合乎国情，深得民心的。天下事错综复杂，风云变幻，遇到什么问题就解决什么问题，不能偏离经济建设这个中心，各项工作都要服从和服务于这个中心。"① 各地政府将GDP的增加作为政府的核心工作和关键目标，尽管党的十六大提出政府的核心职能是为社会、为公民"服务"，党的十八届三中全会更加突出强调生态维护，但至今仍有一些政府部门的领导干部还没有完全从唯GDP的思想桎梏中走出来，正如有学者所指出的，"长期以来，左右领导干部升迁的GDP增长模式让不少党政领导的意识中产生了对GDP的过度依赖，自觉不自觉地形成了政府过多干预经济的思维，形成了很难规制的GDP冲动"②，以至于当过度消费与地方经济出现矛盾时部分领导仍然会倾向于选择牺牲资源环境而去保护地方经济发展。不少领导干部思想上没有充分认识到合理消费对生态文明建设和经济社会发展的重要性和紧迫性。思想是行动的先导，政策制定者和决策者的合理消费思想意识淡薄是当前政府未能建立系统化的合理消费教育体系的主要原因所在。如果不改变政府部门领导干部合理消费意识淡薄的现状，形成合理消费社会风尚和生态文明建设也就无从谈起，因为进入消费社会的中国越来越能感受到消费是环境问题的决定因素。

其次，中国"超大社会"的特点很难在短时期内建立系统化的合理消费教育体系。王沪宁认为，中国"超大社会"的特点就体现在"中国社会是世界上独一无二的最大型社会，主要表现为其最大数量的人口规模上"③。人口众多及由发展不平衡导致的消费水平悬殊和阶层消费悬殊是我国的现实国

① 转引自辛向阳《红墙决策——中国政府机构改革深层起因》，中国经济出版社，1998，第210页。

② 史云贵：《当前我国政府职能转变中的问题与路径创新》，《理论与改革》2016年第3期。

③ 王沪宁：《构筑中国特有的政治体系模式》，载高民政主编《中国政府与政治》，黄河出版社，1993，第8页。

情。这正如胡鞍钢所概括的“一个中国四个世界”：“‘第一世界’是指已经进入世界高收入组的地区，包括上海、北京、深圳三个城市，大约占全国总人口数量的2.2%；‘第二世界’是指相当于世界上中等收入组的地区，如天津、广东、浙江、江苏等沿海地区，大约占全国总人口数量的22%；‘第三世界’是指相当于世界下中等收入水平的地区，大约占全国总人口数量的26%；‘第四世界’是指相当于世界低收入水平的地区，主要分布在中西部的贫困地区，约占全国总人口数量的一半。”[①]。2016年，国家发展和改革委员会公布的数据显示，我国城乡居民消费支出差距有2.4倍。当然这只是在平均基础上的差距，如果将全国消费支出最高的城市居民与消费支出最低的农村居民相比较，城乡居民的实际消费差距恐怕不只是个位数了。有学者对我国消费不平衡现象进行分析后指出，“就消费者集团来说，主要是消费主义；就生存者集团来说，主要是节俭主义”[②]。政府构建系统的合理消费教育体系和生态文明教育体系必须充分考虑各地区不同消费水平消费者的现实需求和主要关注点，因为一些发达地区的城乡居民已经开始向发展型和享受型消费迈进，而处于贫困地区的居民则仍然是物质生存型消费，他们在教育消费中的支出和对生态环境的关注度明显不同，这显然增加了构建系统化的合理消费教育体系的难度。

第二，合理消费制度体系不完善，一方面是合理消费法律制度缺失和不健全。“实践发展永无止境，解放思想永无止境，改革开放永无止境。”[③]实践不断在发展，新问题也将不断涌现，为从根本上解决问题就需要政府不断完善制度，因为“制度好可以使坏人无法任意横行”。比如，随着国内快递业迅速发展，因包装问题而带来的资源环境问题日益凸显，根据《中国快递领域绿色包装发展现状及趋势报告》统计，2015年，包装垃圾可以摆满近20万个足球场；30多亿条编织袋、99.22亿个包装箱、169.85亿米胶带、快递纸箱回收率不到20%；快递包装盒每用掉1吨纸需要砍伐20棵树龄为20~40年的树木；使用胶带总长度可绕地球赤道425圈，这些胶带在生产过程中，会产生2800公斤气体溶剂VOCs（焚烧会形成霾状物），如果填

① 胡鞍钢主编《中国战略构想》，浙江人民出版社，2002，第2~3页。

② 王宁：《从苦行者社会到消费者社会：中国城市消费制度、劳动激励与主体结构转型》，社会科学文献出版社，2009，第400页。

③ 《中共中央关于全面深化改革若干重大问题的决定》，人民出版社，2013，第2页。

埋处理，实现自然降解需要 100~150 年。[①] 尽管我国在对限制商品过度包装方面公布实施了多项国家标准，其中包括《限制商品过度包装　通则》《限制商品过度包装要求　食品和化妆品》《食品和化妆品包装计量检验规则》《定量包装商品计量监督管理办法》等，但快递领域的国家标准、地方法规明显滞后且操作性不强。据报道，2018 年快递包装新国标于 9 月 1 日正式实施，但记者调研发现仍存在成本高和执行难的问题。[②] 这就很难从根本上解决由此带来的资源浪费和环境污染问题。同时，针对我国尚没有一部专门规范消费行为的法律法规，亟待完善我国现有的法律法规体系，特别是尽快出台消费税法、资源税法、消费者生态环保责任法等相关法律，因为我国关涉合理消费的现行法律法规，多数属于倡导性的，缺乏配套的实施细则。比如 2018 年《宪法》第十四条规定，“国家厉行节约，反对浪费”[③]；2014 年新修订的《消费者权益保护法》总则中规定，国家倡导文明、健康、节约资源和保护环境的消费方式，反对浪费；《循环经济促进法》第十条规定，公民应当增强节约资源和保护环境意识，合理消费，节约资源；《环境保护法》第六条规定，“一切单位和个人都有保护环境的义务。地方各级人民政府应当对本行政区域的环境质量负责。……公民应当增强环境保护意识，采取低碳、节俭的生活方式，自觉履行环境保护义务。一切单位和个人都有保护环境的义务”[④]。一旦出现毁林盗伐、任意排放污染物等案件，因缺乏相应法律条款的有效约束，破坏或污染环境的消费者得不到应有的惩罚。再有就是现有法律制度急需根据国家发展需要进一步修改和完善，正如党的十八届三中全会通过的《中共中央关于全面深化改革若干重大问题的决定》中所指出的，“把高耗能、高污染、高档消费品纳入征收范围”。但到目前为止，对于消费者购买高档别墅、高档家具、私人飞机等奢侈型消费行为，消费税还依然缺位，一次性餐具、一次性口杯以及塑料袋等也尚未列入征税范围。显然，由于目前我国现行的消费税制度是国务院以“暂行条例”的形式颁布实

① 韩娜、王萍：《快递包装谁来回收？专家：推动包装立法》，http：//www.xinhuanet.com//politics/2016-12/20/c_1120148721.htm。

② 信娜：《快递包装新国标 9 月 1 日正式实施：成本高执行难》，http：//www.xinhuanet.com/politics/2018-03/27/c_1122594322.htm。

③ 《中华人民共和国宪法》，中国民主法制出版社，2018，第 11 页。

④ 《中华人民共和国环境保护法（主席令第九号）》，http：//www.gov.cn/zhengce/2014-04/25/content_2666434.htm。

施的，将其上升为中华人民共和国消费税法尚需时日，尚需经历优化改革的过程，因为税目的设立、税率的确定、征收环节的设置等都要面向实际、经过科学论证和反复征求民意。

另一方面是合理消费制度体制机制不健全。比较突出的问题有如下几个。一是合理消费方面的奖惩制度缺失。目前我国还没有一部关于消费者环保消费的法律，因缺少相应的法律条款，人们在生产生活中浪费资源、破坏环境的消费行为也就难以遏制。另外缺少对合理消费的奖励制度和政策，不利于调动人们合理消费的积极性和主动性。二是我国国民经济核算体系不完善，没有把资源和生态环境成本纳入其中。"在该核算体系下，围绕资产核算的主要限于经济资产，甚至将现实生活中的环境污染治理活动也视作一般经济活动来对待，没有将自然环境完整地纳入核算范围，同时也没有直接反映经济过程对自然和环境变化的影响。"① 三是一些地方领导干部的政绩考核体系不健全。我国不少地方的领导干部片面理解甚至曲解了邓小平的"发展是硬道理"的讲话精神，不顾条件，一味追求经济增长。在个别地方，评价领导干部的依然是唯 GDP 提拔，甚至在有些地区的政绩考核过程中出现了所谓的"项目招商业绩"的一票否决制，而忽视或漠视了生态环保指标。四是资源价值体系建设滞后。"长期以来我国资源产品价格严重偏低，改革开放后国家采取了'放'与'调'相结合的办法，即有的放开，有的提高，但价格偏低问题仍然没有得到根本解决。"② 显然，要健全和完善上述体制机制并实现党的十九届四中全会提出的 2035 年目标——"各方面制度更加完善，基本实现国家治理体系和治理能力现代化"，需要"汇聚合力，克服阻力"，进行全面深化改革，不仅要改革思想观念的束缚，而且要改革利益固化的体制机制矛盾，尤其是当前"多元利益阶层的崛起及相互间的博弈使得改革陷入利益冲突漩涡之中，改革共识难以达成"③。每前进一步风险和难度都很大，必须审慎从事，正如邓小平针对体制改革所指出的："这个问题太困难，

① 许进杰：《生态文明消费模式研究——基于资源性供给紧约束的视角》，吉林出版集团股份有限公司，2016，第 166 页。

② 许进杰：《生态文明消费模式研究——基于资源性供给紧约束的视角》，吉林出版集团股份有限公司，2016，第 162 页。

③ 刘先春、王小鹏：《新时期全面深化改革的动力困境与对策探析》，《思想政治教育研究》2014 年第 5 期。

每项改革涉及的人和事都很广泛，很深刻，触及许多人的利益，会遇到很多的障碍，需要审慎从事。”[①] 因此，改革的长期性、艰巨性和风险的不确定性使得我国在合理消费体制机制的构建方面远不能适应我国居民消费发展的快速变化。

第三，政府监督功能存在缺失缺位现象。由于消费者是具有利己性质的“经济人”，在消费决策中都力图以最小的经济代价去实现消费效用最大化，因此其消费行为需要政府及社会的监督，其中政府的监督因具有顶层设计的科学合理性和强制有效性而居于核心地位，对形成合理消费社会风尚具有决定性影响。目前我国政府在消费监督活动中缺失缺位的原因主要有两点。

一是监督合理消费的法律体系缺失。尽管在我国的法律体系中已经有很多关涉合理消费的法律规范，但多数属于倡导性的，缺乏可行的配套实施细则，到目前为止，除企业外，尚缺少有效规范和监督个体消费者合理消费行为的专门法律。因此，政府相关部门在消费监督运作过程中时常会出现监督失效。如明星的动辄消费千万元甚至过亿元的奢华婚礼等奢侈消费行为，政府因缺少法律保障而无法对其行为进行有效规范。

二是合理消费监督制度不完备。有的制度规定太过宽泛，缺少可操作性，以至于监督部门难以监督；有的制度规定缺少明确的职责划定，使有关机构和权力部门相互推诿，甚至无人负责。在实际运作中，政府对合理消费的监督与组织监督、舆论监督等社会监督缺乏整体协调，尚未形成合力。比如新修订的《中华人民共和国水污染防治法》指出：“一是按日计罚制度能有效解决‘违法成本低’问题，为许多发达国家的立法所采纳，但在立法中未能确认。二是对环境监察执法机构的执法地位定位不明确，环境监察执法机构只是委托执法。三是没有授予环保部门对环境违法行为的现场强制权，也没有规定行政拘留向水体排放有毒物质的行为主体的处罚方式等。”[②]

当前，我国政府对合理消费监督缺失缺位的原因主要是政府治理能力发展滞后，我国政府管理消费依靠的主要是强制性的行政权力，而现代政府的最大特点是依靠法律制度。改革开放以来在不同发展阶段的建设目标的指引下，政府的职能侧重差异明显，新时代法治政府的建设目标需要建设符合现

① 《邓小平文选》第三卷，人民出版社，1993，第176页。

② 转引自曾刚等《我国生态文明建设的科学基础与路径选择》，人民出版社，2018，第85页。

实发展要求的法治政府体系，随着中国逐步进入消费型社会，政府治理不合理消费时也需转变职能，依法监督和管理。

第四，部分地方政府存在行为失范现象。目前由于我国政府监督的缺失缺位以及政府人员生态消费意识不强等，部分地方政府在自身消费时存在严重行为失范现象，比如建设豪华办公大楼。被《经济半小时》报道的呼和浩特党政办公楼，占地面积达 9 万平方米，面积堪称“内蒙古自治区之最”，总投资 3. 2 亿元。[①] 四川省成都新行政中心因过于豪华而备受争议，该中心位于成都市南郊，是一组由六栋莲花瓣形的办公楼和一栋鸟巢状的办公楼组成的建筑群，总投资 12 亿元人民币，建筑面积约 37 万平方米，占地 17. 01 公顷。[②] 另外个别领导干部和政府官员，生活中利用公职之便大肆挥霍浪费，常常出入高档会所，喝茅台、吃野味，生活奢靡。曾经被社会广泛诟病的“三公”消费就是典型。这样的信息通过互联网媒体被不断的报道和强化，最终使得政府在推动合理消费社会风尚形成中公信力下降、感召力丧失。

合理消费社会风尚本质上属于意识形态，其社会功能不会自然发展和自我作用，需要人们有意识地引导或提倡，即在人们的主观努力下发挥作用。因此它的形成除了受经济、政治和社会的制约外，还受到领导阶层的影响和左右，而影响大小则取决于领导阶层主观努力的程度。孔子讲，“上好礼，则民莫敢不敬。上好义，则民莫敢不服。上好信，则民莫敢不用情”。谭峭在《化书》中强调上层统治阶级对社会及民风的导向作用，“上之所好好之，上之所恶恶之”“君俭则臣知足，臣俭则士知足，士俭则民知足，民俭则天下知足”“我谦则民自谦，我俭则民自俭”[③]。政府官员群体由于地位较高，又是民众高度关注的显性化群体，在合理消费社会风尚形成中本应发挥着示范引领作用，但在现实生活中，个别政府官员的消费行为在一定程度上还存在明显的失范。尽管自党的十八大以来，随着中央八项规定的落实，反“四风”行动持续开展，对“三公”消费中不良消费行为的治理取得明显成效，

① 殷莉：《经济半小时：呼和浩特政府办公大楼赊账三千万》，http：//news. sina. com. cn/c/2004 - 01 - 07/21262572016. shtml。

② 闵捷：《成都拍卖新行政中心赈灾幕后　曾因豪华引争议》，http：//www. cnr. cn/gundong/200807/t20080717_505037774. html。

③ 参见罗耀九《谭峭〈化书〉谈怎样处理人际关系》，《福建论坛》（文史哲版）1997 年第 5 期。

但“根据审计署2014年6月发布的审计工作报告和7月中央巡视组陆续发布的巡视报告来看，奢侈浪费、特权腐败、享乐主义、豪华办公、变相公款消费等与‘三公’消费紧密相关的不良作风现象依然很严重”①。在合理公务消费的外衣下肆无忌惮地进行个人消费来满足个人利益，其典型特征是大肆挥霍与奢侈浪费，直接影响是严重浪费资源、严重败坏党风政风民风（包括社会消费风气）、严重损害党政形象和党政威信。

长期以来，“三公”消费因伴随着严重的奢侈浪费和腐败而饱受社会舆论诟病，与“三公”消费紧密相关的不良作风现象依然严重的主要原因有如下三个方面。首先，封建社会“官本位”意识的遗毒以及对“三公”消费腐败的严重危害性认识不足。一些政府官员并不认为利用职务之便奢侈享乐是一种腐败，反而认为“只要没有装进自己口袋就不算贪污腐败”，进而背离了“权为民所用，利为民所谋”的宗旨，以至于在中央“八项规定”、反腐败、反“四风”的高压态势下，这些人依然我行我素，变着花样进行“三公”消费、搞特权腐败。

其次，党政“一把手”权力过大。党政“一把手”权力过大又缺乏有效约束是不合理“三公”消费产生的最重要的制度原因。党政“一把手”在进行公务消费时不可避免地会产生与自己私人消费的矛盾，也就是说他们一方面必须要基于本身职位的公职性按照为人民服务的宗旨进行合理的公务消费，另一方面又有在合理公务消费的外衣下进行个人消费来满足自己的私利的欲望和冲动。正如斯蒂格勒所言：“一个理性的人必然受到对其行动有影响的刺激机制的支配。无论他自己的个人欲望是什么，如果某种活动将带来惩罚，他必然会取消这种活动；如果能带来较大利益，将会吸引他趋于这种活动。胡萝卜和棍棒对科学家和政治学家的支配作用与对驴子的支配作用是一样的。”②

最后，公共财政与预算体系法制化滞后。“突出表现在，公共财政法律制度建设还存在着粗线条、层次低等问题，法治化创新的力度还较低，还停留在较低层面；公共财政制度权利滥用的现象在某些领域依旧存在，对收支管理的监督力度还不强。”③ 其中粗线条、层次低的例子如部门预算的透明度

① 竹立家：《用好的制度治理“三公”消费》，《中国党政干部论坛》2014年第10期。

② 转引自欧文·E. 休斯：《公共管理导论》（第二版），彭和平、周明德、金竹青等译，中国人民大学出版社，2001，第13页。

③ 周钰颖：《论我国公共财政制度法治化创新的原则及建设策略》，《山东农业工程学院学报》2018年第5期。

不够高，对项目审批、政府财政预算及支出缺乏完善的监督机制及法律规范。预算外的公共资金缺乏有效的监督和管理是不合理“三公”消费滋生的温床，结果是公共资金的使用最终变成一本“糊涂账”。

二 企业合理消费责任缺失

企业通过生态生产[①]提供有利于资源节约和环境友好的生态产品，是合理消费品的提供者和生产者，是我国合理消费社会风尚形成的责任主体之一。

企业的清洁生产是消费者进行合理消费的源头，是我国合理消费社会风尚形成的重要内容。鉴于此，2003 年我国专门颁布实施了《中华人民共和国清洁生产促进法》，并根据社会发展需要于 2012 年进行了修正，该法对清洁生产做了如下科学界定：“清洁生产，是指不断采取改进设计、使用清洁的能源和原料、采用先进的工艺技术与设备、改善管理、综合利用等措施，从源头削减污染，提高资源利用效率，减少或者避免生产、服务和产品使用过程中污染物的产生和排放，以减轻或者消除对人类健康和环境的危害。”[②] 随着 2012 年我国把生态文明建设提升到国家“五位一体”总体布局的战略高度，生态文明建设逐渐深入企业生产的方方面面。我国企业在引导合理消费社会风尚过程中作用明显，即使是曾经被视为“高消耗、高污染、低效率”的中小企业也有明显改观。2012 年 4 月，我国首份《绿色中小企业影响力报告》显示：“过去 3 年间，可再生能源、节能、污染物防治和废弃物管理行业发展迅猛，3 年税前利润增长率分别达到 96.7%、80.1%、19.4% 和 202.1%。”[③] 尤其是 2018 年 1 月 1 日《中华人民共和国环境保护税法》正式实施后，有力撬动了企业的绿色生产，改革效益已经初见端倪。

---

① 学界认为，生态生产是指在生产过程中必须符合生态原则和生态经济的要求，即必须节约资源，不污染和不破坏生态环境，最好能做到循环利用，必须保证产品在流通、使用和消费过程中尽可能少地破坏生态环境，有利于资源的回收利用，不对使用者和消费者的人生健康构成威胁，而且还必须经济和有效率。参见许进杰《生态文明消费模式研究——基于资源性供给紧约束的视角》，吉林出版集团股份有限公司，2016，第 179 页。

② 《中华人民共和国清洁生产促进法》，http://www.gov.cn/flfg/2012-03/01/content_2079732.htm。

③ 周锐：《绿色中小企业影响力报告：节能企业利润 3 年增 80%》，http://business.sohu.com/20120426/n341732951.shtml。

但从总体上说，我国企业绿色生产起步较晚、基础较差，尤其是大多数中小企业资源浪费和污染环境现象依然比较普遍。据环保部通报，2017 年 4 月 7 日至 8 月 31 日环保部派出的京津冀及周边地区大气污染防治强化督查组已完成 10 轮次督查工作，28 个督查组共检查 41928 家企业（单位），发现 22832 家企业（单位）存在环境问题，约占检查总数的 54.5%。[①] 在国家如此严厉的环境治理手段下，为何屡屡出现如此现象，这不能不让人反思。当前在我国合理消费社会风尚形成过程中企业存在的主要问题是未能较好担负起在合理消费中的责任，主要表现为以下几个方面。

首先，产品设计的环保责任缺失。联想集团高级经理傅琳认为："比较保守地说，绿色设计能够解决 60% 到 70% 生产和经营环节对环境的影响，我们行业内部的专家甚至说可以达到 80%。"[②] 进入 21 世纪后，越来越多的企业开始认识到产品绿色设计是企业提升自身竞争力、实现可持续发展的内在要求。例如联想集团，"每申请一个新型号笔记本的立项，都必须比上一代产品降低 5% 的能量消耗。这个 5%，折合成三年的话，在消费者端就是很大的能源节省了"[③]。但在实践中，因绿色设计（或生态设计）依赖于科学技术和经济实力，而大部分中小企业都因资金有限而难以投入大量资金进行绿色设计，也无法承担生态技术研发的高风险与长周期，加之很多中小企业生命周期较短，"2013 年国家工商总局发布的《全国内资企业生产时间分析报告》显示：我国近五成企业生存时间不足 5 年，企业成立后的 3 ~ 7 年死亡率较高"[④]，在难以保证企业生存的条件下，企业当然也就无暇顾及和关注产品的生态设计了。

当前，我国大部分中小企业在国家或地方法律法规的强制要求下，或者是原材料成本压力增大，或者是竞争对手新出的环保产品对自己产品的严重冲击，它们被动地进行生态设计，承担产品设计的环保责任，且倾向于以改良设计为主。有调研结果表明，改良设计约占企业设计总数量的 90%。[⑤]

---

① 石敏俊：《十九大报告：生态文明建设和绿色发展的路线图》，http：//www.china.com.cn/opinion/think/2017 - 10/20/content_41765709.htm。

② 《绿色消费企业之声》，《21 世纪经济报道》2013 年 7 月 2 日，第 16 版。

③ 《绿色消费企业之声》，《21 世纪经济报道》2013 年 7 月 2 日，第 16 版。

④ 转引自蔡秋玉、池巧珠《中小企业非生态生产的现状与策略选择——以福建省为例》，《宜春学院学报》2017 年第 2 期。

⑤ 李若辉、关惠元：《我国中小型制造企业产品生态设计现状及问题》，《生态经济》2016 年第 12 期。

其次是绿色生产的责任缺失。企业绿色生产主要是指企业在生产方式、资源利用、废弃物处理等消耗活动中对自然资源和生态环境的保护。当前承担绿色生产责任的主要是大型国有企业或知名企业，它们注重产品的环保功能，并把其作为企业创新的立足点。如美的集团为节约用电研发生产了“一晚1度电”系列空调产品以及待机功耗只有0.1W的空调器（待机能耗降低了20多倍）等。再如联想集团生产的ThinkPad笔记本电脑，据联想集团高级经理傅琳介绍，“外壳有些颗粒感，表面没有那么光滑，不像有一些手机、笔记本特别亮，如果要设计成那么漂亮的话，一定得在加工生产过程中有一些化学处理和修饰的过程，但这个处理特别费水，对环境污染很大，我们就把这个环节去掉了，宁可产品看起来不是很时尚，但是可以保护环境”[①]。“近年来中天钢铁集团已累计投入近100亿元，先后启动了110余项节能减排、循环利用工程，在‘水、气、固废’处理等领域，应用了国际一流的环保处理技术，生产流程全部实现清洁生产。”[②] 而从总体上看，我国中小企业普遍存在生产方式、资源利用、废弃物处理等方面的环保投资规模不足且处于较低水平的问题，主要原因有如下三个方面。

其一是企业环境保护意识薄弱。受社会大环境影响，企业对环境保护的认识水平较低。2007年党的十七大报告首次把“生态文明”作为党的行动纲领，至今不过14年。尽管党的十八大以来我国相继颁布了很多有关环境保护的法律制度和行政法规，但由于对法律制度的宣传不够，加之很多政策多属于倡导性的，可操作性不强、责任规制不足、落地性差，人们还没有把环境保护当作一种自然而然的习惯。在2013年福建首例环境污染公益诉讼当中，泉州市永春东平镇村民李某对自己因养猪而污染环境感到疑惑[③]，诸如此种情况应该不在少数。在没有法律制度的强制要求下，企业的绿色生产决策很大程度上取决于社会大环境，如果整个社会中的人们的环境保护意识比较差，那么企业绿色生产的自觉程度就低。这也是一些中小企业没有通过环保审批项目就直接投资生产的主要原因，如2016年3月福建建瓯法院公开审理的污染环境罪案件，牛皮加工厂“在未办理环境影响报告书的

① 《绿色消费企业之声》，《21世纪经济报道》2013年7月2日，第16版。

② 孙军、汪小婷：《鼓励绿色生产　环保税成效初显》，《中国税务》2018年第11期。

③ 参见吴亚东《福建审结首例环境污染公益诉讼》，http://news.sina.com.cn/o/2013-05-17/065927148555.shtml。

情况下，将厂房及设备以每个月5万元的价格出租给陈某云和陈某武。2014年7月至同年12月，陈某武与陈某云等人在生产加工牛皮的过程中，没有采取任何的排污措施，产生的废水通过厂房内的旧水沟，直接向外排放”①。

其二是中小企业绿色生产成本较高。党的十八大以来，很多中小企业从国家的发展战略、市场的客观需要以及企业自身发展前景等方面出发日渐重视绿色生产，但现实中很多中小企业绿色生产的进展缓慢，其中绿色生产中的环保成本过高是掣肘因素。以钢铁行业为例，自2005～2017年12年，“太钢共投入140亿元，实施153个环保项目，建成一个完整的固态、液态、气态循环经济产业链，并在此基础上开展噪声污染整治。……源于居民对消除噪声污染的诉求。据悉，太钢附近一新建小区距离不锈炼钢南路附近的厂区围墙最近只有6米，为此，太钢在取消这一主物流通道的基础上，投入1600万元，将加工厂搬迁改建为库房并加装卷闸门，为水冷却塔设立隔音屏，并将12.5米钢轨更换成25米钢轨，以减少火车机车通过钢轨接头时的异响噪声”②。显然，只有有雄厚资金的大企业才有能力和条件投资治理污染，而中小企业尽管有进行治理污染的迫切需求，但往往受到资金的限制，心有余而力不足。

其三，政府监管不到位。由于一些中小企业厂址的选择都比较偏僻，排出的污染物无法与大企业相比，致使政府监管部门对其污染重视不够。“以统计年鉴为基础的中国经济统计数据库中也基本上是对规模以上的工业企业主要污染物排放量、主要污染物产生量、主要污染物综合利用量等信息进行统计，而没有中小企业相关方面的统计数据。”③ 但中小企业的环境污染和资源浪费现象却不容忽视。2015年6月5日，福建省三明市沙县首例污染环境案的主角是一家作坊，仅仅生产10多天就排放危险废液37.43吨④，严重污染了周围的环境。因此，及时对中小企业的废弃物处理情况进行统计以加强对中小企业绿色生产的监管，非常必要，也尤为重要。

---

① 张丽君、林芳、高信仁：《福建法院污染环境罪案件公开开庭》，http：//www.chinanews.com/df/2016/03－11/7793967.shtml。

② 曹婷婷：《太钢12年投入140亿元治污》，《山西日报》2017年5月12日，第5版。

③ 蔡秋玉、池巧珠：《中小企业非生态生产的现状与策略选择——以福建省为例》，《宜春学院学报》2017年第2期。

④ 参见张志宏《直排毒废水　黑作坊主获刑6个月》，http：//news.ifeng.com/a/20150606/43921481_0.shtml。

最后是企业进行绿色营销和绿色消费的引导和宣传不足。绿色营销也称生态营销，是“指企业在充分满足居民消费需求、保持适度利润和发展水平的同时，注重自然生态平衡，减少环境污染，节约和有效利用自然资源，维护人类社会长远利益及其可持续发展，将环境保护视为企业生存和发展的条件和必须承担的社会责任。它与传统营销的区别在于，在企业产品、市场、技术、服务和管理等创新领域的整个营销过程中，都注重保护生态，谋求经济效益、社会效益和生态效益的统一”①。尽管生态营销概念已经被我国引入20余年，但是，到目前为止，很多企业的生态营销意识淡漠。众所周知，绿色营销不仅有助于企业的可持续发展，同时也是消费者进行合理消费不可或缺的条件，因此在形塑我国合理消费社会风尚中具有重要地位。有学者指出，人类的生态消费是绿色营销的原动力，当生态消费成为社会消费的主流方向时，人们的消费行为承认并鼓励企业的绿色营销，会推动甚至强迫越来越多的企业走绿色营销之路。② 当前，虽然不少企业都在提倡绿色营销理念，但在实际运行中尚未有效发挥绿色营销的价值。个中原因主要表现在如下三个方面。其一，企业决策者对于绿色营销的认识和信心不足，在很大程度上限制了企业绿色营销的发展。由于绿色生产理念在我国还没有广泛的市场认可度，绿色营销是一个新生物，大部分企业关注较多的依然是企业眼前的短期成本投入和利润收益比，还没有做好长远的可持续发展考虑，而部分绿色营销企业因绿色营销成本的增加，致使其因产品价格偏高而在市场价格竞争中处于不利地位，最终在得不到市场认可后也选择回归非绿色营销模式。其二是消费者对绿色产品和绿色消费认知的缺乏。消费者对绿色产品的认知，直接影响着其对绿色产品的购买。目前，尚有很多消费者习惯计算眼前的利益以及个人得失，即追求利益最大化和成本最小化，缺少对于人类长远利益的关心，不愿意去关注和了解绿色产品。加之当今绿色产品认证标准的复杂以及绿色产品市场存在的问题，使得很多消费者分辨不清何为绿色产品、有机产品以及生态产品。这也在一定程度上降低了人们对绿色产品的购买热情。其三是绿色营销市场不成熟。我国绿色营销起步较晚，绿色营销市场不

① 许进杰：《生态文明消费模式研究——基于资源性供给紧约束的视角》，吉林出版集团股份有限公司，2016，第182页。

② 陈国先、于代松：《绿色营销与生态消费——可持续发展的终极支撑》，《成都理工学院学报》2000年第S1期。

成熟，存在一些企业在绿色营销中的“搭便车”现象，直接的影响就是真正的绿色营销企业数量越来越少，绿色消费市场发展缓慢。一些搭便车的企业，利用消费者心理和绿色市场做虚假的宣传，致使绿色营销市场混乱，其严重后果是让消费者失去了对绿色产品的信心。

企业在我国合理消费社会风尚形成中存在的上述问题，根本在于企业对追逐利润与生态文明建设中的合理消费要求之间的对立统一关系的认识存在问题，缺少社会责任。凡勃伦指出：“企业的动机是金钱上的利益，他的方法实质上是买和卖，它的目的和通常的结果是财富的积累。”① “如果有10%的利润，资本就会保证到处被使用；有20%的利润，资本就能活跃起来；有50%的利润，资本就会铤而走险；为了100%的利润，资本就敢践踏一切人间法律；有300%以上的利润，资本就敢犯任何罪行，甚至冒绞首的危险。”② 显然，企业的本性就是最大化的追逐利润。尤其是对于非生态文明建设型企业来说，在生产过程中关注生态环境的保护和提供一些生态文明建设的产品，只是作为它附带的一项社会责任，而不是根本目的。一旦企业生产与保护环境出现冲突时，企业追逐利润的本性使得企业选择的天平往往是向利润端倾斜，而忽视或漠视环境的保护。出现这种现象的根本原因，在于企业经营者没能正确认识自身的发展与环境保护之间的关系。

三　消费主义与国人爱“面子”文化的联姻

消费主义，是产生于美国20世纪30年代的一种价值观、生活方式和消费文化。所谓消费主义，“是指不是为了实际生存需要的满足，而是追求被文化形式所不断制造出来的消费欲望的生活理念和生活方式。它表现为把占有更多的物质财富和消费更多的高档商品作为人生成功的标志，并以此作为生存意义的源泉和人生价值的尺度”③，是人类社会生产力发展到一定阶段的必然结果，有其客观性。当前，消费主义向世界范围的扩张和渗透已经成为一种趋势和潮流，更因信息化和国际范围内的广泛合作与交流而加速推进，

① 凡勃伦：《企业论》，蔡受百译，商务印书馆，2012，第16页。

② 《马克思恩格斯全集》第二十三卷，中共中央马克思恩格斯列宁斯大林著作编译局译，人民出版社，1972，第829页。

③ 鲍金：《揭开消费主义的意识形态面纱》，《马克思主义研究》2013年第11期。

可以说，“消费主义是到目前为止最强有力的意识形态——现在，地球上已经没有任何一个地方能够逃脱我们的良好愿望的魔法”①。中国在全方位对外开放的大潮中不可避免地也受到消费主义的影响，尤其是其和中国人爱面子的文化传统“心有灵犀”，人们通过炫耀性消费和奢侈消费挣足了面子，这成为当前影响我国合理消费社会风尚形成的主要文化因素。

1. 消费主义在中国的渗透、主要表现及影响

中国经过改革开放 40 多年的高速发展，社会物质产品极大丰富，人们的闲暇时间不断增多，这些都为开展消费活动提供了重要条件，正如马克思所指出的：“社会为生产小麦、牲畜等等所需要的时间越少，它所赢得的从事其他生产，物质的或精神的生产的时间就越多。正象单个人的情况一样，社会发展、社会享用和社会活动的全面性，都取决于时间的节省。一切节约归根到底都是时间的节约。”② 人们工作之余用于娱乐消遣、社会交往等自由支配的时间绝大多数都与消费密切相关，因为当今中国“在我们的周围，存在着一种由不断增长的物、服务和物质财富所构成的惊人的消费和丰盛现象”③。

1978 年党的十一届三中全会以来，我国的消费政策开始由过去的“抑制消费”转向“鼓励消费”。1986 年第六届全国人大第四次会议上的政府工作报告明确提出：“在国民经济内部坚持把加强农业这个国民经济基础，放在重要的战略地位，加快消费品工业的发展……城乡人民的消费水平将进一步提高，消费结构进一步改善，消费内容日趋丰富多彩。”④ 党的十五大报告提出“努力增加城乡居民实际收入，拓宽消费领域，引导合理消费”⑤ 之后，一系列刺激消费的政策不断出台。党的十六大报告提出，“调整投资和消费关系，逐步提高消费在国内生产总值中的比重”⑥；党的十七大报告强调，

① 比尔·麦克基本：《自然的终结》，孙晓春、马树林译，吉林人民出版社，2000，第 15 页。

② 《马克思恩格斯全集》第四十六卷（上册），中共中央马克思恩格斯列宁斯大林著作编译局译，人民出版社，1979，第 120 页。

③ 让·鲍德里亚：《消费社会》，刘成富、全志钢译，南京大学出版社，2014，第 21 ~ 23 页。

④ 赵紫阳：《关于第七个五年计划的报告（1986 年）》，http：//www. npc. gov. cn/wxzl/gongbao/2000 - 12/06/content_5001763. htm。

⑤ 江泽民：《高举邓小平理论伟大旗帜，把建设有中国特色社会主义事业全面推向二十一世纪》，http：//www. people. com. cn/GB/channel1/10/20000529/80728. html。

⑥ 江泽民：《全面建设小康社会，开创中国特色社会主义事业新局面》，http：//www. people. com. cn/GB/paper39/7683/733922. html。

“坚持扩大国内需求特别是消费需求的方针，促进经济增长由主要依靠投资、出口拉动向依靠消费、投资、出口协调拉动转变”①；党的十八大报告提出，“要牢牢把握扩大内需这一战略，基点加快建立扩大消费需求长效机制，释放居民消费潜力”②；党的十九大报告强调，“增强消费对经济发展的基础性作用”。鼓励和刺激消费的政策已经成为我国发展的长期战略性选择。国家鼓励和刺激消费政策的实施，不仅有力促进了我国经济社会的迅速发展，而且大大刺激了人们的消费欲望，提高了人们的消费水平，拓宽了人们的消费领域。经济学人智库（Economist Intelligence Unit）发布的报告显示，“作为世界第二大经济体，中国将在2030年前迈入中等收入国家的行列，3/4的中国人将成为中产”③，而中等收入群体将对中国消费持续稳定增长产生重要作用。我国鼓励和刺激消费的政策以及中等收入群体的不断壮大，使人们消费的欲望不断受到刺激，来自西方的消费主义迅速渗透并出现在人们的日常生活中。恰如莫少群教授所言：“有多种迹象表明，消费主义价值观正由高收入阶层向其他阶层扩展。尽管大众消费的条件尚未建立起来……但消费主义作为一种价值取向已经越来越多地为社会民众所认同和接纳。”④ 消费主义在我国的主要表现体现在如下几个方面。

（1）奢侈品消费增长快速

奢侈品主要是指超出普通消费者生存发展需要且花费钱财过多的商品。奢侈品最大的特点是价格昂贵。中国市场经济的深入发展成就了一批拥有巨大物质财富的新富阶层，《2018年全球财富报告》显示，“2018年中国的百万富翁人数增加18.6万人，总人数达到350万人。……至2023年，全球超高净值（5000万美元以上）人士数量将达到20.5万人，亚太区超高净值人士数量将新增18600人，总数将接近58000人，其中46%将来自中国。自

① 胡锦涛：《高举中国特色社会主义伟大旗帜 为夺取全面建设小康社会新胜利而奋斗——在中国共产党第十七次全国代表大会上的报告》，http：//paper. people. com. cn/rmrb/html/2007 -10/25/content_27198418. htm。

② 胡锦涛：《坚定不移沿着中国特色社会主义道路前进 为全面建成小康社会而奋斗》，http：//cpc. people. com. cn/18/n/2012/1109/c350821 -19529916 -4. html。

③ 王红茹：《中国2020年中产阶层或达4亿人 哪些人算中产阶层?》，《中国经济周刊》2016年第44期。

④ 莫少群：《当代中国的消费主义现象：消费革命抑或过度消费?》，《南京师大学报》（社会科学版）2012年第4期。

2000年以来，中国超高净值群体发生了深刻变化，新增约16430人，占全球新增超高净值人数的15%，超过亚太区所有其他国家和地区之和。在过去一年，中国新增超高净值成人有640名，目前在全球超高净值人数最多的20个国家中名列第二"[①]。新富阶层已经成为当今中国奢侈品消费的最大群体。新富阶层的壮大是中国奢侈品消费持续增长的主要力量。自2011年中国奢侈品消费位居世界第一以来，近几年我国奢侈品消费增长势头依然强劲，据统计，2020年中国奢侈品销售额近3500亿元，与往年相比增加了48%。2020年全年中国消费者奢侈品消费占全球的比重超过了1/3。[②]

在新富阶层的"引领"下，越来越多的消费大众开始纷纷效仿，争相购买奢侈品。比如大陆游客去香港，多数都会购买诸如LV、Gucci等奢侈品，在这些奢侈品店前面经常能看到排起长队来购物的大陆游客。虽然当前购买奢侈品的还多是有实力的新富阶层，但没有购买能力的一些群体在观念上却日渐认同奢侈品，他们是潜在的奢侈品消费群体，尽管一些人不具备经济实力，却想方设法进行奢侈品消费，如有人为了买LV包，宁愿几个月吃方便面；有人因买不起奢侈品，采用租用奢侈品的方式，以至于北京、上海等大城市奢侈品二手店开始出现，并且生意兴隆。

同时，中国奢侈品消费还呈现"年轻化"的趋势。据新闻报道，"奢侈品的消费必须建立在雄厚的经济财富之上，从社会的财富占有规律来说，社会主要财富应该集中在40岁到60岁的中老年人手中，他们才是奢侈品消费的主体。但是在中国消费者组成结构上，73%的中国奢侈品消费者不满45岁，45%的奢侈品消费者年龄在18岁至34岁之间"。[③] 阿兰·德波顿认为："在繁荣的经济大潮中，一个已经困扰西方世界长达数世纪的问题也东渡到了中国，那就是地位（身份）的焦虑。"[④] 当今中国急剧社会转型过程中的社会流动使一部分人尤其是年轻人出现社会地位认同危机，人们为了减轻或消除"地位（身份）焦虑"，常常通过奢侈消费或炫耀消费来确证和提升自

---

① 《2018年全球财富报告出炉　中国新增富豪超过600人》，http://finance.sina.com.cn/china/2018-10-22/doc-ifxeuwws6977459.shtml。

② 张燕：《全球奢侈品中国买走1/3，一年四次提价都挡不住"排队潮"》，https://www.163.com/dy/article/G3A2INP00519D4UH.html。

③ 《中国奢侈品消费全球第一的隐忧》，http://www.chinanews.com/cj/2012/01-16/3606425.shtml。

④ 阿兰·德波顿：《身份的焦虑》，陈广兴、南治国译，上海译文出版社，2007，第1页。

己的社会地位，正如保罗·福塞尔指出的，“缺少安全感的群体将充满焦虑，因而他们极为渴望得到他人的承认，并通过消费体现出来，通常表现为炫耀性、奢侈性消费”①。

总之，作为奢侈品消费第一大国，奢侈消费年轻化以及追逐奢侈消费的主体的大众化，是消费主义在我国渗透传播的明显体现和有力证明。

（2）符号消费日渐盛行

符号消费，“是指对商品符号所代表的意义的消费，也是某种意义或信息的符号表达的过程”②，可以分为“共有性符号消费和专有性符号消费，共有性符号消费对象是同一类商品，而专有性符号消费对象则主要是商品品牌”③。通俗地讲，所谓符号消费就是人们在消费过程中消费的不仅仅是传统物质形态意义上的使用价值，更多的是文化意义上的符号价值。因为符号价值本身内含着地位、品味、格调等社会意义，预示着商品与个体身份之间的内在文化关联。正如瑞泽尔所说：“通过各种物品，每个个体和群体都在寻找着他或她自己在一种秩序中的位置，始终在尝试着根据一个人的生活轨迹竞争这种秩序。通过各种物品，一种分层化的社会开口说话——为了将每个人都保持在一个确定的位置里。”④

符号消费借助广告媒体和现代影视传媒日渐渗入民众生活中，尤其是随着我国社会生产力的快速发展和物质财富的不停积累，人们的物质生活得到空前满足，进而开始不断追求更高的精神享受，逐步开始重视商品所包含的文化内涵，于是符号消费的出现和盛行便成为必然。马克思说过，“商品首先是一个外界的对象，一个靠自己的属性来满足人的某种需要的物。这种需要的性质如何……是与问题无关的”⑤。也就是说，商品的有用性绝不是仅仅在于其使用价值，还体现为商品的符号价值。符号价值已经成为商品的使用价值和交换价值之外的第三种价值，其地位亦在不断上升，甚至成为一些消费者的主要目标。

---

① 保罗·福塞尔：《格调：社会等级与生活品味》，梁丽真、乐涛、石涛译，中国社会科学出版社，1998。

② 班建武：《符号消费与青少年身份认同》，教育科学出版社，2010，第25页。

③ 余保刚：《消费主义与我国主流意识形态建设研究》，中国社会科学出版社，2017，第51页。

④ 乔治·瑞泽尔：《后现代社会学理论》，谢立中译，华夏出版社，2003，第110页。

⑤ 马克思：《资本论》（第一卷），人民出版社，2004，第47页。

让·鲍德里亚（此为常用译名，另译为尚·布希亚）是法国的一位杰出思想家，他从符号的角度出发，构建了消费社会理论的新形态。“财富的数量和需要的满足，皆不足以定义消费的概念：它们只是一种事先的必要条件。消费并不是一种物质性的实践，也不是‘丰产’的现象学，它的定义，不在于我们所消化的食物，不在于我们身上穿的衣服，不在于我们使用的汽车，也不在于影响和信息的口腔或视觉实质，而在于，把所有以上这些元素组织为有表达意义功能的实质……如果消费这个字眼要有意义，那么它便是一种符号的系统化操控活动。”① 他进一步指出，“要想变成消费的对象，那么，物品就必须成为符号，也就是（处在）外在于一个它只作意义指涉的关系”②。Miller 则进一步概括了鲍德里亚消费社会理论中符号价值的本质和作用，并指出，“在这种情况下，商品只有具有符号价值，才会具有交换价值，成为人们渴望的对象。但是商品的符号价值是人为创造的，商品与符号之间的联系与商品本身并没有直接关系，所以人们消费的只是对于商品的意象，并不是商品，所以商品生产者为了获得更多的利润，不是进行更高质量的生产从而提高商品所具有的使用价值，而是通过广告等大众媒体的宣传，将某种被人们追捧的符号价值附加在商品之上，使商品成为社会价值和财富的象征”③。在当今中国，人们对商品的需要已经不仅仅表现在其使用价值上，越来越多地体现在商品所蕴含的意义上，即商品的符号价值。符号价值正逐步取代使用价值的主导地位，成为大众消费的主要动机。符号学家赵毅衡教授曾做过“决定品牌的符号价值”的测试，他说：“测试很容易做，我拿两个提包，把牌子换过：于是一个成了真货假牌子，另一个成了假货真牌子。两个提包我开出同样的价钱，而且我把作假情况全部告诉顾客，任凭他们挑选。绝大部分人会选择‘假货真牌子’，消费者都知道牌子比货值钱，货可以是假的，最明显的商品招牌必须是真的。”④ 显然，品牌被赋予的难以量化的符号价值，使其成为独一无二的商品，而这种价值远远超越了产品的使用价值及交换价值。

---

① 尚·布希亚：《物体系》，林志明译，上海人民出版社，2001，第 223 页。

② 尚·布希亚：《物体系》，林志明译，上海人民出版社，2001，第 223 页。

③ 转引自田芯《中国社会可持续发展的消费伦理研究》，东北财经大学出版社，2016，自第 92 页。

④ 转引自赵毅衡《符号学：原理与推演》，南京大学出版社，2011，第 374 页。

符号消费对当前社会消费的影响具有两面性。一方面，从符号消费者进行符号消费的动机和目的来看，一定程度的符号消费有助于实现人们的身份认同并缓解或消除身份焦虑。当今中国由于收入差距，人们可能会更多地感受到社会地位或身份的焦虑或恐慌，通过符号消费，人们可以获得尊重、提升社会地位或群体认同。有学者研究指出：“正是在商品符号价值基础上消费行为的意义化，使商品所蕴含的符号价值通过人的消费行为转换为主体意义之间的差异。……消费不仅仅作为客观身份的外在表现，它已经成为主动的决定身份归属的因素。个体被什么群体认同，不再由客观身份决定，而是由自身的行为来决定。”① 消费的符号成为区别自我与他人之间的认同的中介。另一方面，符号消费导致了人的异化。孙凤教授指出：“当消费行为仅仅追求商品背后的符号价值时，消费对自身而言就是欲望的满足，对他人而言就是炫耀。如此一来，道德就会被市场所左右，判断一个人是否成功和高尚的标准，变成他能否消费得起某种商品。这一观念的最终结果就是，人们越来越物质化。”② 符号消费使人们把金钱等物质财富作为判断幸福与成功的价值标准，如西美尔所言，“金钱越来越成为所有价值的绝对充分的表现形式和等价物，它超越客观事物的多样性达到一个完全抽象的高度。它成为一种中心，在这一中心处，彼此尖锐对立、遥远陌生的事物找到了它们的共同之处，并相互接触。所以，事实上也是货币导致了那种对具体事物的超越，使我们相信金钱的全能，就如同信赖一条最高原则的全能，那就是：在任何时候它都能为我们提供这种具体的、较低的东西，仿佛它能将自身转换成这种东西”③。显然，在符号消费中，消费主体心甘情愿地成为符号的奴仆，符号消费使原本人与人之间的社会关系转变成符号化商品与符号化商品之间的关系，尤其是在当前纷繁杂乱的广告渲染下，人们通过商品来标榜自己的身份与地位并构建自我，然而这一切都不过是符号为了让人们不停购买商品而制造的虚假幻想，让人们坚信只有通过消费商品才能够拥有自主性与自由。但是只要人们进行符号消费，人们的行为就被控制住，开始不停地追逐虚幻

---

① 田芯、冯文华：《中国奢侈品消费的符号价值创造》，《财经问题研究》2012 年第 7 期。

② 向楠：《符号消费来势凶猛 国人应思如何过好富日子》，《中国青年报》2010 年 10 月 21 日，第 7 版。

③ 西美尔：《金钱、性别、现代生活风格》，刘小枫编，顾仁明译，李猛、吴增定校，学林出版社，2000，第 13 页。

的符号意象，人变成了只有欲望而无主体意识的抽象的人。最终，人们在追逐符号消费的过程中逐渐丧失个体的独立性和判断力，丧失了本真的自我，成为符号的奴隶，人被异化，人与人之间的关系也被异化。

但符号消费绝不仅仅存在于有支付能力的高收入群体中，低收入者也会因为社会地位的恐慌与消费能力的受限而产生更强烈的符号消费欲望。而当人们不切实际、盲目追求物质背后的符号时，符号消费带给消费者的伤害更深、更大。如《三湘都市报》报道，2011 年安徽一名 17 岁的高中生小王通过黑心中介将自己的一个肾卖掉去买苹果手机和 iPad2，后来这件事被家人发现，但为时已晚，小王为了苹果手机这一时尚奢侈消费品付出了沉重的健康代价，经鉴定，小王的伤情构成重伤，为三级伤残。① 当然这只是极个别的畸形符号消费行为，但我们不难发现，诸如苹果手机等符号消费品对人们的吸引力！为了追求时尚、富有等的符号意义，人们竟然不顾自己的身体健康。

为追逐符号消费背后的“成功、尊严和社会地位”，一些党员干部陷入奢侈享乐的消费陷阱，开始贪污受贿，利用这些受贿之财满足自己奢侈享乐的消费欲望——大肆购买、消费奢侈品以显示自己的社会地位和尊严，但最终却受到了法律的惩罚。例如被媒体称为“LV 女王”的原辽宁抚顺市政府工作人员江某，“专门有座 190 平方米的宅子存放奢侈品，包括 48 块劳力士等名牌手表、253 个 LV 等手提包、1246 套高级名牌服饰和 600 多件金银首饰，所有物品合计 2200 多件，总价值超过 420 万元。而 1246 套服装 90% 以上都没有开包使用过，另外有 200 多件高级化妆品还没开封已过了保质期……”②。奢侈品牌表征的符号消费可能带给江某一时的幸福、成功和喜悦，但为了这些奢侈品她付出了自由的代价，最终锒铛入狱。

（3）浪费性消费问题日渐凸显

消费主义对“物的无限占有性”使人们追逐盲目追逐物质享受，造成极大浪费。中国人当前“用了即扔”的“一次性消费”现象非常普遍，诸如一次性筷子、一次性水杯、一次性拖鞋、一次性牙刷、一次性饭盒、一次性台

① 范彬、徐德荣：《高中生为买“苹果”卖肾 黑中介和黑医生都被公诉》，《三湘都市报》2012 年 4 月 6 日，第 A4 版。

② 参见高斌、汪蕾、曹瑜、王波峰、姚光银《是什么让“女神”变成“女贪”》，http://fanfu.people.com.cn/n/2013/0514/c64371-21475788.html。

布等，同时人们在购买物品的同时也在不断地“丢弃物品”，从而形成了“获得→短暂的占有和使用→扔掉→再获得的恶性循环”[①]。为此，鲍德里亚指出，“今天，生产的东西，并不是根据其使用价值或其可能的使用时间而存在，而是恰恰相反——根据其死亡。……在这个社会中，浪费性消费已成为一种日常义务”[②]，并强调“浪费始终被视为一种疯狂、精神错乱、本能的官能障碍，因为它使得人们焚毁储备物质，并通过非理性之举殃及生存条件”[③]。

当今中国最典型的是食物浪费、水电浪费以及公款消费中的奢侈浪费。

首先，食物浪费触目惊心。从生态文明的视角来看，食物浪费是人类对自然的不尊重，因为食物的主要来源是植物、动物和其他生物。2013 年 2 月，人民网联合北京美兰德信息咨询有限公司在全国范围内针对“舌尖上的浪费”状况、成因、民众反响等内容开展大规模民意调查，调查结果显示，我国城市居民外出就餐时平均每餐浪费的食物价值约占全部食物的 13%，其中家庭聚餐平均浪费的金额比例为 9.3%，亲友聚餐浪费的金额比例为 13.6%，商务宴请平均浪费的金额比例最高，为 22.6%。[④] 调查结果还显示，造成外出就餐浪费的最主要原因是“面子”文化，如在“亲友聚餐导致浪费的原因中，近五成被访者表示‘习惯多点些，不剩就没吃好’；在商务宴请中，因‘讲排场’而导致剩下饭菜的被访者比例也高达 44.2%”[⑤]。在党中央出台“八项规定”及制定一系列措施后，“舌尖上的腐败”等公款吃喝现象得到有效遏制，但人们日常生活中的食物浪费现象依然存在，突出表现在两方面。一方面是宴请活动中的食物浪费。一些人为了“面子”或展示“热情”，点菜品种和数量远远超过实际所需，以至于产生大量剩余，从而造成食物的极大浪费。另一方面是食堂的食物浪费。2013 年 3 月 26 日，有记者在走访北京某高校时发现，“一些学生的盘碗中剩下的饭菜比较多，半份米

① 陈学明、吴松、远东编《痛苦中的安乐——马尔库塞、弗洛姆论消费主义》，云南人民出版社，1998，第 138 页。

② 让·鲍德里亚：《消费社会》，刘成富、全志钢译，南京大学出版社，2014，第 26 页。

③ 让·鲍德里亚：《消费社会》，刘成富、全志钢译，南京大学出版社，2014，第 22 页。

④ 《“舌尖上的浪费”调查报告》，http://www.people.com.cn/n/2013/0224/c347407-20581131-3.html。

⑤ 《“舌尖上的浪费”调查报告》，http://www.people.com.cn/n/2013/0224/c347407-20581131-4.html。

饭，大半个馒头，或是没吃几口的菜都被倒掉了”①。鉴于此，2017 年 7 月，商务部、中央文明办联合发出通知，“就餐饮行业深入开展‘厉行勤俭节约 反对餐饮浪费’工作作出部署，引导全社会大力倡导绿色生活、反对铺张浪费”②。2020 年，习近平总书记做出重要指示，强调“要加强立法，强化监管，采取有效措施，建立长效机制，坚决制止餐饮浪费行为。要进一步加强宣传教育，切实培养节约习惯，在全社会营造浪费可耻、节约为荣的氛围”③。

其次，水电及其他浪费不容忽视。由于人们缺乏保护资源的意识，日常生活中浪费水电的现象比比皆是，比如洗衣服、洗澡、洗菜、洗碗时让水龙头一直开着；教室、马路、办公室等出现长明灯；微波炉、电热水器、饮水机等电器不用时处于待机状态。

当前比较突出的问题就是包装浪费。由于中国是个人情社会，当前很多中国人好“面子”，重视商品的包装远胜过商品本身的价值，尤其是茶、酒、月饼、保健品、化妆品等，被装入精致的纸盒、铁盒、木盒、漆盒等，垫上红绸、黄缎，这些包装本身使用价值不高，很多被当作垃圾抛弃。2016 年 12 月，据《北京晨报》记者报道，“‘双十二’刚过，让市民钱女士发愁的不是‘剁手’后的‘吃土’，而是家里收之不尽、扔之不绝的各种快递包装箱、包装袋和里面五花八门的填充物。……除了物品的外包装，为保证东西不在盒子里晃动，盒子里面还会填充各种塑料填充物。‘比较常见的就是气泡膜，比如一个小小的眼霜，气泡膜一裹，体积比原来大了三四倍，其实眼霜本身就有两层包装，这么包裹实在是没有必要’。钱女士说，充气的填充袋、S 型的散装泡沫塑料，还有酒水专用的气泡膜，也都是常见的包装物”④。对如此种种的包装，多数人的选择是直接扔掉。据《新华日报》报道，包装物在我国城市固体废弃物中所占的比例高达 30%，每年废弃包装物的价值高达 4000 亿元。⑤ 这不

---

① 杨眉眉、靳晓燕：《高校浪费 趋于无形》，《光明日报》2013 年 4 月 5 日，第 1 版。

② 《商务部、中央文明办部署餐饮行业开展“厉行勤俭节约 反对餐饮浪费”工作》，http://www.xinhuanet.com//2017-07/12/c_1121308304.htm。

③ 《习近平对制止餐饮浪费行为作出重要指示》，http://www.gov.cn/xinwen/2020-08/11/content_5534026.htm。

④ 韩娜、王萍：《99 亿个快递包装箱谁来回收 8 成人将包装直接扔掉》，http://finance.sina.com.cn/chanjing/2016-12-20/doc-ifxytqqn9006413.shtml。

⑤ 参见贾梦雨《“美丽垃圾”：过度包装下的浮华泡沫》，《新华日报》2011 年 6 月 16 日，第 B07 版。

仅带来了资源的巨大浪费，而且严重污染了环境。2016 年 12 月 20 日，据《北京晨报》报道，"'双十一'、'双十二'火爆落幕，此起彼伏的敲门声来自快递小哥，除了家门口拿到想要的商品，伴随而来的更是堆满了半个阳台的快递包装，而这些包装材料正是环境的敌人，造成了巨大污染。据统计，2015 年全年快递业使用包装箱 99.22 亿个，编织袋 30 多亿条，胶带 169.85 亿米。……化妆品包装比商品大几倍……记者随机调查了 20 位市民，其中八成人表示，收到的快递包装都是直接扔掉，大部分人表示，如果是塑料包装物，更是全部扔进垃圾桶。……时下，越来越多的上班族和'家宅族'都过上了没有外卖活不了的日子……'每餐送来至少一两个塑料餐盒、一两双一次性筷子。外面还有个塑料袋。'高小姐说，'超市的塑料袋都要收费了，结果超市省下来的塑料袋，外卖这儿随便用'。……曾经在淘宝和微信销售过自制手工饰品的店主薛先生告诉记者，除了购进各种原材料用于制作饰品，每月还都要购买大批的包装用品。'物品都讲究包装，包装好了大家就觉得东西高大上。我们也没办法，有人因为包装不合心意不给好评的。'……很多卖家生怕买家感受不到'诚意'，除了商品价格、质量，在包装方面也丝毫不敢含糊"①。

最后是公款消费中的浪费。所谓公款，是指党政机关为管理社会、服务社会所花费的行政管理费用。在公款消费中，因为公务人员花费的不是自己的钱，往往花钱比较"洒脱"和"大方"，再加上民众对公务人员监督的有效性不足，其结果就是出现了部分公务人员在公款消费中的奢侈浪费现象。近年来，随着中央"八项规定"及各种严厉措施的出台，公款浪费行为明显减少，但依然存在。2015 年 11 月，在中央"八项规定"出台近三年之际，《人民日报》记者在走访调查中发现，据"有些会议仍然折腾，浪费人力物力财力"②。2015 年 8 月，据《中国纪检监察报》报道，广东省清远市政府工作人员在阳山县调研时，由多人陪同用餐，且饮用马爹利洋酒。③

当前人们竞相进行超出自身生存需要的各种消费，但是有限的地球资

① 韩娜、王萍：《99 亿个快递包装箱谁来回收　8 成人将包装直接扔掉》，http://finance.sina.com.cn/chanjing/2016-12-20/doc-ifxytqqn9006413.shtml。

② 杨文明、朱磊、张志峰：《有些会议太折腾》，《人民日报》2015 年 11 月 14 日，第 1 版。

③ 陈金来：《对违规公款吃喝露头就打》，《中国纪检监察报》2015 年 8 月 10 日，第 4 版。

源难以支撑人们的大肆浪费，因为“人类的贪婪是不能被满足的”[①]。地球，作为人类生存与发展的摇篮，其承载力是有限的。世界自然基金会（WWF）2016年10月在中国北京发布的《地球生命力报告2016》显示，自20世纪70年代初开始，人类对地球的索取超出了其可持续供给的能力。2012年，人类消耗了相当于地球生物承载力1.6倍的自然资源和服务。地球生命力指数1970年至2012年总体下降58%，其中陆地物种指数下降约38%、海洋物种指数下降约36%、淡水物种指数下降约81%，地球健康状况堪忧。[②]

上述种种浪费现象，不仅不利于我国经济社会的可持续发展，而且直接阻碍了我国合理消费社会风尚的形成。

（4）炫耀性消费甚嚣尘上

炫耀性消费这个概念是美国经济学家凡勃伦于1899年提出的，之后得到了社会的广泛关注。凡勃伦指出：“要获得尊荣，仅仅保有财富或权力还是不够的，有了财富或权力还必须能提供证明，因为尊荣只是通过这样的证明得来的。”[③] 炫耀性消费就是提供这种证明的绝佳途径。所谓炫耀性消费，是指个体通过公开地消费财富（能在特定的情境中代表相对的社会位置或地位），向他人传递地位、强化自身形象的特定消费行为。[④] 随着国人物质生活水平的快速提高，炫耀性消费现象日益凸显，并呈现低龄化和向农村蔓延的趋势。国人目前的炫耀性消费倾向主要表现为：有选择地或盲目跟进国际、我国港台地区流行趋势的时尚消费；根据经济实力选择性拥有品牌的品牌消费；为突出个性或显示身份区隔的品位消费。国人的“面子”意识和社会交往中的身份认同是炫耀性消费的主要影响因素。

凡勃伦对炫耀性消费持批评态度，他指出，“从经济理论的立场来看，上述消费与任何其他消费比起来，在正当程度上并没有什么高下之别。这里

---

① 艾伦·杜宁：《多少算够——消费社会与地球的未来》，毕聿译，刘晓君校，吉林人民出版社，1997，第18页。

② 参见高芳《一份地球的体检报告——解读〈地球生命力报告2016〉》，《世界环境》2016年第6期。

③ 凡勃伦：《有闲阶级论——关于制度的经济研究》，蔡受百译，商务印书馆，1964，第31页。

④ O' Cass, A., McEwen, H., “Exploring Consumer Status and Conspicuous Consumption”, *Journal of Consumer Behaviour*, 2004, 4（1）.

之所以称作浪费，是因为这种消费从整体说来，并无益于人类生活或人类幸福”[①]。炫耀性消费对合理消费社会风尚的形成具有不良影响。

首先，炫耀性消费侵蚀了中华传统美德，消解了合理消费社会风尚的传统文化基础。在炫耀性消费中，人们不断追求更新换代的商品和商品背后的符号意义，忽视了商品的使用价值和交换价值，往往造成奢侈浪费。而中国传统消费文化中一直贯穿着“黜奢崇俭”的主线。《易经》中有“君子以俭德辟难”的说法，《左传》中亦有“俭，德之共也；侈，恶之大也”的说法。孔子则认为：“奢则不孙，俭则固。与其不孙也，宁固。”韩非子认为：“侈而惰者贫，而力而俭者富。”墨家则把节俭提到了治国的高度，提出“俭节则昌，淫佚则亡”。民间关于节俭的诗词、谚语、警句等更是不胜枚举，诸如“一粥一饭，当思来之不易；半丝半缕，恒念物力维艰”[②] 以及“谁知盘中餐，粒粒皆辛苦”等。显然，炫耀性消费崇尚的奢侈和铺张浪费之特点与中华传统美德所倡导的节俭背道而驰。同时，炫耀性消费强调的“物质至上”消费理念与传统文化中“精神至上”的消费追求与“天人合一”的生态理念也相背离。而中国传统的节俭美德既规范着人们消费行为的尺度，又渗透在人们的灵魂深处，引导着中国社会合理消费的发展轨迹。

其次，炫耀性消费引领错误风尚，造成攀比、炫耀等不良消费风气。炫耀性消费群体出于虚荣、攀比和过度享乐的动机，把经济实力等同于成功、尊荣和自己为社会所认可的程度，把不断消费和炫耀自己所购买的高档商品以及享受的高端服务作为人生不懈的追求和奋斗的目标。明星、新富阶层等具有消费示范作用的人群，其炫耀性消费行为往往会被其他阶层和群体模仿，一些人可能收入并不多，或为了模仿偶像，或为了寻求所谓的社会认同，节衣缩食甚至不择手段去购买与自己收入水平不相符的炫耀性商品。这种现象又会通过社会交往或交流不断扩散，于是，攀比、炫耀的不良消费风气在社会上悄然形成，成为制约我国合理消费社会风尚形成的主要因素。

2. “面子”文化及其对我国合理消费社会风尚形成的影响

由于中国传统社会是建立在亲情基础上的熟人社会，具有“关系导向性”的特点，“因此个体中国人可以说是关系的集合体，这种对个体的认识

① 转引自李时华、龚志民《从可持续发展战略看炫耀性消费》，《消费经济》2005 年第 1 期。

② 朱用纯、周兴嗣编《朱子家训 · 千字文》，兰州大学出版社，2004，第 2 页。

方式必然导致其对自身在关系结构中所扮演的各种角色、与角色相关的社会规范以及他人对自身角色扮演与转换的评价予以高度重视，其自尊感、荣誉感的产生在很大程度上也是外源性的，即来自他人与社会的认可，而且不可避免地要受到关系情境变化的影响”①。爱“面子”是中国人的文化传统。“鲁迅先生在杂文《说“面子”》中把‘面子’说成是‘中国精神的纲领’，认为只要研究透中国人的‘面子’就可以掌握中国人精神的实质。而另一位著名学者林语堂将‘面子’比喻成统治中国的三位女神（另两位分别是‘命运’和‘恩典’）之首。”② 注重“面子”是中国人的普遍心理，从“打肿脸充胖子——死要面子活受罪”“穿袜子没底——装面子”“擦粉上吊——死要面子”“不看僧面看佛面”等日常生活中的歇后语和谚语中我们不难看出，“面子”意识已经渗透到了国人生活的方方面面，在国人心目中具有重要地位。“由于面子代表了个人形象、身份、财富、社会地位、社会关系网络及其个人在他心目中的形象，面子具有的这种符号象征意义，使得面子成了一种符号资源。”③

在当今社会，中国人的“面子”文化已经嵌入了人们的日常消费中，正越来越影响着人们的消费行为和消费取向。实证研究表明，在消费档次上，“面子”文化对人们对于中高档产品的消费意愿影响很明显，消费比别人高档的商品更能提升自己的“面子”。由于低端商品对消费者显示“面子”具有副作用，所以“面子”文化对低端产品的消费的影响不是很显著。④ “面子”意识对消费者“追求完美、重视品牌、新颖时尚、购物享乐和习惯忠诚”5 种购物决策风格都有显著的正向影响。⑤“面子”意识同炫耀性消费行为各维度（地位展示、人际关系调节、物质享乐主义和群体归属交流）呈显著正相关。⑥ 中国人的“面子”观对奢侈品消费具有明显的影响。中国人在

---

① 戚海峰：《中国人消费行为中的面子问题探究》，《湖北大学学报》（哲学社会科学版）2009 年第 1 期。

② 余保刚：《消费主义与我国主流意识形态建设研究》，中国社会科学出版社，2017，第 68 页。

③ 姜彩芬：《面子与消费》，社会科学文献出版社，2009，第 132 页。

④ 陈刚：《面子文化对我国居民消费意愿的影响》，《商业研究》2016 年第 3 期。

⑤ 薛海波、符国群、江晓东：《面子意识与消费者购物决策风格：一项 70 后、80 后和 90 后的代际调节作用研究》，《商业经济与管理》2014 年第 6 期。

⑥ 袁少锋、高英、郑玉香：《面子意识、地位消费倾向与炫耀性消费行为——理论关系模型及实证检验》，《财经论丛》2009 年第 5 期。

奢侈品消费上同时受“想要‘面子’”和“怕丢‘面子’”两种动因的影响。

在现代社会中，获得“面子”符号资源的最简单、最有效的途径和主要表现是奢侈消费和炫耀性消费。显然这种消费的目的不是为满足人生存和发展之必要的需要，而是在社会交往中显示自己的身份与地位、财富与成功等，从而获得所谓的“面子”。正如有学者所指出的，“中国消费者的炫耀性消费主要受‘显示性动机’驱动：积极特质（如经济资源、权力感）表现越显著的中国消费者，越希望通过公开消费来积极地表现自我（更多的炫耀性消费），向其他参照群体成员显示自己的优秀特质，从而实现其特定的心理需求，如支撑身份与地位、维护和强化面子、赢得异性的青睐等”①。在爱“面子”心理的作用下，新富阶层热衷于购买豪车、别墅、私人飞机，通过奢侈消费来显示自己的成功与社会地位；在爱“面子”心理的作用下，农民不惜举债把房子盖得高大雄伟，装修得富丽堂皇，因为在农村房子是装点门面的最主要工具；在爱“面子”心理的作用下，年轻一族会不断模仿消费偶像在频繁更新换代中追逐时尚幻影；在爱“面子”心理的作用下，普通民众也会在诸如出生、结婚和过世等人生的重要时刻大操大办：孩子出生要举办满月酒，结婚要举行结婚庆典，亲人过世要举行葬礼，仪式隆重、招待奢华才有“面”儿。下面是《北京晚报》关于“‘面子’婚礼”的一则报道。

“资深婚礼策划师王坦每天都要接待许多新人，在他的眼中，新人们对于举行婚礼的攀比之心越来越重。据王坦介绍，婚礼分为农村式婚礼和酒店式婚礼。所谓的农村式婚礼，就是在北京的一些区县中，以流水席作为招待方式：‘可别小瞧了这流水席，费用可高着呢。’‘一般农村的婚礼都要大办三天，要摆三天的流水席。’王坦说，三天的流水席在180桌左右，每桌不包括酒水大约1000元，‘光酒席就要20多万元，杂七杂八的算下来，很多农村的婚礼都要四五十万元。有的人还要摆一周的流水席，费用就更高了’。在酒店式婚礼中，豪华车队、主题婚礼、摄影团队、视频制作、主题道具等都是婚礼中费用的重头。王坦说，有的新人想要举行一个海洋的主题婚礼、牧场的主题婚礼等，这样需要布置场景，费用都比较高。‘现在这样的主题婚礼都很流行。包括酒席和婚礼前的采购，一场婚礼下来，平均都要将近20万元。’‘现在的婚礼攀比之风越来越盛。我认识几个准备结婚的人，竟然在

① 袁少锋：《中国人的炫耀性消费行为：前因与后果》，中国经济出版社，2013，第102页。

相互比较婚礼时谁家的车队更长、豪车更多，谁家的场面更大，酒店星级更高。’28 岁的李楠周围许多同学朋友都准备结婚，在他看来，许多人就算没钱，借钱也要打肿脸充胖子，‘真搞不懂这婚到底是自己的事，还是结给别人看的’。王坦也曾经遇到过许多啃老办婚礼的年轻人，家里条件一般，但是非要把婚礼办得很奢华，‘老人都是咬着后槽牙在办，都动了自己的老本儿了’。一位家长曾对王坦说，办差了要让别人说闲话，为了自己和子女的面子，只好咬咬牙，‘攀比的心理很严重，家长不得不花那么多的钱，许多人都是超负荷运作’。”①

总之，“面子”文化不仅深刻影响着中国人的消费价值取向和消费行为意向，其也是炫耀性消费和奢侈消费的有力驱动因素，与消费主义有着许多共通之处，二者相互渗透，成为阻碍我国合理消费社会风尚形成的主要文化因素。

四　现代传媒的消费主义诱导

传媒主要是指传播各种信息资讯的媒体。现代传媒主要包括报纸和杂志等纸类、广播电视等音频和视频类，以及现代计算机网络。改革开放以后，在社会主义市场经济的大潮中，媒体的性质发生了显著变化，不再隶属于党委和政府的企业性质的传媒大量出现，这些媒体实行企业化管理，独立参与市场竞争，日常收入主要靠广告等经营性项目，显然，对这部分媒体而言，广告赞助是其至关重要的收入来源。媒体上的广告的目的非常清楚，就是把商品推销出去。

铺天盖地的广告通过现代传媒制造永无休止的消费需求，不断煽动和激发人们的消费欲望，培养人们消费主义的消费观和生活方式。正如有学者所指出的，“商业电视和广告的扩大是培养需求的两个主要动力”②“广告既不让人去理解，也不让人去学习，而是让人去希望”③“广告的效用主要是引诱

① 《当民风被奢靡浸染　理性消费需更加重视》，http://www.takefoto.cn/viewnews-46752.html。

② 艾伦·杜宁：《多少算够——消费社会与地球的未来》，毕聿译，刘晓君校，吉林人民出版社，1997，第 95 页。

③ 让·鲍德里亚：《消费社会》，刘成富、全志钢译，南京大学出版社，2014，第 119 页。

你买东西，刺激你的欲望，你就是这样的被引诱”①。如元利星河的广告文案“生命中的每一刻，都该是顶级豪情享受，换未来精选第一排名宅，换生活让每一刻都是休闲，无价豪宅只站首排舞台”②，极尽渲染享乐主义及物质社会中的高端上层生活。

随着新媒体③的迅速发展，媒介与媒介之间的技术壁垒被打通，报纸、杂志、广播、电视等诸多媒体实现了形式上的融合，受经济与商业逻辑的支配，媒体与资本实现合流，消费主义思潮在新媒体平台裂变式传播，其主要表现及原因如下。

1. 新媒体传播的随时性和碎片化使得消费者浸淫在消费主义的虚幻景观中

新媒体“24 小时在线的泛在网络”④ 特点使人们随时随地接收着媒体播报的各种消费信息，因时间零碎而信息又太多，受众无暇反思消费信息的内容，其结果是媒体展现的碎片化消费景观很容易俘获受众。如对于明星富豪的奢华婚礼、豪华住宅等通过新媒体进行大肆渲染报道，受众不知不觉就会接受、认同并渴望这种生活状态和消费方式，并沉浸在虚幻的消费景观中，成为丧失批判精神的单向度的人，而这，正符合商家的意愿，以至于“这种‘景观社会’构建成为资本主义经济发展的一种内在必然逻辑——在‘利用饥饿来实现对被剥削阶级的统治已经是资本主义上个阶段的陈年旧事了’的当代社会，景观构建成为消费主义社会的关键环节”⑤。

2. 新媒体搭建的便利平台成为诱导消费主义不断浸淫的助推剂

以智能手机为代表的移动新媒体，可以让消费者在上下班途中、就餐前等任何闲暇时间都可以购物，避免了传统到商场和购物中心购物的奔波之辛苦，同时也大大节约了时间，加之当前网络购物的付费方式基本是非现金支付，很大程度上弱化了人们的理财意识，以至于人们在不知不觉中就成为“负债一族”。曾经

① 埃里希·弗罗姆：《健全的社会》，蒋重跃等译，国际文化出版公司，2003，第 141 页。

② 参见戴世富、王颖《房地产广告中的消费主义倾向研究》，《当代传播》2011 年第 2 期。

③ 新媒体是指数字技术在信息传播媒体中应用所产生的新的传播模式或形态，以数字化、交互式、虚拟性、开放性为基本特征。参见林于良《新媒体时代消费主义生活化传播与青年价值观教育》，《山东行政学院学报》2018 年第 1 期。

④ 吴义周：《消费主义的移动新媒体传播及其引导》，《思想教育研究》2017 年第 5 期。

⑤ 徐尚青、潘元金：《移动新媒体时代的拍客对“景观社会”的构建》，《新闻界》2012 年第 22 期。

被频繁曝光的大学生“裸贷”事件，是因为大部分大学生有着攀比炫耀的虚荣心，进行借贷消费又无力偿还，其本质是为满足自己膨胀的消费主义欲望。

在消费主义中，炫耀性消费是其主要表现，而炫耀性消费最大的特点是要让别人了解自己生活的奢华，进而让别人羡慕自己。网络与各种社交软件为炫耀性消费提供了理想的传播平台。于是各种网络炫富成为媒体报道和社会关注的热点，如郭美美炫富事件，“虽然媒体大多以负面评价看待郭美美的炫富行为，但仍旧有媒体刨根问底地去追查郭美美的生活富裕程度，导致文章用了大量篇幅来描写郭美美拜金虚荣的生活，无形间弱化了批判态度，增加了媚金意味”①。当然，一些媒体为吸引受众、增加收入，专门浓墨重彩地报道“炫富性新闻”②。

3. 新媒体信息“把关人”缺失，引发消费者价值选择困惑

由于新媒体具有的虚拟性和开放性特点削弱了信息“把关人”作用，人人都有“自由言说”的说话权和无须使用真实身份的“自由”，这使得个体的言论肆无忌惮，传播者可以对信息进行随意解构或重组并向周围发布，充斥其中的消费主义亦随之开始裂变式传播。对于各种良莠不齐的消费思想和消费行为，消费者往往会出现实际的价值选择困惑，对主流意识形态所倡导的消费价值取向也会产生疏离之感。

4. 媒体从业者职业责任的缺失使得消费主义大行其道

法国传播学家贝特朗指出：“新闻传媒业需要深刻意识到自己的根本职责是为全社会公众提供良好服务。”③ 消费时代，现代媒体从业者的最根本职责是为受众提供良好的服务，其应该承担的责任与义务为：一是不得损害公民作为媒介消费者理应享有的合法权益，二是努力创优。④ 这就是说，媒体从业者必须对报道和传播的产品质量负责，对受众对象的身心健康负责。然

---

① 王曾豪：《“炫富性新闻”的伦理困境探究》，《传播与版权》2017 年第 7 期。

② 所谓“炫富性新闻”，就是媒体对社会上一部分人非理性的炫耀性消费或奢侈性消费行为，以及与金钱、财富、富人生活、上流社会众生相等内容相关的新闻进行的报道。参见范玉吉《炫富性新闻与传媒的社会责任》，《山西师大学报》（社会科学版）2011 年第 1 期。

③ 克劳德 - 让 · 贝特朗：《媒体职业道德规范与责任体系》，宋建新译，刘振琪校，商务印书馆，2006，第 6 页。

④ 宋小卫：《媒介消费的法律保障——兼论媒体对受众的底限责任》，中国广播电视出版社，2004，第 231 ~ 232 页。

而，在市场化背景下，一些媒体从业者为了“收益”和满足受众的感官诉求，忽视自己所应当承担的社会责任。甚至有些媒体从业人员刻意渲染明星、富二代的奢华生活，这样的报道往往使处于较低层次的受众羡慕进而在行动上开始效仿，一定程度上助推了“物质至上”“拜金主义”的不良消费风气，阻碍了我国合理消费社会风尚的形成。

五 主要群体的消费行为失范

马克思说，人的本质“在其现实性上，它是一切社会关系的总和”①。种种的社会关系使得人们结成不同的群体。群体是人存在和发展的重要形式，即人的思想行为必然受到群体的影响与制约，社会发展规则、意识等只有通过群体才能影响个人。群体对人的影响的重要性直接决定了要在全社会范围内形成合理消费社会风尚。对当前以奢侈浪费为主要特征的不合理消费风气加以矫治，抓好示范群体和社会主要群体最为关键。

“消费在本质上是一个他者引导的活动。”② 现在，合理消费作为一种更理性的消费选择，更需要“他者”的引导。政府官员群体、明星群体和商人群体的显性地位使得他们毫无疑问地肩负起了这一引导责任。但是，受市场化、全球化等的影响，政府官员群体、明星群体、商人群体中的一部分人的消费行为失范现象明显，大学生群体和农民群体也存在明显的不合理消费取向，这些都对我国合理消费社会风尚的形成具有消解作用。

1. 部分领导干部的消费失范

领导干部群体因言行具有公众性、公共性、领导性及权威性，因此是我国最重要的示范性群体，在消费方面他们应该在合理节约、理性消费、生态消费、合理享受等诸多方面起带头作用，成为理性消费的引领者。③

---

① 《马克思恩格斯文集》第一卷，中共中央马克思恩格斯列宁斯大林著作编译局编译，人民出版社，2009，第501页。

② 柯林·坎贝尔：《求新的渴望》，载罗钢、王中忱主编《消费文化读本》，中国社会科学出版社，2003，第270页。

③ 参见何云峰《政府官员作为示范性群体对社会风气的引领作用》，《探索与争鸣》2013年第12期。

但是改革开放以来，一些领导干部在纷繁复杂的各种诱惑下逐渐忘记了我党勤俭节约的光荣传统，在消费中逐步滋长了奢靡之风[①]，具体表现在两方面。一方面是公职身份的奢靡，用纳税人的钱，打着公务的旗号，为“自我”享受进行奢靡消费。“在公务活动中讲排场、比阔气、搞变通，超规格、超标准接待，住高档酒店，吃山珍海味，喝美酒佳酿，导致公款消费数额惊人，餐桌上的浪费触目惊心。”[②] 另一方面是个人生活的奢华。“一些党员干部热衷于个人享受，生活要求越来越高，房子不厌其宽敞，车子不厌其豪华，菜肴不厌其精美，穿戴讲究名牌，成为奢侈品消费的重要群体。有的手持数额不小的会员卡、消费卡，活跃于高档会馆，流连于高级运动场所，乐此不疲，醉生梦死。”[③] 造成领导干部消费中的奢靡之风的原因是多方面的，既有制度方面的原因，也有认识方面的原因；既有个人层面的原因，也有社会层面的原因。主要表现在如下几个方面。一是不合理的消费观。在一些人看来，现在生活条件好了，物质产品丰富了，就不需要勤俭节约了。殊不知，在我国，依然还有大量的人口生活水平依然很低，而且制约我国经济社会可持续发展的瓶颈依然是资源短缺，每个人都应该节约资源和保护环境。二是错误的人生观。少数领导干部把追求享乐作为人生的目标，认为人就应该享受生活，只有在享受中才能够体现人生的价值，于是不断追求奢华的物质生活，满足生理感官的刺激。三是制度执行不力。为规范领导干部和国家公职人员的消费行为，尽管相关部门制定了一系列的制度规范，但由于缺少严格的问责和惩治措施，落实起来问题重重。

部分领导干部在消费中的奢靡，不仅浪费了大量资源，而且败坏了消费风气。领导干部的奢靡之风严重损害了党的形象，破坏了党风。而党风对整个社会风气具有风向标的作用。领导干部的奢靡之风，必然会催生和助长社会上贪图享受、铺张浪费的不合理消费风气。

党的十八大以来，尤其是随着改进工作作风、密切联系群众的中央“八项规定”工作的落实，在中央领导集体率先垂范下，各级党政机关领导干部基本能做到紧紧跟上。然而时下，在领导干部消费方面依然部分存在奢侈浪费等消费失范现象。据中纪委公布的数据，截至2017年3月31日，“全国共

① 这里的奢靡之风主要指的是物质消费方面的奢靡。

② 蒋斌、陈金龙：《杜绝奢靡之风》，《求是》2013年第17期。

③ 蒋斌、陈金龙：《杜绝奢靡之风》，《求是》2013年第17期。

查处违规公款吃喝问题 1.2 万多起，处理 1.8 万多人，给予党政纪处分近 1.3 万人。其中八项规定实施以来至 2013 年底查处 1134 起，处理 1206 人；2014 年查处 873 起，处理 1462 人；2015 年查处 4761 起，处理 6591 人；2016 年查处 5229 起，处理 7964 人”①。

当前，领导干部群体在我国合理消费社会风尚形成中的消费失范行为主要表现在两个方面。一方面，少数领导干部把中央禁令当“耳旁风”，依然奢侈浪费严重。中石化原总经理公款宴请同学，一顿饭就消费了 4 万多元。重庆彭水县大同镇一些领导从 2016 年开始经常去一家民营酒楼吃喝、招待，喝郎酒、抽中华烟、吃野味，后做假单，留下 2 斤白条约 14 万元没支付。②还有一些领导干部，通过大操大办子女婚礼等借机敛财，如 2016 年据《中国纪检监察报》报道，福建省闽侯县公安局一干部大操大办其子婚宴，违背向县委组织部报备的“设宴 15 桌，每桌标准为 2000 元”安排，变为“婚宴当天实际宴席桌数超出报备数 16 桌，每桌费用 4621 元，超出报备金额 2 倍”③。2017 年 5 月 2 日，沈阳市纪委通报了市行政执法局人事教育处 5 名干部因大操大办受到党内警告处分的问题。领导干部本应带头自觉精简操办婚丧事宜，以引领我国合理消费社会风尚，然而，诸如上述一些领导干部的大操大办行为却严重阻碍了我国当前合理消费社会风尚的形成，也不利于向善向上社会风气的形成。

另一方面，一些领导干部为逃避惩处，对违规公款消费进行花样翻新，隐形变异现象仍然突出。据中纪委统计，从党的十八大召开至 2017 年 3 月底，中纪委、湖北省纪委、武汉市纪委分别通报曝光违反中央“八项规定”精神典型问题，“公款吃喝隐形变异问题多达 48 起，占通报曝光公款吃喝典型问题的 56.5%，比重相对较高”④。结合通报曝光的问题，中纪委对当前公款吃喝隐形变异形式概括为四个方面：一是吃喝地点掩人耳目的“隐蔽化”；

① 《中纪委：公款吃喝现象正在得到有效遏制》，http：//www. xinhuanet. com/legal/2017 - 05/10/c_1120947599. htm。

② 《公款吃喝白条两斤　网友直呼：吃啥好东西了》，https：//news. china. com/news100/1103 8989/20180727/32738080. html。

③ 侯季宣：《福建省闽侯县公安局一干部大操大办其子婚宴、违规收变礼金被查处》，http：//fanfu. people. com. cn/n1/2016/0718/c64371 - 28562273. html。

④ 武纪研：《从通报问题看，换了马甲的公款吃喝该怎么治》，《中国纪检监察》2017 年第 9 期。

二是资金来源腾挪闪躲的“虚假化”；三是行为方式暗度陈仓的“迂回化”；四是寻找借口巧妙包装的“漂白化”。显然，公款消费的隐形变异一方面说明了领导干部的不合理消费在高压下的“不敢”嚣张，另一方面说明了仍有领导干部心存侥幸地继续在进行以奢侈浪费为特点的公款消费，造成了资源的极大浪费，阻碍了我国合理消费社会风尚的形成。

2. 明星群体的消费失范

在大众传媒日益普及的消费社会，明星常常被塑造成社会的消费偶像而处于消费的顶端，指引着消费的方向，而“偶像对相关产品是最具号召力、最响亮的品牌”①。因此，明星群体的消费取向和消费选择对我国合理消费社会风尚具有重要的引领作用。

改革开放40余年来，我国社会生产力水平的不断提高和物质财富的极大丰富使人们从之前的压抑性消费转向了释放性消费。明星是我国典型的高收入群体，其片酬或出场费动辄几百万元，甚至上千万元，明星群体日渐成为我国释放性消费的“领头羊”。但是，不少明星挥金如土、攀比炫富，一定程度上助长了挥霍浪费的奢靡之风。其不以社会生活为目的，在社会资源的供给量有限的条件下的过度消费，不利于我国合理消费社会风尚的形成和社会的可持续发展。

明星群体的奢靡消费主要表现如下。

一方面，追求极端奢靡的物质消费。一些明星为了炫富和炒作进行极端的物质消费，极度奢靡，购买豪宅、豪车、奢侈品等。“近年来，明星们一个个古堡婚礼、水上婚礼、海岛婚礼花样翻新、形式各异，逐渐成为娱乐新闻里的重大事件。然而，在喜庆热闹的婚礼背后，弥漫的却是极尽能事的奢靡、炫富和炒作。价值几百万元的凤冠霞帔、千万豪车和钻戒、用几架飞机从世界各地运抵的几十万枝鲜花和各式美味珍馐……在一大批生产商的赞助下、几十甚至上百家媒体的报道中、上亿网友的话题讨论中，这些婚礼已经不是传统意义上那种见证爱情的神圣仪式，而演变成满足全民窥视欲望的媒介狂欢和商业味儿十足的宣传营销，在社会上刮起一阵阵炫富八卦的不良风气。”② 鉴于明星婚礼的奢侈、铺张，《人民日报》专门发文呼吁：明星婚

① 米切尔·J. 沃尔夫：《娱乐经济——传媒力量优化生活》，黄光伟、邓盛华译，光明日报出版社、科文（香港）出版有限公司，2001，第39页。

② 赵风兰：《明星奢华婚礼：浪漫还是浪费》，《光明日报》2016年8月29日，第14版。

礼，别办成消费“封神榜”！

明星，作为社会价值和消费风尚的引领者，其过度追求奢靡消费的行为无疑会向整个社会蔓延，严重侵蚀我国合理消费社会风尚的形成，也造成我国社会资源的浪费和生态环境的恶化。

另一方面是重感官刺激、轻精神生活的消费取向。马克思主义消费理论认为，人的消费包括物质生活的消费和精神生活的消费两个方面，人区别于动物的根本是人有更高层次的精神生活追求。当前，部分明星存在重感官刺激、轻精神生活的消费取向，其典型表现是精神空虚、信仰缺失、寻找短暂的快感和刺激。

作为社会价值和消费风尚的引领者，明星的言行无形中塑造并诠释着“什么是幸福生活”，他们言行中透露出来的“消费唯奢”的观念正在不断侵蚀着我国合理消费社会风尚的形成，使受影响者日渐重物质消费而轻精神消费，使人们日渐“以物为本”。明星群体对我国合理消费社会风尚的形成和主动引领尤为重要。

3. 商人[①]群体的消费失范

在社会主义市场经济条件下，商人群体往往具有两重身份，一重是购买商品的消费主体，另外一重是商品经营者或销售者。商人群体作为重要的消费群体在某种程度上具有“消费领袖”的特征，其消费取向很大程度上影响着人们的消费取向和消费选择。然而，商人不同于普通消费者的关键之处在于其是商品经营者或销售者，换句话说，以追求利润为第一目标是商人存在之根本。因此，商人的消费取向和消费选择往往以物质利益至上为标准。当前，商人群体阻碍我国合理消费社会风尚形成的主要消费取向及表现如下。

首先，奢侈性消费、炫耀性消费现象凸显。在商人群体的消费行为中奢侈性消费、炫耀性消费比较突出。一方面，社会主义市场经济使商人群体迅速积累了雄厚的资本，拥有了购买奢侈品的经济基础，加之，一部分商人群体存在享乐主义价值观，“在享乐主义效应的驱使下，消费者将享受快乐作为人生的终极追求目标，钟情于能够带给其强烈愉悦感受的奢侈品及品牌”[②]。另一方面，作为消费主体的商人群体为了得到他人和社会的肯定和认

① 根据研究需要，文中的商人是指广义上的商人，指的是各种从事实业活动以谋取利润的人，通常包括私营企业家、个体工商户、经理人员。

② 王菲编著《奢侈品消费者行为学》，对外经济贸易大学出版社，2012，第62页。

同，提高其社会地位和凸显其经济地位，奢侈性消费成为其主要选择。比如在商业活动或是进行商业洽谈中，为了在陌生的商业伙伴面前立竿见影地证明自己拥有雄厚的经济实力，在碰面的“一瞥中”使对方认同自己及自己的实力，名牌服饰、豪车等奢侈品往往是商人包装的“必备武器”。很多商人认为良好的“印象”是之后商业洽谈和开展合作的前提，是其获取利润的必要手段。当然，也有一些商人的消费行为具有明显的炫耀性特点。

其次，隐藏于人情消费中的贿赂性消费趋势明显。人情消费简单地说是在日常生活中为维系人与人之间感情的消费支出，它是当今中国社会的一种普遍现象，广泛存在于社会各群体、各阶层。毫无疑问，商人的人情消费可以有效帮助商人联络感情、广交人脉、了解商业行情，并最大限度地利用其人际成本，为事业的发展、利益的最大化提供保障。但商人群体所具有的独特的“利”字为先的本性，会投射到一部分商人群体的消费行为中，使部分商人的人情消费逐步演变为贿赂性的“投资”，主要表现为行贿领导干部为其各种消费买单，诸如在高档餐厅以及会所的宴请招待、出国旅游、为其购买奢侈品及豪车豪宅等。人民论坛关于“官商勾结长期存在的原因有哪些”的调查结果显示，“权力监督制度不够健全，官员‘职权’变为‘特权’”、“市场经济的规则没有真正建立或执行，官员权力太大”和“社会上‘当官发财’观念根深蒂固，对官商勾结见怪不怪”三项得票率分别为73.9%、65.4%和59.2%，位居前三。[①] 由此，我们认为部分商人在人情消费中贿赂性消费趋势明显的主要原因是政府仍旧掌握着很多制约商人发展的权力，加之权力监督机制的不完善和市场经济规则的不完善，面对“官员一个批条就能给自己带来几百万元的财富”[②] 的巨大诱惑，不少商人加入了贿赂性消费的行列。

最后，符号消费流行。中国社会现在已经步入了大规模消费的阶段，市场经济的发达和商品的充裕，使消费活动在建构和维系社会关系中所发挥的作用越来越大。如有学者所指出的：“人们在消费不同物品时‘物体就讲出了大量关于它们的占有者的社会身份’。不同凡响的地位正是消费者所追求的品位以及差异所带来的社会认可，这是人们的消费愉悦与消费满足的来

① 潘丽莉、高骊：《64.6%受访者认为官商勾结现象严重》，《人民论坛》2015年第7期。
② 潘丽莉、高骊：《64.6%受访者认为官商勾结现象严重》，《人民论坛》2015年第7期。

源。消费就这样把人整合进社会。”① 商人们“广交人脉”的从业特点和“逐利”的本性使得其在消费中不断追逐符号消费，并试图在“社会的差异秩序”中占据有利位置。鲍德里亚指出：“通过物体，每个人与每个团体都寻找着他/她在秩序中的位置，所有的人都根据个人的轨道来尽力贴近这个秩序。”②“消费者在消费中……通过在差异秩序中占据一席之地，每个人都在维系这一秩序，因而都只能在该秩序中处于一个相对的位置。”③ 美国作家福塞尔也曾讲到，不同的消费行为，折射出不同的社会等级。在市场经济不断发展的当下，拥有了财富的商人在购买商品时越来越看中商品的符号价值。借助商品的文化内涵及其符号价值来表现自己独特的个性和品位，彰显自己的与众不同和卓尔不群。诸如商人消费天价酒、天价茶等所谓的“天价”商品时，其实他们消费的是“天价”而不是商品，对他们而言，品牌、高档产品所代表的可靠、安全、耐用等物的方面的因素已经不是他们购买物品时所考虑的首要因素，他们消费的是代表社会地位、社会身份的所谓的符号。符号消费成为商人群体消费的流行趋势。

显然，商人群体的上述消费行为是对生态资源的过度耗费，会引发资源短缺、环境恶化等诸多生态危机，正如鲍德里亚所说：“所有社会都是在必需的范围内浪费、侵吞、花费和消费。简单的道理是，个人与社会一样，在浪费出现盈余或多余情况时，才会感到不仅是生存而且是生活。这种消费可以发展为‘消耗’，是地地道道的破坏，而且具有特别的社会功能。”④

4. 大学生群体的不合理消费取向及其表现

当代大学生成长于一个消费主义盛行、物质丰裕、价值多元、网络信息爆炸、新事物层出不穷的开放时代。特殊的成长环境，使他们具有鲜明的开放、独立、包容、张扬、享受之个性特征。同时，在西方消费主义和现代媒体的操控下，大学生冲破消费能力滞后的矛盾制约，出现了明显的不合理消费行为。从影响我国合理消费社会风尚形成的视角来看，当代大学生主要的

① 吉志鹏、朱泽东：《批判与启示：符号消费的生态困境及绿色发展》，《云南行政学院学报》2018 年第 1 期。

② 转引自仰海峰《走向后马克思：从生产之镜到符号之镜——早期鲍德里亚思想的文本学解读》，中央编译出版社，2004，第 155 页。

③ 尚·布希亚：《物体系》，林志明译，上海人民出版社，2001，第 186 页。

④ 让·鲍德里亚：《消费社会》，刘成富、全志钢译，南京大学出版社，2014，第22 页。

消费取向表现在以下几个方面。

（1）消费异化出现并有不断蔓延的趋势

人作为消费的主体，在消费活动中应该是自由的、自主的。但是，在大学生消费中，却出现了主客体分离乃至对立，即作为客体的商品成了控制人的一种异己力量，而作为消费的主体——大学生，则丧失了自由性和自主性，表现为消费异化。因为消费不再是为了满足需要，而是为了“强迫性和非理性的目的，人们只有依赖消费这一‘外在力量’才能获得生存的意义”①。从鲍德里亚符号学视角来理解，就是大学生消费商品不仅仅是为了商品的使用功能、满足自身的基本生活需要，更重要的是“把物视为突出自己身份的符号”②，通过消费或者浪费来寻求自身的归属感和满足感。

大学生出现消费异化现象的主要原因有两方面。一方面是消费主义的盛行。当前，消费主义向世界范围的扩张和渗透因网络化、信息化和国际范围内的广泛合作与交流而加速推进，中国在全方位对外开放的大潮中不可避免地也受到其影响。消费主义的盛行，使得部分大学生沉溺于符号消费、品牌消费等物质消费中。在大众媒介和商品生产者不断的刺激和诱导下，虚假的消费欲望和消费需求使得部分大学生完全失去了自主性，消费不再是其生存与发展的手段，而成为最终目的。另一方面是改革开放40多年的发展，使丰富的物质资料不断地被创造并迅速积累着，部分大学生的物质需求得到空前满足，进而开始追求商品所包含的符号价值。据笔者对所教学生的调查发现，有相当一部分大学生存在父母给的生活费花不完的现象，这应该是大学生追求符号消费的经济基础，当然，在虚荣心和攀比心理的作用下，个别大学生在物质需求没有得到满足的情况下，也会追逐符号消费。因为“消费在本质上是一个由他者引导的活动，起支配作用的是社会地位的保持或者提高”③。尤其是对具有“集聚”和“共居”特点的大学生群体而言，表现更为突出。因为“在我们所从属的这个作为一个整体的共同体中会存在一个统一的自我。构成一个完整自我的各种基本自我，是与所有各种不同的社会反应性相对应的”④。每个大学生都从属于不同的“小群体”（或称为参照群

① 埃希利·弗洛姆：《健全的社会》，欧阳谦译，中国文联出版公司，1988，第136页。

② 让·鲍德里亚：《消费社会》，刘成富、全志钢译，南京大学出版社，2014，第41页。

③ 罗钢、王中忱主编《消费文化读本》，中国社会科学出版社，2003，第270页。

④ 乔治·赫伯特·米德：《心灵、自我与社会》，霍桂桓译，华夏出版社，1999，第47页。

体)，如果这一群体与相对应的不同自我之间发生冲突，则会导致人们的思想抑郁甚至人格分裂。有学者将同班或同届的同学群体称作“基准比照群体”，并指出“基准比照群体”在很大程度上影响他们的获得感或引起相对剥夺感。[①] 为了融入“基准比照群体”，大学生个体会想尽办法去迎合和顺从该群体。

(2) 非理性的超前消费、负债消费日渐增多

2016 年，有学者对我国 31 个省（区、市）40 所高校的本科生进行问卷调研，结果表明，“13.6% 的大学生认为自己是‘超前消费者’，10.8% 的大学生表示可以接受并愿意‘借债消费’。被问及是否接受通过网络借贷进行消费时，11.6% 的大学生表示接受，10.9% 的大学生表示当经济拮据时会通过各种渠道维持原有的消费习惯和水平”[②]。2016 年大学生消费趋势报告显示，“三成以上学生生活费不够花，39% 的学生身边有人使用校园贷，半数以上学生参与理财活动，高校连续多年成为金融诈骗重灾区”[③]，这表明非理性的超前消费、负债消费已经为部分大学生所认可。值得注意的是，近年来校园网贷以其“门槛低”“便捷化”的特点深受大学生欢迎，部分大学生通过网贷获得了不为父母所控制的“财权”，他们少则贷千元，多则贷万元，致使一些缺乏自我管控能力或不善于理财的学生陷入“债务泥潭”，由网贷引发的校园悲剧屡屡上演。这再次说明了大学生群体的非理性的超前消费、负债消费日渐增多。究其原因主要有如下几个方面。首先，大学生虽已成年，但由于经济不独立，未彻底进入社会，因此，从理论上讲，其消费观念和消费取向尚介于理性和非理性之间。在现实生活中，大学生善于追求潮流、渴望被别人关注和认可的个性特点，使一部分大学生的消费常常受到非理性因素的影响。其次，各种网贷平台的发展与网络购物分期付款形式的出现，使大学生超前消费和负债消费成为可能。在新产品层出不穷的当下，大学生的消费欲望不断受到媒体和同学的刺激，但大学生有限的经济来源大都无法满足其被不断刺激起来的消费欲望，而网贷和网络购物分期付款则方便快捷地解决了“缺钱”的现实与“花钱”的理想之矛盾，使一些大学生有条件体验“花明天钱，圆今天梦”的“即时满足感”。再次，多样化的业余生

① 王宁：《消费的欲望：中国城市消费文化的社会学解读》，南方日报出版社，2005，第 77 页。
② 林明惠：《大学生网贷消费行为调查分析及引导策略》，《思想理论教育》2017 年第 5 期。
③ 宛诗平：《准大学生不妨先上好“消费课”》，《兰州日报》2017 年 8 月 16 日，第 5 版。

活可能是大学生超前消费和负债消费的重要原因。现在的大学生虽然主要的任务依然是学习，但他们却有着丰富多彩的业余生活。通过访谈我们发现，可能会导致大学生超前消费和负债消费的业余活动大致包括社交（含恋爱）、购物、网络（网游）等几个方面。现在高校校园里流行“人际关系投资”，诸如谈恋爱、同学朋友过生日、比赛获奖、当选学生干部、拿奖学金等都得“意思意思”，否则便被视为“不会做人”“情商低”“没人缘”。这种不合理的“人际关系投资”现象在大学校园里已经蔚然成风。最后，“保姆式”家庭教育致使大学生规划和理财能力不足。出生于新世纪的大学生，家庭生活条件普遍提高，且多数都是独生子女，是父母的掌上明珠，真所谓“含在嘴里怕化了，捧在手里怕摔了”。父母出于对孩子的疼爱，不肯让孩子吃苦，为孩子包办一切，具体体现在两方面。一方面，对于孩子的物质需求，父母“有求必应”。有的父母对超出自己能力的要求也竭尽所能予以满足，导致孩子产生“花父母的钱理所当然”的错误认识，不懂得体谅父母挣钱的辛苦，以致进入大学后不懂得节俭。另一方面是很多家长忽视了对孩子生活自理能力和理财能力的培养。为保证孩子有更多学习的时间和精力，父母自愿担当“全职保姆”，从学习用品到吃穿住用等生活用品，父母全部包办。这导致孩子进入大学后，生活比较懒惰，生活自理能力和理财能力较差。这也是一些大学生一个月就把父母给的一学期的生活费全部花光，以至于变成“吃土少女”“吃土少男”的重要原因。当然所谓的“吃土”只是戏谑的说法，部分大学生的现实选择却是负债继续消费。

（3）以节约资源与保护环境为特点的绿色消费行为不足

近年来，很多研究成果通过实证调查的方法对高校大学生绿色消费现状进行研究分析，得到的基本一致的结论是尽管多数大学生都认同和支持生态文明建设所倡导的文明、节约与环保消费取向，但在实际生活中仍然存在不少浪费和导致环境污染的消费行为。郝文斌、任雅媛的调查研究表明，在一次性用品的使用问题上，表明自己在日常消费过程中会经常或偶尔地使用到一次性产品的学生占95.4%，只有4.6%的学生表示在消费过程中从来不会使用一次性产品。[①] 徐晓飞对北京6所高校大学生的低碳消费行为的调研表

① 郝文斌、任雅媛：《大学生绿色消费观的培育策略》，《黑龙江高教研究》2016年第10期。

明，“认为平时会用手帕代替纸巾的学生占35.29%，认为去超市购物时会自己带布袋的学生占37.72%。……部分学生认为这样做给自己带来了生活上的不便”[①]。王超善、冯磊东对长三角地区高校大学生的调查研究表明，“仅有16.0%的同学会经常性地选购绿色产品，63.8%的同学只是偶尔购买”[②]。

综合笔者的访谈和现有的研究成果，我们认为制约大学生绿色消费行为的主要因素有三。一是大学生对以节约资源与保护环境为特点的绿色消费的关注度不够。如对长三角地区高校大学生的调查显示，“制约大学生绿色消费行为的因素多集中于绿色产品的识别，占总体的37.1%；其次为价格及相关产品的差异度，分别为16.8%和19.3%”[③]。而且笔者通过访谈也了解到，大多数学生不能正确辨认绿色食品标志。二是大学生购买力有限。由于多数大学生经济不独立，生活来源主要靠父母有限的供给，而绿色产品往往因制造成本较高而价位较高，比如一款耗能较低的电子产品在价格上往往比耗能较高的贵几十元甚至上百元，大学生有限的经济实力最终促使其选择耗能较高的便宜产品。三是家庭绿色消费教育和校园绿色消费教育缺乏等外在因素的影响。郝文斌、任雅媛的调查显示，被调查同学中表示所在学校会经常开展有关绿色消费的课堂教学的占比26.3%，而表示所在学校偶尔或从未开展过有关绿色消费的课堂教学的占比35.1%。在学校绿色消费的实践活动方面，被调查同学表示所在学校会经常开展有关绿色消费实践活动的占比30.7%，表示对此并不清楚的同学占37.8%，表示所在学校偶尔或从未开展过有关绿色消费实践活动的同学占比31.5%。从家庭在绿色消费教育方面的影响来看，表示父母会经常对自己进行绿色消费教育的学生占比42.6%，表示自己对此不能确定的学生占比22%，表示父母偶尔会对自己进行绿色消费教育的占25.1%，而超过10%的学生则表示父母从来不会这样做。[④]

5. 农民群体的不合理消费取向及其表现

改革开放以来，尤其是当前随着乡村振兴战略的持续推进，我国农村

---

① 徐晓飞：《大学生低碳消费状况的调查研究》，《现代管理科学》2018年第6期。

② 王超善、冯磊东：《长三角地区大学生绿色消费现状及对策研究》，《浙江工贸职业技术学院学报》2018年第4期。

③ 王超善、冯磊东：《长三角地区大学生绿色消费现状及对策研究》，《浙江工贸职业技术学院学报》2018年第4期。

④ 郝文斌、任雅媛：《大学生绿色消费观的培育策略》，《黑龙江高教研究》2016年第10期。

生产力水平大幅提高，农民消费能力明显提升，城乡差距越来越小，城市里的很多消费现象随着现代媒体的普及瞬间便蔓延到农村，因此，城市居民的消费潮流基本也是农村农民群体的消费风尚。但是，相较于城市，我国多数农村的生产力水平依然滞后，相较于城市居民的收入和受教育程度，农民的收入和受教育程度都较低，加上农民受封建思想的影响较大，从我国生态文明建设的视角来看，当前农民群体的不合理消费取向依然存在。与其他群体相比，农民群体的不合理消费取向主要表现在以下几个方面。

（1）封建迷信的消费陋习

由于受封建思想、乡村地域文化以及农村生产力水平低下的影响，农村中依然存在着一些诸如建房造屋前请风水大师看风水、花钱算命、烧香拜佛、请巫医治病、受封建迷信影响的殡葬等消费陋习。2016 年 5 月 22 日，据中国青年网报道，“据《参考消息》援引媒体报道四川广元一农村内，一名农民听从‘巫医’建议，将患病妻子放在蒸汽上治疗，结果妻子被活活烧死，农村封建迷信盛行，真是害人不浅啊。而事后两名‘巫医’逃之夭夭”①。显然，这类消费行为是一种愚昧的消费行为，源于生活中“存在我们无法合理解释和无法控制的东西，只要我们渴望缓解未知所带来的焦虑，就存在滋生迷信的土壤”②。

（2）人情消费与日俱增

“礼尚往来。往而不来，非礼也；来而不往，亦非礼也。”③ 礼尚往来自古以来就是中华民族的传统美德，也是人与人之间交流、沟通的重要媒介。讲人情、重礼数，是中国人的优良传统，适当的人情消费本无可厚非。甚至有研究表明，“农民的人情仪式具有唤起‘共同情感’、建立熟人社会的亲密感……人情仪式为农民的社会关系提供了一个公共平台。……人情仪式是农民实现自身社会价值和人生价值的需要……人情仪式是农民建构自身意义世界的重要载体，也是实现社会‘竞争’的手段，满足了农民在面子和社会地

① 《农村封建迷信盛行　相信得病是因为“鬼怪附身”》，http：//news. youth. cn/sh/201605/t20160522_8030698. htm。

② 《明知道算命是封建迷信，但许多中国人还深信不疑》，http：//news. 163. com/17/0718/00/CPJA24EH00018ASD. html。

③ 《礼记・曲礼上》。

位上的需求”[①]。但是，如果人情消费高得离谱，远远超出农民的经济承受能力，那就很不正常了。据《光明日报》报道，我国户均人情消费支出占家庭总收入的比重高达7.9%，农村家庭则达11.4%；53.2%的受访者表示人情消费给自己造成了沉重负担，其中15.6%的人认为负担很重。[②]“华中师范大学中国农村研究院对全国31个省份273个村庄3829个农户家庭进行调查和研究发现，农村人情消费支出近年来剧增，农村地区铺张浪费、炫耀攀比等人情消费现象屡见不鲜，农民仍面临着种类繁多的人情消费，陷入‘人情怪圈’。”[③]“2017年7月，调查人员在安徽省阜阳市临泉县宋集镇王新村走访时，村民普遍反映，村里红白喜事礼金比5年前翻了一倍多，关系比较近的兄弟姐妹一般在1000元以上，关系好的邻居、朋友一般在200元左右，关系一般的同村人礼金至少100元。”还有的调查显示，“人情支出在家庭总支出中占比较高，仅次于饮食支出。农户饮食的平均支出为6462.99元，占家庭总支出的19.72%；人情的平均支出为5297.47元，占家庭总支出的16.16%。农户用于同事和朋友的人情支出平均金额分别为7385.71元和6426.39元，用于亲戚和邻居的人情支出平均金额分别为5719.87元与4837.62元”[④]。人情消费的与日俱增，不仅浪费钱财，加重了农民的负担，而且助长了铺张浪费和炫耀攀比等不良消费风气。

（3）婚嫁消费越来越高

近年来，在我国农村地区，随着农民收入水平的提升，婚嫁消费越来越高。甘肃省陇东农村流行的顺口溜便是当地婚嫁高消费的真实写照。

“庆阳女子太值钱，想要媳妇先赚钱。好不容易赚点钱，娶个媳妇全抖完，盖起新房还不行，必须整体大装修。电视冰箱不用讲，沙发空调洗衣机。今年正礼十二万，追节还得八千八。‘三金’她嫌分量轻，另加珠宝金伯利。身上穿着波司登，脚下踩着‘红蜻蜓’。交礼摆了十几桌，婚礼还得几十桌。乐队摄像不能少，彩虹门前乐逍遥。婚车还要上档次，奥迪宝马排

① 参见宋丽娜、宋利朝《人情仪式：功能性、社会性与价值性》，《民俗研究》2014年第5期。

② 郑晋鸣：《农村人情消费何其多》，《光明日报》2013年6月23日，第1版。

③ 《农民年均人情支出超5000元　直呼不敢回老家过年》，http：//www.sohu.com/a/213239616_162522。

④ 董帅兵等：《人情消费变为炫富、敛财“工具”！农户：扛不住了！》，http：//news.china.com.cn/2017－12/29/content_50176847.htm。

队挑。一次花了几十万，还有媒人没算上。一万里面抽一千，十万要抽一万三。烟酒毛毯不上算，‘花红’你还要给端。今日娶媳夸富贵，明日还债道可怜。娘家一夜变东家，婆家霎时一扫光。”① 这段顺口溜形象地描述了当地农村居民婚嫁消费日趋高涨的现象。显然，陇东农村地区的这种现象已非个案，在农村地区普遍盛行，并逐渐成为一种潮流。其主要原因有两方面。一是从国家层面来看，“国家对农村婚嫁消费中的‘天价彩礼’、铺张浪费、‘拼钱比富’等现象采取了视而不管的态度，促使农民不断赋予婚嫁消费新的意义供给机制，影响了农民关于婚嫁的消费观念和消费行为”②。二是农民的婚嫁礼仪观念发生了改变。当前，随着农民生活水平的不断改善和提高，婚嫁礼仪不断被赋予了更多的社会意义和符号价值，人们开始通过婚嫁礼仪来建构自己的身份和地位，目前很多农村存在的婚宴浪费现象，就是显摆比阔的一个明显体现，因为在好多人看来，“宴席散时，餐桌上剩得越多，说明主人家越阔气”。

（4）绿色消费不足

“绿色消费是指消费者消费对环境保护有益的或是未被污染过的产品，也就是所谓的消费绿色产品。”③ 当前我国农民绿色消费明显不足的表现主要是对绿色产品的购买意愿低。有学者对我国东部、中部、西部地区的农村农民的绿色消费意识进行了实证研究，该研究表明，农民并没有形成绿色消费的习惯，农民的绿色消费行为在时间上缺乏连续性。④ 其主要原因一是农民的收入有限。当前在我国市场上绿色产品通常比普通产品价格高。而农民由于经济收入较低，在选购商品时首先考虑的是价格因素，若要在性能和价格之间做选择，多数农民更倾向于选择价格低廉的产品，而放弃哪怕是性能更好的同类产品。二是农民对绿色产品的关注不够，分辨不清。当前我国的绿色产品营销及宣传主要面向城市居民，商家基于农村农民购买力低、市场小而对农村农民关照不够，这直接导致了农民对绿色产品的不了解和不关注。再加上当前市场

① 李怀：《婚嫁消费升级的意义供给机制转型：一个多重逻辑的分析》，《浙江学刊》2017年第3期。

② 李怀：《婚嫁消费升级的意义供给机制转型：一个多重逻辑的分析》，《浙江学刊》2017年第3期。

③ 胡雪萍：《绿色消费》，中国环境出版社，2016，第12页。

④ 张永强、蒲晨曦、彭有幸：《农民绿色消费意识对其消费行为的影响研究》，《商业研究》2018年第7期。

上标榜的所谓绿色产品、有机产品、生态产品等名目繁多、标准复杂且鱼龙混杂，以至于农民根本分辨不清哪些是真正的绿色产品。

（5）合理消费中的文化消费较低

“农村文化消费，是指相对于农村物质消费而言，以满足农村居民精神文化需求为目的、以文化产品或服务为消费标的的消费行为或消费样态，其包括教育培训、旅游观光、休闲娱乐、体育健身、科技文化等诸多消费形式，可分为娱乐性、消遣性、发展性和智力性等不同消费层次。”① 毫无疑问，随着国家科技支农、文化下乡等对农村文化建设的重视和加强，以及科技在农业发展中地位的日益提升，新时代的农民日渐重视文化消费，自觉购买科技书籍的农民越来越多，农民文化消费亦呈上升趋势。但是，农民的文化消费依然较低。2018 年 9 月 20 日，中共中央、国务院联合发布的《关于完善促进消费体制机制　进一步激发居民消费潜力的若干意见》指出，要鼓励和引导农村居民增加文化娱乐的消费。② 这也表明，农村居民文化娱乐方面的消费明显不足。当前我国农民文化消费较低的表现主要有如下三个方面。

其一，农民文化消费在总支出中占比较低。国家统计年鉴显示，2013～2015 年，农民教育文化娱乐类消费支出在消费总支出中的占比仅维持在 10%左右。③ 如果扣除教育支出以及购买电脑、智能手机等消费支出，只是从狭义的文化消费角度来统计，农民的文化消费支出占比也就微乎其微了。造成农民文化消费在总支出中占比较低的主要原因是农民收入有限且购买力不足。“重物质、轻文化”的消费观念和“读书无用论”的错误认识等也是农民文化消费支出占比较低的原因。

其二，与城市居民相比，农民文化消费较低。2013～2015 年，农村居民人均教育、文化和娱乐消费支出由 755 元增至 969 元，而城镇居民则由 1988 元增至 2383 元。④ 无论是从文化消费的实际数额还是从增长的绝对数来看，

① 刘广明：《新常态下推进农村文化消费的路径探索——基于强化政府干预的主张》，《长白学刊》2019 年第 1 期。

② 《关于完善促进消费体制机制　进一步激发居民消费潜力的若干意见》，http：//www.gov.cn/zhengce/2018－09/20/content_5324109.htm。

③ 崔苗：《农村文化消费及文化市场培育机制研究》，《农业经济》2018 年第 3 期。

④ 崔苗：《农村文化消费及文化市场培育机制研究》，《农业经济》2018 年第 3 期。

农民文化消费都明显低于城市居民的文化消费。造成这种现象的主要原因有两点。一是农民经济收入较低的制约。相对于城市居民的经济收入，农民的经济收入明显较低。据统计，2018 年，全国居民人均可支配收入为 28228 元，城镇居民人均可支配收入为 39251 元，农村居民人均可支配收入为 14617 元。[①] 不难看出，农民的人均可支配收入最低。而文化消费又具有明显的“需求弹性”特点，即在农民收入水平较低的情况下，其主要收入被用来购买生活必需品，而对于文化消费品这种非生活必需品的购买需求就自然降低，只有当农民的收入水平达到一定程度，即购买生活必需品后还有较多结余时，他们才会增加文化消费的支出。[②] 因此农民较低的经济收入是其文化消费较低的根本原因。二是农村文化基础设施投资不足，导致农村公共文化产品供给不足。2019 年 2 月 13 日，全国人大代表张辉到江西瑞昌铜岭剪纸小镇参加演出活动时，观众告诉他“我们这里祖辈传下来就有逢年过节请班子唱黄梅戏的风俗习惯，大人小孩都能哼几句。我们不奢望有城里的空调剧场条件，只希望有个像工厂一样的钢结构大棚，我们可以在棚里安稳看戏就心满意足了”[③]。为此，2019 年两会期间，全国人大代表张辉呼吁“乡村文化基础设施亟待建设完善”。毫无疑问，农村文化基础设施的不完善是制约农民文化消费的重要原因。

其三，农民文化消费层次总体偏低。当前我国农民的文化消费，基本还处于以看电视、打麻将等为代表的娱乐消遣型消费，而学习农业科技、参加技能培训等发展型文化消费明显不足。导致农民文化消费层次总体偏低的主要原因是农村消费文化环境的影响，具体表现在农村的发展型文化产品供给不足。当前农民的文化消费主要是听广播、看电视、看报纸等，最普遍的就是看电视，而电视节目则基本以娱乐性节目为主，且到处充斥着消费主义的宣传，不断传播着娱乐至死的人生观。“在节目中，主持人带领嘉宾插科打诨、尽情娱乐、游戏狂欢、频繁互动，在欢庆、热烈、快乐的气氛中大家忘

---

① 《2018 年居民收入和消费支出情况是怎样的?》，http：//guoqing. china. com. cn/zhuanti/2019 -03/12/content_74561179. htm。

② 马晓旭：《文化消费与农民收入关系的理论模型与实证检验》，《统计与决策》2015 年第 17 期。

③ 《全国人大代表张辉：乡村文化基础设施亟待建设完善》，http：//www. ccdy. cn/zhuanti/2019zt/weiyuan/news/201903/t20190315_1405589. htm。

却了所有的烦恼，无深度的大笑、无厘头的狂欢取代了沉重的思考，纵情享乐、及时行乐的感官刺激代替了悲天悯人的负担，物质丰裕的华美盛宴引起了人们尽情消费的欲望。”① 而有关农业知识、科技培训、送戏下乡等提升农民素质的发展型消费产品的供给则明显不足。

综上，我们不难看出，在我国合理消费社会风尚形成的过程中，作为主体的政府、企业、媒体和主要的消费群体都存在这样或那样的问题。为有效推动我国合理消费社会风尚的形成，加快生态文明建设，需要充分发挥各主体的作用尤其是各主要群体的作用，并建立长期有效的机制使政府、企业、媒体和消费者相互协作。

① 余保刚：《消费主义与我国主流意识形态建设研究》，中国社会科学出版社，2017，第94页。

第六章

发挥主要群体在我国合理消费社会风尚形成中的作用

生态文明建设，作为我国“五位一体”总体布局中的一个，已深入人心。党的十八大报告强调，“将生态文明建设融入社会建设”，即进行“生态社会建设”，其实质是“从生活方式上实行由工业文明向生态文明的转型”①。由于人民群众是生态社会建设的“内因”主体，每个人都应该承担相应的责任，而其中最重要的莫过于自觉形成合理消费的生活方式，在全社会形成合理消费社会风尚。

在全社会形成合理消费社会风尚，群体的作用尤为重要。马克思说：“人的本质不是单个人所固有的抽象物，在其现实性上，它是一切社会关系的总和。”② 种种的社会关系使人们结成不同的群体。群体是人存在和发展的重要形式，即人的思想行为必然受到群体的影响与制约，社会发展规则、意识等只有通过群体才能影响个人。群体对人的影响的重要性直接决定了要在全社会范围内形成合理消费社会风尚，对当前以奢侈浪费为主要特征的不合理消费风气加以矫治，抓好示范群体和社会主要群体。

一 发挥领导干部群体在我国合理消费社会风尚形成中的引领示范作用

在推动形成我国合理消费社会风尚、建设社会主义生态文明的实践中，

---

① 胡建：《建设生态文明与克服消费主义》，《上海师范大学学报》（哲学社会科学版）2016年第1期。

② 《马克思恩格斯文集》第一卷，中共中央马克思恩格斯列宁斯大林著作编译局编译，人民出版社，2009，第501页。

因为领导干部群体的消费行为具有示范性作用，所以发挥好领导干部群体在消费风气和消费行为上的引领性和示范性至关重要。

（一）合理消费社会风尚的形成需要示范性群体引领

合理消费社会风尚是指社会多数成员在消费中所崇尚的合理消费意识和合理消费行为，是一个社会或群体消费风貌和消费文明程度的总体反映，是促使消费者进行合理消费并对其进行价值选择的基本参照，本质上属于意识形态。合理消费社会风尚的形成需要示范性群体引领，主要理由如下。

首先，合理消费社会风尚本质上属于意识形态，其社会功能不会自然发展和自我作用，需要人们有意识地引导或提倡，即通过人们的主观努力方能发挥作用。因此，它的形成除了受经济政治因素和社会发展水平的制约外，还受到统治阶级和一定社会群体所代表或所提倡的消费观念和行为的影响和左右，而影响大小则取决于其主观努力的导向和程度。

其次，合理消费社会风尚与不合理消费风气的矛盾斗争直接影响着社会的发展进步，需要示范性群体引领并推动形成合理消费社会风尚。合理消费社会风尚是社会多数成员所崇尚的合理消费意识和合理消费行为，体现的是与国家所倡导的文化发展相一致的状况，是健康的、积极向上的价值追求和消费取向，是良好的社会风尚，有助于推动经济社会的发展和进步。而与其相对立的是部分社会成员所崇尚的不合理消费风气，这些不合理的消费风气阻碍着社会的进步和发展。毫无疑问，为推动社会进步，必须转变不合理消费风气，形成合理消费社会风尚。合理消费社会风尚与不合理消费风气是矛盾的，不合理消费风气往往在肆意感染或负面影响着人们的消费观念和行为，不反对不合理消费风气，就不能形成合理消费社会风尚。因此，在合理消费社会风尚形成的过程中，政府明确倡导或示范性群体有效示范的消费观念和行为，同不合理消费风气进行旗帜鲜明的斗争，是必要的，也是经常性的。

最后，消费的“示范性”特征决定了合理消费社会风尚的形成有赖于示范性群体的引领。“消费在本质上是一个他者引导的活动，起支配作用的是社会地位的保持或者提高。”[①] 因此在整个社会的消费风尚中，具有示范作用

① 罗钢、王中忱主编《消费文化读本》，中国社会科学出版社，2003，第270页。

的往往是在社会关系结构中处于较高地位且个体被高度关注的群体所崇尚的消费意识和消费行为。这告诉我们，当社会中某些消费风气不符合社会发展的要求而需要新的合理消费社会风尚加以引导的时候，发挥示范性群体的引领作用至关重要。

综上可见，合理消费社会风尚反映的是一个社会整体的消费取向，而这种取向要成为大多数人在消费实践中的遵循，一开始往往是需要一定的人群、阶层或社会群体的明确示范和有效引领的。实践证明，在社会发展和社会关系形成过程中，那些处于主导地位或影响较大的社会力量，那些处于较高地位、个体关注度较高的群体，对合理消费观念和消费行为的形成，一般是具有示范性和引领性作用的。因此，作为公共权力的代表者和行使者，领导干部群体无疑是在我国社会结构中地位较高，也是被民众较多关注的显性化群体，在合理消费社会风尚形成中发挥着显著而特定的示范及引领作用。

（二）领导干部群体消费行为特征及其对我国合理消费社会风尚形成的作用

领导干部群体的消费，特指“领导干部”这个特殊身份所进行的消费，即通常所说的，领导干部为了党和政府各机构正常运转，为了社会公众利益，用国家经费代表公共权力而进行的公款消费行为，它本质上是一种职务性或履职性的消费行为，不包含领导干部作为社会中的个人用自有资金满足自身和家庭成员生活需要进行的个体消费行为。

1. 领导干部群体的消费行为特征

与其他消费群体相比，领导干部身份的特殊性决定了其消费行为具有显著的特点，主要表现为以下三个方面。

（1）消费行为的依职性

“因职消费”是领导干部群体区别于其他消费群体的主要特征。由于领导干部具有“一定职务”，其消费的主要是“履行公务需要”，当然也不能排除“不是履行公务需要，而是利用职务之便或假借履行公务用于满足个人需要的假公济私的纯粹个人消费”①，即所谓灰色的“三公”消费或职务消费。

① 钟裕民：《领导干部职务消费“异化”的原因及其整治路径》，《理论探讨》2005 年第 1 期。

显然，消费行为的依职性在本质上就是因为领导干部群体的职业和地位与其他群体不同而使得领导干部群体的消费行为具有特征。普通民众主要是基于自身需要和自身收入进行消费的。而领导干部群体主要是基于公务需要（可能在合理需要中包含非合理的个人需要）进行消费的，决定他们消费的因素主要是公职单位的需要。

（2）消费目的的公共性

所谓公共性，就是代表公共利益的程度。“由于政府本身是公共部门，因此政府官员理所当然是公共性最强的人群”，“就必须要具有公共利益至上的品质”①。领导干部群体消费的资金来源是国家的财政拨款，国家财政来源于人民。“取之于民”决定了领导干部消费理应用于建设和完善各类基础设施和配套设施，为公共利益服务，即消费目的的公共性。普通消费者的消费只是满足自身的需要，消费目的具有私人性，而领导干部则代表国家，是以为人民服务为主要特征的群体，这就决定了领导干部群体消费的最终目的应当是而且必须是为公共利益服务。

（3）消费结果的双重示范性

领导干部“作为社会性存在物”的人，由于与生俱有的自利性，其在进行公务消费时不可避免地会产生与自己私人消费的矛盾，即他们一方面必须要基于本身的职位按照为人民服务的宗旨进行合理的公务消费，另一方面又在合理公务消费的外衣下进行个人消费来满足自己的私利。正如斯蒂格勒所言：“一个理性的人必然受到对其行动有影响的刺激机制的支配。无论他自己的个人欲望是什么，如果某种活动将带来惩罚，他必然会取消这种活动；如果能带来较大利益，将会吸收他趋于这种活动。胡萝卜和棍棒对科学家和政治学家的支配作用与对驴子的支配作用是一样的。”② 这一矛盾必然带来双重示范性，这种双重示范性包括两方面。一方面是基于党政领导干部的公共性特点，按照为人民服务宗旨所进行的合理的公务消费，其具有积极的示范和带动作用，有利于促进党风、政风、民风以及良好消费环境和消费风气的形成，促进社会的和谐发展。另一方面是在合理公务消费的外衣下肆无忌惮

① 何云峰：《政府官员作为示范性群体对社会风气的引领作用》，《探索与争鸣》2013 年第 12 期。

② 转引自欧文·E. 休斯《公共管理导论》（第二版），彭和平、周明德、金竹青等译，中国人民大学出版社，2001，第 13 页。

地进行个人消费来满足个人利益，其典型特征是大肆挥霍与奢侈浪费，直接影响是严重浪费资源，严重败坏党风、政风、民风（包括社会消费风气），严重损害党政形象和党政威信。

2. 领导干部群体的消费行为对我国合理消费社会风尚形成的作用

领导干部群体的消费行为的依职性、消费目的的公共性和消费结果的示范性等决定了领导干部群体在我国合理消费社会风尚形成中具有重要地位，是我国合理消费社会风尚的倡导者和示范者，发挥着引领作用。

首先，领导干部群体的消费行为对我国合理消费社会风尚的形成具有倡导性作用。“政府对全国消费的性质起极大决定作用。不但因为政府绝对控制国家本身的消费，而且大部分个人消费，以政府的宗旨与榜样为准绳。”① 在很大程度上，领导干部代表着国家，领导干部的基本消费取向则代表着党和政府的消费取向，体现着党和政府的消费理念。新中国成立以来，党和政府立足于我国经济社会发展的客观规律和民众的实际需要，不断倡导以“节约消费、适度消费、健康消费、环保消费”为核心理念的良好消费风尚。1949 年 3 月，毛泽东在中国共产党七届二中全会上倡导“务必使同志们保持谦虚、谨慎、不骄、不躁的作风；务必使同志们继续地保持艰苦奋斗的作风”②。针对改革开放之后人们进行的“资源耗竭型和环境污染型消费”，党和政府开始积极“倡导健康文明的消费方式”③，并“努力增加城乡居民实际收入，拓宽消费领域，引导合理消费”④。党的十八大报告倡导，要“加强生态文明宣传教育，增强全民节约意识、环保意识、生态意识，形成合理消费的社会风尚”⑤。党的十九大报告强调，“倡导简约适度、绿色低碳的生活方式，反对奢侈浪费和不合理消费，开展创建节约型机关、绿色家庭、绿色学校、绿色社区和绿色出行等行动”⑥。为积极倡导合理消费社会风尚，党

---

① 萨伊：《政治经济学概论——财富的生产、分配和消费》，陈福生、陈振骅译，商务印书馆，1963，第 451 页。

② 《毛泽东选集》第四卷，人民出版社，1991，第 1438～1439 页。

③ 中共中央文献研究室编《十六大以来重要文献选编》（中），中央文献出版社，2006，第 1096 页。

④ 《江泽民文选》第二卷，人民出版社，2006，第 27 页。

⑤ 《胡锦涛在中国共产党第十八次全国代表大会上作报告》，http://cpc.people.com.cn/n/2012/1118/c64094-19612151-1.html。

⑥ 《决胜全面建成小康社会 夺取新时代中国特色社会主义伟大胜利——在中国共产党第十九次全国代表大会上的报告》，《人民日报》2017 年 10 月 28 日，第 1 版。

和政府针对不合理消费风气也出台了一系列制度进行规范，尤其是对党政领导干部进行严格规范。以习近平同志为核心的党中央针对国内党政领导干部存在的形式主义、官僚主义、享乐主义和奢靡之风的“四风”问题，出台了“八项规定”和“六项禁令”；2015 年 10 月 21 日中共中央印发的《中国共产党廉洁自律准则》更是明确规定了党员领导干部要“坚持廉洁从政，廉洁用权，廉洁修身，廉洁齐家”①。《中国共产党纪律处分条例》第一百二十六条则明确规定：“生活奢靡、贪图享乐、追求低级趣味，造成不良影响的，给予警告或者严重警告处分；情节严重的，给予撤销党内职务处分。”② 通过狠抓落实，党政领导干部中的不合理消费风气明显好转，崇尚节约、反对浪费的合理消费取向悄然流行，正开始引领广大民众的消费取向和消费行为。领导干部作为公职人员，不仅是党和政府意志的践行者，更是群众践行党和政府意志的倡导者，所以领导干部群体要守住消费的道德底线，把消费欲望控制在合理的范围之内，做合理消费社会风尚的倡导者。

其次，领导干部群体的消费行为对我国合理消费社会风尚的形成具有示范性作用。由于消费在本质上是一个具有较高权威性或较高受众性的群体引导其他群体的效仿活动，并且消费者的消费支出“受周围人的消费行为的影响，即消费具有‘示范性’”③。领导干部在社会生活中地位特殊，因手中握有权力而处于领导地位，是党和政府的形象代言人，因此领导干部的消费取向常常被看成是风向标，他们常常被其他消费群体当作“参照系”，理应成为我国合理消费社会风尚的有效示范群体，即处于较高地位的领导干部群体的合理消费理念和行为，容易对下属甚至一方群众产生积极的示范导向作用。可以套用黑格尔的话，有什么样的官员消费爱好就有什么样的民众消费取向。

“从权威性来说，领导干部是比任何群体都更有权威性的道德示范群体”，并且“在一定的情况下，官员还可能将权力与道德融为一体，产生强制性的影响力。这是其他示范性群体不可能做到的”。④ 领导干部群体的道德

① 《中国共产党廉洁自律准则》，《人民日报》2015 年 10 月 22 日，第 3 版。

② 《中国共产党纪律处分条例》，《人民日报》2015 年 10 月 22 日，第 6 版。

③ 转引自赵卫华《地位与消费：当代中国社会各阶层消费状况研究》，社会科学文献出版社，2007，第 15 页。

④ 何云峰：《政府官员作为示范性群体对社会风气的引领作用》，《探索与争鸣》2013 年第 12 期。

示范特征决定了其在我国合理消费社会风尚形成中的示范者地位之关键，影响之深远。正如孔子所言："政者，正也，子帅以正，孰敢不正！"① 为此，合理消费社会风尚的形成必须充分发挥领导干部群体的典型示范和引领作用。

（三）领导干部群体引领我国合理消费社会风尚的路径

领导干部群体因言行的公众性、公共性、领导性和权威性，是社会风气最重要的示范性群体②，在我国合理消费社会风尚的形成中理应发挥作为示范性群体所应有的标杆作用。落实并保障领导干部群体对我国合理消费社会风尚的引领作用最重要的是要解决操作性问题。毛泽东说过："我们不但要提出任务，而且要解决完成任务的方法问题。我们的任务是过河，但是没有桥或没有船就不能过。不解决桥或船的问题，过河就是一句空话。不解决方法问题，任务也只是瞎说一顿。"③ 中国特色社会主义进入新时代，我国社会的主要矛盾转化为人民日益增长的美好生活需要和不平衡不充分的发展之间的矛盾，领导干部群体的合理消费理念和行为的引领作用更具重要意义。切实发挥领导干部群体消费行为对我国合理消费社会风尚的引领作用，需要从多方面选择路径。

1. 以建设社会主义生态文明为导向

领导干部群体对我国合理消费社会风尚的引领作用的有效性是建立在对合理消费思想的接受和认同基础上的，只有认同和接受了合理消费思想才能有效发挥领导干部群体的引领作用。在当今中国的现实背景下，建设社会主义生态文明具有最大的可接受性和最广泛的实践性，以建设社会主义生态文明为突破口和契机，能更好地实现领导干部群体引领作用的有效性。

从理论和逻辑来看，党中央大力推进生态文明建设，并把它作为"五位一体"总体布局的重要组成部分，要求把生态文明建设放在突出位置，融入经济建设、政治建设、文化建设和社会建设的各方面和全过程。作为掌握权力的领导干部，他们通过各种政治活动和政治学习，必然接受了生态文明建

---

① 《论语》，张燕婴译注，中华书局，2006，第 179 页。

② 参见何云峰《政府官员作为示范性群体对社会风气的引领作用》，《探索与争鸣》2013 年第 12 期。

③ 《毛泽东选集》第一卷，人民出版社，1991，第 139 页。

设的相关理论的熏陶。随着社会主义生态文明建设的持续推进，转变消费方式、进行合理消费的观念已经深入人心，在此基础上倡导形成合理消费社会风尚就有着天然的优势。

从实践来看，领导干部也生活在一定的环境中，严重的生态环境危机使他们能够切实感受和体悟到以节约资源与保护环境为目标的合理消费之重要性和紧迫性。不难发现，随着物质产品的极大丰富，浪费资源、污染环境的不合理消费日渐增多，人们愈加感受到环境污染、资源短缺给人类自身发展带来的严重威胁，也越发认识并认同“生产对资源和生态的直接破坏，最终还是由消费实现的，消费不仅实现商品的价值和利润，也实现对资源的耗费与生态的退化。扭曲的生活方式成就了生态恶化”①，于是自觉地把关于生态文明建设的思想理念转化为合理消费的实践追求。

2. 以党风建设为主要抓手

“一种好的社会消费风气的形成，不仅与经济条件的变化有关，而且与我们执政党的党风、我们政府机关的风气，有十分密切的关系。”② 在中国进入中国特色社会主义新时代之后更是如此，因为“中国特色社会主义最本质的特征是中国共产党领导，中国特色社会主义制度的最大优势是中国共产党领导”③。作为执政党的中国共产党，其党风在一定意义上决定着消费风气。正如王岐山所指出的，“党风政风与社风民风紧密相连、相互影响、相互作用。党风是关键，社风民风是风向标。党风决定民风，民风影响党风”④。由此可见，加强党风建设是切实发挥领导干部群体引领合理消费社会风尚作用的主要抓手和基本路径。

2016 年 2 月，人民论坛问卷调查中心所做的调查显示：83.1% 的受访者表示“没有好的党风，就不会有好的民风”；74.8% 的受访者认为“干部的言行举止对自己有示范作用”；76.1% 的受访者认为“越是改革的深化期，党风对民风的影响越大”。分别有 73.8%、57.5%、49.5%、48.2% 的受访

① 文魁、刘慧：《合理消费：生态文明的源头》，《北京社会科学》2013 年第 2 期。

② 黄苇町、李凡：《当代中国的消费之谜——困惑与思考》，中国商业出版社，1990，第 323 页。

③ 《决胜全面建成小康社会　夺取新时代中国特色社会主义伟大胜利——在中国共产党第十九次全国代表大会上的报告》，《人民日报》2017 年 10 月 28 日，第 1 版。

④ 《王岐山在天津市调研时强调：以优良党风政风带动社风民风》，《人民日报》2013 年 9 月 7 日，第 4 版。

者认为，党的十八大以来，“八项规定”“六项禁令”等的实施，通过对党风的改善，进一步带动了“铺张浪费”“人情消费”“享乐主义”“贪图虚荣”四类不良社会民风的好转。除此之外，还分别有 45.9%、40.9%、33.8%、29.1%的受访者认为，“盲目攀比”“不守规则”“金钱至上”“崇洋媚外”等社会民风中存在的不良风气，也被党风的改善所带动，并有所好转。[①]“八项规定”出台后，时至今日，社会上的奢靡浪费现象日趋减少，节俭成为一种时尚。现实中，食堂、餐馆等呼吁“光盘”的宣传随处可见，一些商家甚至以打折来支持“光盘”行动；商户、企业也开始跟随政府的脚步实现包装“去奢侈化”。显然，当前社会的不良消费风气的转变是党风建设的必然结果，这说明了加强党风建设是切实发挥领导干部群体引领合理消费社会风尚作用的主要抓手和基本路径。

按照党的十九大提出的关于新时代党的建设的总要求，发挥领导干部群体在我国合理消费社会风尚形成中的引领作用，是切实可期、现实可行、极为必要的。在政治建设方面，要自觉抵制商品交换原则对党内生活的侵蚀，弘扬清正廉洁的价值观，坚决防止和反对个人主义；在思想建设方面，要牢记为人民服务的宗旨，正确理解和认识“消费必须与自然和谐统一”“消费是人类生活的手段而非目的”“消费的价值旨归是促进人的自由全面发展”等有关消费的世界观、人生观、价值观的“总开关”问题；在组织建设方面，要发挥好各级党组织对领导干部消费行为的党内监督作用；在作风和纪律方面，要“巩固拓展落实中央八项规定精神成果，继续整治‘四风’问题，坚决反对特权思想和特权现象。重点强化政治纪律和组织纪律，带动廉洁纪律、群众纪律、工作纪律、生活纪律严起来”[②]。在这些方面，从俭戒奢、消费从俭，可以说是基本的要求。相关制度的出台，长牙的规矩，带电的纪律，使得领导干部群体的消费行为成为合理消费社会风尚形成的主要社会力量。

3. 以全面深化改革为重点

党的十九大报告强调，“只有改革开放才能发展中国、发展社会主义、

① 人民论坛问卷调查中心：《党风、民风如何相互作用、相互影响——关于社会风气变革内在逻辑的调查报告》，《人民论坛》2016 年第 12 期。

② 《决胜全面建成小康社会　夺取新时代中国特色社会主义伟大胜利——在中国共产党第十九次全国代表大会上的报告》，《人民日报》2017 年 10 月 28 日，第 1 版。

发展马克思主义……坚决破除一切不合时宜的思想观念和体制机制弊端，突破利益固化的藩篱，吸收人类文明有益成果，构建系统完备、科学规范、运行有效的制度体系，充分发挥我国社会主义制度优越性”①。进入新时代，发挥领导干部群体在合理消费社会风尚形成中的引领作用必须以深化改革为重点，坚决破除影响领导干部群体进行合理消费的旧的思想观念和体制机制，坚持“公开、廉价、效率”② 的原则，以不断“完善和发展中国特色社会主义制度，推进国家治理体系和治理能力现代化”③ 为改革目标，以消费货币化为改革方向，构建系统完备、科学规范、运行有效的制度体系。诚如习近平所指出的，“把权力关进制度的笼子里，努力把‘不能为、不敢为、不想为’的工作抓细做实”，并“不断强化‘不能为’的制度建设、‘不敢为’的惩戒警示”④。

首先，坚持领导干部消费货币化改革方向。当前，领导干部不合理消费的根本原因仍然是现行的职务消费制度，其“特征是供给制和实物分配，弊端主要表现在数额过大、公私不分、行政成本高、铺张消费严重”⑤。政府部门、专家学者从理论和实践层面都在积极探索领导干部消费货币化，提出了一系列的政策建议和改进措施，并一致认为，领导干部消费货币化是建设廉洁高效的行政管理体制的改革趋势，是约束公职人员的有效举措。因为领导干部消费货币化可以“将隐性的权力消费公开化、模糊的职务消费标准具体化，可以有效约束政府工作人员的职务消费行为”⑥。因此，破除影响领导干部群体进行合理消费的体制机制、发挥领导干部群体在合理消费社会风尚形成中的引领作用必须坚持领导干部消费货币化改革方向。

---

① 《决胜全面建成小康社会　夺取新时代中国特色社会主义伟大胜利——在中国共产党第十九次全国代表大会上的报告》，《人民日报》2017 年 10 月 28 日，第 1 版。

② 秦失在《政府与社会风尚——马克思道德哲学思想研究》一文中指出：政府要成为社会的德行楷模至少需要具备公开、廉价和效率三个条件，笔者认为作为政府代表的领导干部群体要在合理消费社会风尚的形成中发挥引领作用也应该具备上述三个条件。

③ 《决胜全面建成小康社会　夺取新时代中国特色社会主义伟大胜利——在中国共产党第十九次全国代表大会上的报告》，《人民日报》2017 年 10 月 28 日，第 1 版。

④ 中共中央国家机关工作委员会编《学习习近平同志关于机关党建重要论述》，党建读物出版社，2014，第 120 ~ 121 页。

⑤ 于洪波：《关于职务消费制度改革的思考》，《甘肃社会科学》2004 年第 6 期。

⑥ 张阿莉：《职务消费货币化改革问题探析》，《东北师大学报》（哲学社会科学版）2007 年第 2 期。

其次，完善相关法律制度。领导干部的消费是“花别人的钱，帮别人办事”，这在一定程度上容易使人突破自己的道德底线，因此要发挥领导干部群体在合理消费社会风尚形成中的引领作用，必须完善相关法律制度，约束领导干部的消费行为及消费取向。因为“制度，就是这样一些具有规范意味的——实体的或非实体的——历史性存在物，它作为人与人、人与社会之间的中介，调整着相互之间的关系，以一种强制性的方式影响着人与社会的发展”①。比如大众所关注的“三公”消费，只被定性为“违规行为”或“违纪行为”，尚没有明确的法律条文来约束，尤其是我国刑法目前并未明确规定国家公务员的“公款消费罪”，致使公款消费常常披着“合法”外衣而逃脱法律责任。因此，必须完善相关法律制度，加大惩戒和打击力度，使诸如公款消费者等行为人因挥霍国家财政资金的不合理消费行为而承担相应的法律或刑事责任。

最后，构建党统一指挥、全面覆盖、权威高效的监督体系。领导干部消费的是纳税人的钱，理应受到纳税人即人民的监督，要监督其侵害人民群众利益的不当消费。党的十九大报告指出，要“强化自上而下的组织监督，改进自下而上的民主监督，发挥同级相互监督作用，加强对党员领导干部的日常管理监督。……构建党统一指挥、全面覆盖、权威高效的监督体系，把党内监督同国家机关监督、民主监督、司法监督、群众监督、舆论监督贯通起来，增强监督合力”②。据此，需做到三点：第一，完善“谁监督、靠什么监督、怎样监督”和“事前、事中、事后监督”的体制内监督；第二，完善以社会舆论监督和媒体监督为主的体制外监督；第三，建立并完善让人民能监督和敢监督的监督平台和监督机制，以提高人民监督领导干部消费的积极性。

总之，在社会主义生态文明建设的千年大计中，领导干部群体因其地位的特殊性和消费的公共性，是我国合理消费社会风尚的倡导者和示范者，对我国合理消费社会风尚的形成发挥着引领作用，并且，领导干部群体的这种引领作用是切实可期和现实可行的，是能够有效发挥的。

---

① 辛鸣：《制度论——关于制度哲学的理论建构》，人民出版社，2005，第51页。

② 《决胜全面建成小康社会 夺取新时代中国特色社会主义伟大胜利——在中国共产党第十九次全国代表大会上的报告》，《人民日报》2017年10月28日，第1版。

二　发挥商人群体在我国合理消费社会风尚形成中的协同推进作用

《经济大字典》将“商人”定义为“从事商品买卖、以谋利为目的的人的统称”。本研究中的“商人”并不局限于从事商品买卖的人，而是相对宽泛的，指的是各种从事实业活动以谋取利润的人。著名学者陆学艺在《当代中国社会结构》中将中国社会划分为十大社会阶层，“这十大社会阶层是：国家与社会管理阶层、私营企业主阶层、经理人员阶层、专业技术人员阶层、办事人员阶层、个体工商户阶层、商业服务业从业人员阶层、产业工人阶层、农业劳动者阶层和无业失业半失业阶层”①。参考陆学艺对社会阶层的划分，我们认为商人群体是指以自身或者社会有形的资产或者无形的资源为媒介进行投资生产、经销营销或提供相关增值服务来获取利润的人，通常包括私营企业家、个体工商户、经理人员。商人群体的消费指的是既用于扩大再生产的消费，也用于自身和家庭的生活消费。研究商人群体的消费行为特征，发挥其消费的直接和间接影响，对推动我国合理消费社会风尚的形成具有重大的现实意义。

（一）商人群体的消费行为特征

商人的职业本性是以追求利益为第一目标。基于商人群体这种“唯利是图”的本性，商人群体的消费具有与其他群体不同的特点。商人群体的消费行为具有以下特征。

1. 消费目的的逐利性突出

马克思认为：“商品借以成为使用价值、成为消费对象的这种作用，可以称作商品的服务，即商品作为使用价值提供的服务。”② 对一般消费者而言，消费的主要是商品的使用价值，即为了满足衣食住行等基本生活需要，这是必要的消费；而对商人而言，他们中的绝大多数更看重的是消费给自己带来的“利益”，包括奢侈性、炫耀性消费带给自己的身份地位的提升和

① 陆学艺主编《当代中国社会结构》，社会科学文献出版社，2010，第394页。

② 《马克思恩格斯全集》第十三卷，中共中央马克思恩格斯列宁斯大林著作编译局译，人民出版社，1962，第25页。

“贿赂性消费”带来的巨大物质利益。因为在现代陌生人的社会里，“人们通过向别人传达信息来定位自己，而这种信息的传达是通过他们加工和展示的物质产品和所进行的活动方式实现的。人们对自己进行熟练的包装，由此创造并维持自己的‘自我身份’。物质商品的不断丰富给这一过程提供了支柱。在一个物质产品不断丰富的世界，个人的身份成为一个对个人形象进行选择的问题，而以往任何时候都不曾如此。人们也越来越不得不对他们的身份作出一定的选择”①。商人群体在拥有巨额物质财富后，急需“构建身份”，提升自己的政治社会地位，以期推动财富的进一步积累。因此商人把自己的消费行为视为建立人与人之间关系的重要媒介，而且是直达获取“利益”目标的媒介。恰如人类学家弗里德曼所言：“在最一般的意义上，消费是创造认同的特定方式，一种在时空的物质重组中的实现方式。就此而言，它是自我建构的一种工具，自我构造本身依赖于将切实可得的物品引导入与个人或人们相联系的特定关系中的更高等级的样式。”②

2. 时尚化、场所化消费趋势明显

商人群体在物质上得到极大满足后，对富有格调的精神生活的向往与追求便越来越明显，时尚化、场所化消费支出所占的比例不断扩大。商人群体对时尚的竞逐是为了达到社会阶层分化和同化，从而为自己带来快感、身份建构以及无限的意义等，其实时尚并不能反映消费者自然需求的变化，其不以物的使用价值为旨归。商人群体的时尚消费支出除了用于购买时尚服饰、手表、珠宝首饰等商品之外，还用于旅游、健身等带有时尚元素的消费。越来越多的商人通过旅游的方式和大自然亲密接触，拥抱自然、体味自然、和大自然身心合一，从而驱散内心的浮躁，获得宁静和满足，从而也日渐认同和践行爱护自然、保护生态的消费理念。近几年，商人群体出入茶馆、咖啡厅、酒吧、俱乐部等场所的比例有了很大的提升。商人群体一方面从这些消费场所中享受那种愉悦身心的氛围，另一方面在这些消费场所中联络感情、广交人脉、了解商业行情，最大限度地利用人际成本，为事业的发展、利益的最大化提供保障。

---

① 尤卡·格罗瑙：《趣味社会学》，向建华译，南京大学出版社，2002，第6页。

② 乔纳森·弗里德曼：《文化认同与全球性过程》，郭建如译，高丙中校，商务印书馆，2003，第227页。

3. 竞逐符号性、品牌化消费

“当剩余利用的正常方式显然不能吸收日益增大的剩余时，剩余利用的其他方式就变得异常重要。”① 其中的“其他方式”是制造“虚假需求”，而“‘虚假需求’是指那些在个人压抑中由特殊的社会利益强加给个人的需求”②。上述晚期资本主义符号消费的资本逻辑，在中国社会主义市场经济发展中，尤其是在物质产品充裕的时候，最先被“追逐利润最大化”的商人群体接纳。一方面，他们为扩大内需、刺激消费，并有效激发民众的符号消费潜能，必须亲自“躬行”并精心设计消费符号编码，使消费主义在不知不觉中渗透于民众的日常生活。另一方面，商人群体借助商品的符号价值来彰显自己的“成功”及与众不同的身份地位。市场经济的发展和公民财富的迅速积累，使消费成为人们彰显身份地位的一个重要武器。商人们通过消费商品的符号价值来提升自己的社会地位，当然获得商品符号价值的前提是商品本身具有良好的性能和品质。人们基于大品牌商品信誉度高、质量品质有保障等因素的考虑，对商品品牌化的追求毫无疑问会越来越强，加之“品牌构成了一个容器，装纳了欲望、感觉和信仰，这些东西通过诱导消费的手段引导舆论的流向，品牌凝聚了安全感和对未来的信心”③。

4. 注重消费的时代性

当今是数字化快速发展的时代，数字化的生活氛围催生了数字化消费手段的不断发展。商人群体的职业特点使得其对智能手机、笔记本电脑等数字产品的消费支出不断增长。数字产品为其生活带来舒适、方便、快捷的同时，也使得商人群体在生产（或经营）方面能较好地把握时代的脉搏、紧跟时代的步伐、引领时代消费的潮流。比如随着智能手机的普及，微信、支付宝等消费支付手段在商人群体的引领下已经成为多数中国消费者乐于使用的消费支付方式。商人群体敏锐地嗅到移动支付本身蕴含着巨大的商机，快速、迅捷地抓住了无现金消费支付将会带来巨大的商业价值。因此，无论是

---

① 保罗·巴兰、保罗·斯威齐：《垄断资本——论美国的经济和政治秩序》，南开大学政治经济学系译，商务印书馆，1977，第112页。

② 赫伯特·马尔库塞：《单向度的人——发达工业社会意识形态研究》，张峰、吕世平译，重庆出版社，1988，第6页。

③ 奥利维耶·阿苏利：《审美资本主义：品味的工业化》，黄琰译，华东师范大学出版社，2013，第8页。

接触、使用还是推广微信、支付宝等消费支付手段，商人群体都始终处于领先地位。相对于用现金支付的方式，微信、支付宝等移动支付方式是商人群体的首选。其一，商人群体深悉无现金支付的来龙去脉，对“探路”“试水”中的移动支付方式放心。其二，商人群体在自身消费时使用移动支付方式加快和推动了全社会使用移动支付方式的进程，在相当程度上有利于其商业活动的进一步开展，为其带来利润。商人群体自然无可非议的是移动支付大军中的主力。微信、支付宝等无现金支付手段以其方便、快捷而深受消费者的追捧和喜爱，其已经渗透到消费者日常生活的方方面面。

商人消费的时代性的另一个突出表现是适应国家生态文明建设的倡导和要求，推行绿色消费。2015 年 4 月，《中共中央国务院关于加快推进生态文明建设的意见》强调“倡导勤俭节约的消费观。广泛开展绿色生活行动，推动全民在衣、食、住、行、游等方面加快向勤俭节约、绿色低碳、文明健康的方式转变，坚决抵制和反对各种形式的奢侈浪费、不合理消费”①，主张以绿色消费助推生态文明建设。2016 年 2 月，国家发展和改革委员会等 10 部门联合印发的《关于促进绿色消费的指导意见》从“加快生态文明建设”的高度强调了“促进绿色消费”的重要性。政治嗅觉高度灵敏的商人群体，出于自身逐利性的特点必然会积极推进绿色消费。

5. 奢华与节俭的消费取向并存

商人群体作为走在改革开放前沿的群体，其消费观念受消费主义思想影响较深，具有现代消费理念，是消费革命的产物。一方面，商人群体的消费取向明显具有现代消费观念，超前消费、享受型消费被商人群体普遍接受。在物质欲望的不断满足中，他们追求时尚与品位的个性化消费和获得乐趣、彰显地位身份的炫耀性消费等。根据马斯洛的需求层次理论，个人成长发展的动机是由多种不同性质的需要组成的，每满足一个层次的需要，人们就会想要追求更高一层次的需求；而物质欲望的变化也是如此，人们获得了所处阶段的物质的条件，就会有更高层次的物质欲望。“物质欲望的变化主要同收入、个人生活、社会变迁以及迁移到都市这些因素有关”②，其中收入在物

① 《中共中央国务院关于加快推进生态文明建设的意见》，http：//politics. people. com. cn/n/2015/0506/c1001 - 26953754. html。

② 朱迪：《品味与物质欲望：当代中产阶层的消费模式》，社会科学文献出版社，2013，第 255 页。

质欲望的变化中发挥着重要作用。商人群体属于中国社会的中产阶层，具有较好的经济条件，“膨胀”的物质欲望主要来自财富的增长，当更高级别的消费品为他们带来比以往更为舒适和满足的体验时，他们就不会习惯以往的消费生活方式了，这也可以解释为什么物质欲望通常会随着收入的增长而扩张。对于过度的物质欲望和不合理的消费行为，他们解释为追求个人快乐、舒适以及自我奖励；另外，“负担得起”也成为满足其物质欲望的道德辩护，他们认为可以负担得起喜欢的物质产品和服务，消费也大都能够与储蓄、福利保持平衡。但是，他们关注私人领域中的消费，却忽略了作为社会公民在消费中应该承担的责任和义务。不少奢侈消费和高消费是以破坏或者牺牲自然环境为代价的，比如用动物皮毛做成的奢侈品箱包、以珍稀动物为食材的料理、需要大量占地和水资源的高尔夫球场等。

另一方面，精于算计的现代商人群体在消费中也常常精打细算，非常节俭。近年来我们不时在媒体上看到企业家生活节俭的报道。有人认为，“大多数企业家表现出的抠门，并不是故意的做作表现。当然了，他们不是故意表现得很大方或者很抠门，而是性格使然。巴菲特的老师杰明·格雷厄姆曾说过：我们对钱的态度是在早期生活中形成的，天生的性格、生存的条件以及某些关键性经历是其中决定性的因素。……目前成功的中国企业家，大部分都是靠自己的打拼白手起家的。在创业中，他们非常清楚财富积累的艰辛。他们最重要的工作就是对手中的资源进行最佳配置，以达到利润的最大化。他们几乎能做到把每一分钱都用在‘刀刃’上，从不浪费”①。杰明·格雷厄姆所说的“天生的性格”可以理解为中国人节俭的传统美德。中国古代各派思想家都主张崇尚节俭，并赋予节俭以“富国”“养民”以及维护社会稳定等诸多方面的功能。奢华与节俭这对看似矛盾的消费取向在商人群体的消费行为中并存，这一消费行为特点是社会转型的产物，体现了消费观念的传承与变革、延续与超越的统一。

（二）商人群体在我国合理消费社会风尚形成中的地位

在社会主义市场经济的环境中，商人群体具有两重身份，一重是作为购买商品的消费主体，另外一重是销售商品的商品经营者。商人群体作为重要

---

① 徐振江：《企业家的奢华和抠门》，《企业观察家》2012 年第 9 期。

的消费群体在某种程度上具有“消费领袖”的特征，其消费行为将会影响市场消费趋势，在促进我国合理消费社会风尚形成的过程中具有不可替代的地位。另外，商人群体作为商品经营者，其经营、出售的商品也会对我国其他消费者的消费行为产生巨大影响。商人群体作为市场消费主体和市场经营主体的两重身份决定了其在我国合理消费社会风尚形成中的重要地位。

1. 以“消费领袖”的“姿态”引领我国的消费取向

商人群体作为我国重要的消费群体之一，其在消费过程中所具有的两重身份，尤其是其经营主体的角色使得其在一定程度上具有“消费领袖”的作用，因此在消费的过程中会引领其他消费群体的消费行为。消费者在消费的过程中往往会不自觉地受到商人群体的影响。从心理学角度来讲，这是从众效应。从众效应，“是指个人在群体中往往会不自觉地受到群体的影响与压力，因而在知觉、判断与行为上趋向于跟多数人相一致的现象”①。在从众效应的影响下，作为社会人的消费者更乐意购买那些大众流行或者得到周围人群认可的商品，商人群体作为消费主体以其雄厚的经济实力在消费的过程中往往具有很强的购买力，其消费的商品也大多具有时尚流行的元素，紧跟着时代的步伐。因此，在从众效应的作用下，商人群体购买的商品会受到其他消费者的追捧和青睐。另外，商人群体对其他群体能进行消费引领还在于商人群体作为高收入阶层，其消费行为会被低收入阶层的群体所效仿。著名学者尹世杰在《中国消费结构合理化研究》一书中提到，“只要社会存在不同的社会阶层，高收入阶层的消费方式对低收入阶层的消费就具有示范作用，低收入阶层不可避免地在不同程度上对高收入阶层的消费方式进行模仿”②。因此，商人群体在推动我国合理消费社会风尚形成的过程中，具有不可替代的重要地位。

2. 以“经营主体”的身份协同推进我国的合理消费

党的十八届五中全会明确提出了坚持绿色发展的理念，倡导建设资源节约型和环境友好型的社会。在消费市场上具有“绿色”“环保”“节约”元素的商品逐渐赢得了广大消费者的青睐。作为经营主体的商人群体，通过自身的努力和学习不仅拥有很强的领导能力，还具有很强的观察力，能够对市

---

① 周燕琳：《高校媒体舆论引导与媒介环境重构——以广西新建本科院校为例》，《新闻传播》2011 年第 8 期。

② 尹世杰主编《中国消费结构合理化研究》，湖南大学出版社，2001，第 23 页。

场走向进行正确的预见，从而准确地把握商机、获得利润。在我国当下倡导的新发展理念的背景下，商人群体当然不会在激烈的市场竞争中无动于衷、错失良机，他们一方面积极响应国家的政策和宣传以便获得更多的政策优惠，另一方面通过电视、广播等媒体加大对商品的宣传力度，增加商品的吸引力，从而刺激消费者的视觉和听觉使其对商品产生特别的注意，促使最后购买行为的发生。经营主体这种以盈利为目的销售商品的行为，我们认为其“被动”地推进了我国的合理消费社会风尚的形成。但仍有部分经营主体具备高度的职业道德素质、拥有强烈的社会责任感，他们重视社会价值，从国家战略发展的高度把绿色发展的理念作为其价值理念和经营发展的战略，向社会推送更多“绿色”“环保”“节约”的商品，从而促进了我国的合理消费社会风尚的形成。

（三）发挥商人群体在推动我国合理消费社会风尚形成中的作用

商人群体对我国合理消费社会风尚的形成具有巨大的推动作用。培育其“发展性”和“可持续性”的消费理念，规范其不合理消费行为，引导其形成与我国社会主义生态文明建设要求相适应的消费方式、消费结构，使商人群体在“绿色”“环保”“生态”“发展”等消费理念的影响下，消费行为趋于理性和合理，消费方式呈现现代和环保，消费结构不断升级和完善。

1. 培育商人群体的合理消费理念

“理念是人们的思想观念，是对事物比较稳定、普遍和持久的看法。”“消费理念也可称为消费观念，是人们对消费对象、消费行为、消费方式、消费过程、消费趋势的主观评价和价值判断。”① 消费理念可以分为合理的消费理念和不合理的消费理念。商人群体的消费活动受自身消费理念的支配和制约。尽管受“消费地理 DNA”因素的影响，不同地域商人消费的偏好有所不同，但作为经营主体其“嗅觉灵敏”的特征使得商人群体普遍认同“绿色消费”“健康消费”理念，并且体现在商人群体消费活动的很多方面，诸如饮食上更倾向于购买“绿色食品”和“有机食品”、在居住环境方面更喜爱“绿色建筑”等。同时，他们还格外重视精神消费，他们常常对旅游、健身等活动“关怀备至”，在消费的过程中享受宁静、获得健康、得到满足、增

① 韦艳：《论提升消费理念和促进可持续消费》，《北方经济》2011 年第 22 期。

强幸福感。然而，“逐利”的本性以及资本主义的影响等，使得一些商人存在与我国生态文明建设要求相悖的不合理消费理念，诸如推崇“物质至上”的消费理念等。为此，国家应加强宣传教育，尤其是立足于社会发展和人的发展，通过商会等组织，利用网络、手机和移动终端等新兴媒体，充分发挥全媒体时代所形成的“互动性强、内容丰富、形式多样等独特优势”[①]，宣传绿色消费与健康消费的重要性，推动商人群体从对物的消费的追求到对精神消费的重视，从对环保产品的认可到对绿色产品的青睐，这不但有利于人的身心健康和全面发展，还有助于环境保护、资源节约和社会发展，这正是我国生态文明建设过程中，合理消费社会风尚的时代内涵。

2. 规范商人群体的消费行为

消费行为也称消费者行为。林建煌将消费者行为概括为“当消费者为满足其需求和欲望，而进行产品与服务的选择、采购、使用与处置，因而产生的在内心、情绪以及实体上的活动”[②]，并指出“这项活动是一个动态互动过程，我们可以将其归纳成三大项消费活动：获取产品的活动；消费产品的活动；处置产品的活动”[③]。商人群体消费目的的逐利性使得其在获取产品的活动、消费产品的活动、处置产品的活动中均呈现不合理现象，诸如前文分析的奢侈性、炫耀性消费，掩盖于“人情消费”下的“贿赂性消费”，符号消费等。规范商人群体的消费行为，我们认为关键是制定和完善相关制度，尤其是事前防控制度、事后惩罚和教育制度，并严格执行。我们不妨以2011年温岭市新河镇的奢华葬礼为例进行分析，“《浙江省殡葬管理条例》规定殡仪活动应当文明、节俭，不得妨碍社会公共秩序、危害公共安全，禁止在广场、公路、道路、学校等公共场所从事殡仪活动。……温岭市也曾专门出台殡葬管理规定，提倡节约，简办丧事。比如，每场丧事花圈不超过6个，每次送葬的鼓乐队人数不得超过15个，禁止在公共场所搭建灵棚，禁撒纸钱，禁放烟花爆竹等”[④]。但在此背景下依然出现此奢华葬礼，是当事人不知道相

① 毕耕：《全媒体时代主流意识形态的传播策略》，http://theory.people.com.cn/n1/2018/0919/c40531-30301842.html。

② 林建煌：《消费者行为》，北京大学出版社，2004，第6页。

③ 林建煌：《消费者行为》，北京大学出版社，2004，第7页。

④ 《浙江温岭企业家因奢华葬母扰民向公众道歉》，http://news.163.com/11/0309/10/6UMR9PP900011229.html#p=6UA7MSA900AP0001。

关规定，还是明知而为之？多项调查发现，很多人并不清楚政府的相关规定，且即便多少知晓但鉴于缺少处罚性规定而无视之。这场“百万奢华葬礼轰动全国，学生上课和当地交通受到严重影响”的事件，最后“严肃处理”的结果也只是：“这次豪华葬礼的当事人——正田控股集团董事长林大宇，违反了当地殡葬管理条例规定，缴纳的3000元文明殡葬承诺金现已被新河镇政府没收，捐给慈善事业。林大宇兄妹为母亲准备的价值数万元的红木棺材，已按照政府要求焚烧。”① 而按照当时的规定，在“在温岭新河中学操场开追悼会”的行为属于禁止行为，对于违反“禁止性规定”的行为，却没有相应的处理，更没有法律规范。

3. 发挥商人群体的“领袖作用”

进入新世纪，知识推陈出新、科技日新月异，互联网渗透于现代生活的方方面面。在互联网的发展带动下，网络交易平台不断建立，推动产生了网络消费等新型的消费方式，呈现多样化、复杂化、科技化的特点。商人群体倡导并率先通过网络预约购物、网络购物，还通过微信、支付宝等无现金支付手段进行消费，这在一定程度上既节约了消费购物的时间，省去了实地购物的交通成本，节省了社会资源的消耗，也消除了人们对假币的困扰，有效地推动了社会经济的发展。当然，商人群体倡导并积极推广这种新的消费方式，其主要原因仍然是其“逐利”的本性，因为相对于银行卡的消费方式，微信、支付宝支付的消费方式可以使商家降低成本，它不需要安装POS机这样的硬件设备，也不需要为刷卡承担一定的费用扣除；相对于传统的门店销售，网络消费可以大大降低商家的购买或租赁门店、门店装修以及雇用销售人员的成本。显然，从商人的角度出发，这是降低交易成本、获得利益最大化的“不二选择”。有了商人群体的倡导和推广，在商人群体“消费领袖”的引领下，其他消费群体争相模仿和仿效其消费方式，这将大大地促进新的消费方式的使用和推广，进一步促进我国合理消费社会风尚的形成。鉴于此，政府应适应形势的发展变化，及时出台相关优惠政策，发挥商人群体的“领袖作用”。

4. 引导商人群体的消费结构升级

进入新时代，我国商人群体的消费结构日趋合理，并不断升级。与过去

① 《浙江温岭企业家因奢华葬母扰民向公众道歉》，http：//news.163.com/11/0309/10/6UMR9PP900011229.html#p＝6UA7MSA900AP0001。

相比，商人群体生存型消费和物质型消费的比重不断缩小，发展型消费和服务型消费的比重不断上升。伴随着日趋激烈的商场竞争，物质较为丰富的商人群体闲暇时常常通过旅游来获得身心的陶冶和放松，通过中医、运动等方式来保养身体。商人群体的消费越来越多地用于教育、医疗等发展型消费和精神消费。商人群体消费结构的升级，不仅使得商人群体的自我得到了更好的发展，而且，商人群体消费结构的升级还蕴含了巨大的消费潜力，这将成为推动经济增长的强大动力。我国倡导形成合理消费社会风尚的目的和要求就是满足人的全面发展的要求，这有助于环境的保护、资源的永续利用、经济的持续发展、社会的安定有序。因此，我们认为，政府应采取措施，创造条件，积极引导商人群体消费结构的升级，尤其是增强商人群体在教育、技术创新等消费方面的鼓励和政策支持。

综上所述，商人群体的消费特点决定了其在我国合理消费社会风尚形成中具有的重要地位和作用，我们应当加强对其的引导和规范，限制和修正其不合理的消费理念和消费活动，积极引导商人群体进行“绿色消费”“适度消费”“健康消费”“文明消费”，从而推动我国合理消费社会风尚的形成。

三　发挥明星群体在我国合理消费社会风尚形成中的正向引领作用

明星群体在消费中与生俱来的特质，决定了在我国合理消费社会风尚形成中我们应创造条件发挥明星群体的引领作用。

（一）明星群体消费偶像的地位决定了其在我国合理消费社会风尚形成中的正向引领作用至关重要

随着经济全球化的加速，中国目前也开始由生产型社会向消费型社会过渡，消费正逐步取代生产成为整个社会生活的中心。消费社会“存在着一种由不断增长的物、服务和物质财富所构成的惊人的消费和丰富现象”。在大众传媒日益普及的当下，明星常常被塑造成社会的消费偶像而处于消费的顶端，指引着消费的方向，正所谓“偶像对相关产品是最具号召力、最响亮的品牌”①。

明星的消费偶像作用②主要体现在两方面。一方面是其所代言的产品广告，明星的知名度使得广告更能吸引消费者的关注并增强其对产品的认知和认同。明星某种程度上在消费中扮演着“意见领袖”的角色。另一方面，明星的消费偶像作用还体现在其在主演或参演的影视剧中的消费示范，在许多影视剧中，明星所代表和体现的形象，往往表征着特定的消费生活方式和消费生活风格，进而通过偶像崇拜而带动大众的消费实践。

明星群体作为消费偶像其主要的社会功能是向消费者提供消费导向，即明星向消费者宣传一些消费品和媒体通过报道明星的生活方式而向消费者提供消费导向，通过他们的宣传与示范，广大消费者产生强烈的消费冲动，形成追随的社会消费力量，从而刺激人们的消费欲望和调动人们消费的积极性。在现实社会中明星们一方面是时尚的体验者与传播者，他们时髦的装扮常常出现在各类报纸、杂志或各种网络平台中，他们的形象对于公众具有强烈的引导作用，为国内追逐时尚的人们提供了借鉴的范本。另一方面，他们也是成功者的标志和象征，在人人都期盼并渴望“成功”的心理驱动下，一些人以消费明星同款产品来凸显自己不同于普通大众的“成功”者的身份和地位。

（二）明星群体引领合理消费社会风尚的特质

“在电影明星的发源地美国，电影理论家路易斯·贾内梯对明星有这样的描述：‘明星直接或间接反映了观众的需求、欲望和焦虑。他们是梦的食粮，让我们可以有最深的幻想和迷恋。’‘明星是观众的至爱产物，也是时尚、价值和公众行为的带领人。’”③ 明星群体天生具有引领消费风尚的特质，具体表现如下。

首先，从公众性来说，在网络化、信息化急速发展的时代，明星们的消

① 米切尔·J. 沃尔夫：《娱乐经济——传媒力量优化生活》，黄光伟、邓盛华译，光明日报出版社、科文（香港）出版有限公司，2001，第39页。

② 参见徐小立、刘赞《消费时代的明星报道：消费偶像的塑造》，《广州大学学报》（社会科学版）2009年第11期。

③ 任艺萍：《明星婚礼，别办成消费的“封神榜”》，《人民日报》2016年8月30日，第14版。

费举止、消费时尚最受大众关注。虽然政府官员、商人等诸多示范性群体都具有很显著的整体公众性，但鉴于新时代明星们“不仅是大银幕上的熟悉面孔，更是时尚消费的当代图腾；他们既是有血有肉的普通人，又是资本循环的关键一环”[①]。这一特殊身份地位，无疑使其在消费领域是最被关注的。[②]他们不仅受到大众消费的“青睐”，也引起众多“资本家”的“关注”。“借助一场明星婚礼，奢侈品牌、明星代言产品、微商爆款构成了一个层级分明的消费金字塔，而明星也就被塑造成了站在塔尖的‘消费英雄’，放射出偶像的光晕，继续指引着消费的‘方向’。在这场共赢的游戏中，资本无孔不入，明星也乐得大操大办并向媒体大敞大开。”[③] 而对于传媒业而言，“明星已成为娱乐传媒最核心的资源，明星制造也已经成为现代传媒业的核心法则。从对各种明星动态和活动不遗余力的日常性报道，到民间的造星运动，甚至主持人的明星化，都是传媒业以明星带动内容消费的典型手段”[④]。显然推动传媒业不遗余力制造明星的根本还是利益驱动。

其次，就领导性而言，明星群体的消费对中低收入阶层的消费具有示范作用。“一般来说，只要社会存在不同的社会阶层，高收入阶层的消费方式对低收入阶层的消费就具有示范作用，低收入阶层不可避免地在不同程度上对高收入阶层的消费方式进行模仿。”[⑤] 凡勃伦在《有闲阶级论》中指出，富裕阶层的消费行为总是为相邻较低阶层的居民所模仿，进而层层传递到收入最低的阶层。杜森贝里提出的相对收入假说中的示范效应（demonstration effect）是指较低收入水平的消费者参照更高收入水平家庭的消费，具有模仿性和攀比性。[⑥] 新时代，在人们日益增长的美好生活需要中，人们在生活水平大幅提高后，开始追求社会地位的上升并相互竞争，因而更容易受到其他

---

① 任艺萍：《明星婚礼，别办成消费的“封神榜”》，《人民日报》2016 年 8 月 30 日，第 14 版。

② 笔者认为何云峰强调的政府官员是最重要的公众人物，是相对于偏重道德层面的社会风气而言，而在当今消费社会条件下，在信息化网络化时代，明星群体对大众的消费取向无疑最具引领作用，是消费领域最重要的公众人物。

③ 任艺萍：《明星婚礼，别办成消费的“封神榜”》，《人民日报》2016 年 8 月 30 日，第 14 版。

④ 徐小立、刘赞：《消费时代的明星报道：消费偶像的塑造》，《广州大学学报》（社会科学版）2009 年第 11 期。

⑤ 转引自尹世杰主编《中国消费结构合理化研究》，湖南大学出版社，2001，第 23 页。

⑥ 转引自宋建《不同收入阶层消费之间相互影响的实证分析》，《经济问题探索》2017 年第 3 期。

人消费行为的影响。当代中国，明星群体因拥有高额收入，是我国的富裕阶层，他们的言行无形中塑造着人们对于“什么是幸福生活”的理解，极大地影响着人们的人生定位。加之明星在社会语境中往往代表着时尚、潮流和个性，不同明星所传递的魅力元素也不尽相同，人们正是通过追逐明星来突出个性、显示品味。尤其是对容易接受新事物的大学生群体来说，明星的代言或消费是直接促动因素，据学者调查，“明星代言的消费信息往往会引起新生代大学生的高度关注，在预购商品时不自觉地就会想起该产品明星代言的画面或宣传语，从而产生消费冲动”①。

最后，从时尚性来看，明星作为“时尚消费的当代图腾”，其消费不仅体现着社会风尚也引领着社会的流行趋势。自党的十八大提出将生态文明建设融入社会建设以来，明星消费中日渐流行绿色、环保、时尚，明星们通过拍摄宣传片、担任环保形象大使以及自己的身体力行践行着合理消费的理念和意识。如《中国林业产业》杂志就报道过一些明星积极倡导绿色时尚的实践。② 正如明星研究专家雷蒙·德格纳所言：“从明星可以看到一个国家的社会史。”③“明星在社会心理层面有着潜在的巨大影响力，他们提供了一个窥视的对象，并以此参与人们的自我认知和人生定位，悄无声息地引导着一个社会的风气和价值观。”④ 明星作为大众消费的“仰视对象”，也必然引导着当前社会的消费风气。

（三）发挥明星群体引领合理消费社会风尚作用的有效路径

在现实社会中，明星出于追逐个性化、时尚化及身份地位的彰显等原因，常常选择奢侈、昂贵、稀缺的商品，导致受众在追求符号消费中实现消费的异化，一定程度上助长了奢靡主义、享乐主义等不良的社会风气，并造成社会资源的浪费，不利于经济的可持续发展。而新时代人民日益增长的美好生活需要对消费提出了新要求，“人民的消费预期不断增强，由强调集合

① 王翔、鲍海波：《大众媒介逐利逻辑对新生代大学生消费异化的影响研究》，《人文杂志》2017 年第 5 期。

② 参见《明星倡导绿色时尚　推进生态文明进程》，《中国林业产业》2012 年第 Z2 期。

③ 转引自任艺萍《明星婚礼，别办成消费的“封神榜”》，《人民日报》2016 年 8 月 30 日，第 14 版。

④ 任艺萍：《明星婚礼，别办成消费的“封神榜”》，《人民日报》2016 年 8 月 30 日，第 14 版。

数量概念的物质文化需要变为强调质量概念的美好生活需要"①，其中凸显的是消费理念升级融合为健康合理绿色消费，消费方式走向绿色低碳。鉴于明星群体在消费中消费偶像的重要地位及其社会功能，规范并充分发挥其对我国合理消费社会风尚的引领作用至关重要。明星群体引领合理消费社会风尚的有效路径应根据明星群体消费特点，以法律制度为抓手，在规范明星自身言行、形象塑造等方面下功夫，在党的领导下，形成政府规制、法律约束、公众监督和个人自觉的多方联动机制，全方位凝聚和释放明星群体引领合理消费社会风尚的正能量。

第一，加强党的领导。办好中国的事情，关键在党，这是被历史反复证明了的真理。党的十九大报告明确强调，"党政军民学，东西南北中，党是领导一切的"②。引导社会进行合理消费，践行合理消费社会风尚，涉及面广、问题错综复杂，是一项系统工程，从顶层设计到最终落实，都离不开党的领导。针对明星群体的消费特点，在顶层设计上，需要在党的领导下，将合理消费理念贯穿于"明星的生产"过程和明星生活之方方面面，首先要从思想方面增强明星对合理消费的利益认同和责任认同。通过各种形式的宣传和倡导让明星理解并明白人类过度的消费是导致整个生态环境严重破坏的根源，如果人类再无限放纵自己的消费欲望，生态系统将难以承受，最终必将威胁到人类自身。同时应让他们理解，任何消费行为都不单纯是个人行为，都必须承担社会责任。正如学者们所言："如果人类要生存下去，就必须发展一种与后代休戚与共的感觉，并准备拿自己的利益去换取后代的利益。如果每一代都只顾追求自己的最大享受，那么，人类几乎注定要完蛋。"③ 因此每个个体在消费时都应自觉树立社会利益观，并自觉承担起对自然和社会环境的责任，因为"对自然和社会环境负责，它不仅包含了对自己的负责，而且甚至是对自己负责的前提"④。其次是在党的领导下加强大众传媒对明星报

---

① 毛中根、叶胥：《新时代新消费不断满足人民日益增长的美好生活需要——学习贯彻党的十九大报告有关消费论述的体会》，《财经科学》2017 年第 11 期。

② 《决胜全面建成小康社会　夺取新时代中国特色社会主义伟大胜利——在中国共产党第十九次全国代表大会上的报告》，《人民日报》2017 年 10 月 28 日，第 1 版。

③ 米哈依罗·米萨诺维克、爱德华·帕斯托尔：《人类处在转折点——罗马俱乐部研究报告》，刘长毅、李永平、孙晓光译，李永平、李成文校，中国和平出版社，1987，第 143 页。

④ 乔治·恩德勒等主编《经济伦理学大辞典》，李北雄、陈泽环译，上海人民出版社，2001，第 252 页。

道等领域制度机制的改革，比如推动制定政策和制度，倡导大众媒体在明星报道中树立合理消费理念，正面报道明星的合理消费，对明星的奢侈浪费等要进行批评报道，这样不仅能有效引导和规范明星群体的消费取向，也有助于推动合理消费社会风尚的形成。

第二，建立并完善法律法规体系。法律具有强制性，是解决问题和化解矛盾的制度化治理方式。充分发挥明星群体在合理消费社会风尚中的引领作用，首先必须保证明星群体自身消费的合理性并有效规范其不合理消费风气，而规范其不合理消费风气，最有效且持久的方法是法律约束。当前奢侈浪费是明星群体不合理消费的突出问题，但到目前为止，我国尚没有一部专门规范消费行为的法律法规，只是在其他立法中关涉合理消费，多数属于倡导性的，缺乏配套的实施细则。显然，有效规范明星奢侈浪费等不合理消费风气，亟待完善我国现有的法律法规体系，特别是尽快出台消费税法、资源税法、消费者生态环保责任法等相关法律，至关重要，尤为迫切。在完善和制定相关法律时，“应该改变现行法律只为消费者赋予权利而不为其设定义务的原有模式”①，建立起能有效规范明星群体的包括消费者社会义务制度和生态消费税收制度的合理消费法律体系。

第三，构建制度规范。习近平强调：“保护生态环境必须依靠制度、依靠法治。只有实行最严格的制度，最严密的法治，才能为生态文明建设提供可靠的保障。”② 践行合理消费，形成合理消费社会风尚是保护生态环境、进行生态文明建设的主要内容和重要抓手，因此也必须依靠制度，实行最严格的制度。为此就必须按照“严防源头、严管过程、严惩后果”的基本思路，建立和完善最严格的合理消费制度。针对明星群体消费的特质，一方面，建立合理消费税收制度，可以对一些高档奢侈消费品诸如豪宅、豪车、豪华家具等和有害于生态环境的消费品进行征税，运用税收制度抑制明星的过度消费和奢侈消费等不合理消费行为。另一方面，建立“以媒体为主”的公众监督制度和机制。由于明星群体具有强大的公众性特征，其不仅是大众传媒的“宠儿”，也是网络传媒的“红人”，且明星的生产离不开媒体的助推，因此

① 秦鹏：《生态消费的法律保障：应然抉择与实然存在的研究》，《河北法学》2007 年第 11 期。

② 中共中央文献研究室编《习近平关于全面建成小康社会论述摘编》，中央文献出版社，2016，第 164～165 页。

规范明星群体的行为、发挥明星群体引领合理消费社会风尚的作用，必须充分发挥媒体的监督作用。要制定知情制度，主要是用制度保障各媒体能够了解政府有关合理消费的方针政策、重大决策以及消费体制的改革情况、合理消费方面的法律法规的制定等，为媒体监督明星消费提供充分条件。要制定查处制度，主要是用制度确定和保证媒体反映的明星不合理消费问题能够按照相关法律制度进行认真调查，做到有报必查，及时解决，并公开报道查处结果。

总之，在我国社会主义生态文明建设的千年大计中，明星群体因其“消费偶像”的社会地位及与生俱来的消费的公众性、消费的领导性、时尚消费的当代图腾三方面的特质，决定了其在我国合理消费社会风尚形成中具有引领作用。选择科学合理的路径保障，切实发挥明星群体的引领作用，至关重要，尤为迫切。

四　发挥农民群体[①]在我国合理消费社会风尚形成中的基础作用

中国自古以来就是农业大国，尽管随着我国城镇化进程的不断推进，城镇人口不断增多，但农民群体依然是一个举足轻重的重要群体，2017 年全国农村人口有 57661 万人，占比达 41.48%。[②] 因此，发挥广大农民群体的作用对于推动我国合理消费社会风尚的形成，具有重要的现实意义。

（一）农民群体在我国合理消费社会风尚形成中的地位和作用

“我国人民日益增长的美好生活需要和不平衡不充分的发展之间的矛盾在乡村最为突出，我国仍处于并将长期处于社会主义初级阶段的特征很大程度上表现在乡村。全面建成小康社会和全面建设社会主义现代化强国，最艰巨最繁重的任务在农村，最广泛最深厚的基础在农村，最大的潜力和后劲也在农村。”[③] 而农村最关键的因素是农民，推动农村中的农民群体形成合理消费社会风尚，对我国合理消费社会风尚的形成同样具有至关重要的作用。

① 本研究中的农民特指生活在农村的居民，不包括进城务工的农民工。

② 《2018 年中国农村人口、贫困人口、城乡居民人均可支配收入、城乡居民人均消费支出情况分析及城镇化发展水平预测》，http：//www.chyxx.com/industry/201807/659510.html。

③ 《乡村振兴战略规划（2018—2022 年）》，http：//www.sohu.com/a/256770270_740796。

1. 农民群体"潜在消费大军"的地位决定了其在我国合理消费社会风尚形成中的基础作用①

改革开放以来，随着国家一系列富农、兴农、惠农政策及措施的大力实施，尤其是国家从2007年起把农村义务教育全面纳入国家财政保障范围和农村社会保障体系的不断完善，这大大减少了农村居民因教育和医疗支出大而进行预防性储蓄的心理压力，进而有效刺激了农村居民的消费行为。有学者基于2001～2012年的31个省（区、市）面板数据的实证研究表明，"作为新型农村社会保障制度重要内容之一的新农合的实施，显著地促进了农民生活消费支出水平的提升"②。

农村经济发展迅速，农村居民生活水平不断提高，农民收入不断提升，在此基础上，农民的消费支出亦不断增长。有研究表明，1990～2006年，我国农村居民纯收入由686.3元增长到3587元，增长幅度高达2900.7元，增长率为523%。在1983～2006年的23年中，"我国农村居民人均名义生活消费支出就由248元提高到了2829元，增加了10.4倍，年平均增长率达到45.2%。在用消费价格指数（以1983年为基期）剔除价格因素的影响后，2006年农村居民实际生活消费支出为762.85元，较1983年增加了2.076倍，年平均增长率为9.03%"③。2010～2015年，我国农村居民人均可支配收入逐步提高，由5919元增加至11422元（见表6－1），2016年农村居民人均可支配收入为12363元，增长8.2%，扣除价格因素实际增长6.2%。2010～2015年，我国农村居民消费水平逐年增长，由4941元增加至9679元（见表6－1）。④ 2017年，我国农村居民人均可支配收入为13432元，增长8.6%，扣除价格因素，实际增长7.3%；农村居民人均消费支出10955元，增长8.1%，扣除价格因素，实际增长6.8%。⑤ 2017年，我国农村居民人均消费支出实际增长率超过全国居民人均消费支出实际增长率（5.4%），超出1.4

① 这里强调的基础作用是相对于本研究中划分的诸如领导干部群体、商人群体、明星群体和大学生群体在我国合理消费社会风尚形成中的作用而言的。

② 程闻硕：《新型农村社会保障制度对中国农民消费影响研究》，《经济师》2014年第11期。

③ 中国人民大学课题组、朱信凯：《中国农民消费总论》，《经济研究参考》2009年第8期。

④ 《2016年中国居民消费支出、人均可支配收入及居民消费水平分析》，http://www.chyxx.com/industry/201703/499378.html。

⑤ 《2017年居民收入和消费支出情况》，http://www.gov.cn/xinwen/2018－01/18/content_5257974.htm。

个百分点。[①] 2018 年我国农村居民人均可支配收入为 14617 元，增长 8.8%，扣除价格因素，实际增长 6.6%。2018 年农村居民人均消费支出为 12124 元，增长 10.7%，扣除价格因素，实际增长 8.4%[②]，且超过同年全国居民人均消费支出的实际增长率（6.2%），超出 2.2 个百分点。[③]

由上可以看出，我国农村居民的人均可支配收入和消费水平均呈不断增长趋势，且增长势头迅猛，尤其是 2017 年和 2018 年的两年，农村居民人均消费支出实际增长率远超过城镇居民人均消费支出实际增长率。2018 年国家全面实施乡村振兴战略以后，中国农民群体的消费已经站在了一个新的起点上，消费势头必然会继续保持迅猛增长，增长速度加快且持续时间增长，农民群体所蕴藏的巨大消费潜力将进一步加快释放的步伐，拥有巨大人口基数的农民群体已然成为推动我国消费增长的重要力量，是我国消费领域的“潜在消费大军”，对我国合理消费社会风尚的形成具有基础作用。

2010 ~ 2015 年我国农村居民人均可支配收入及消费水平[④]见表 6 – 1。

表 6 – 1　2010 ~ 2015 年我国农村居民人均可支配收入及消费水平

单位：元

年份	人均可支配收入	消费水平
2010	5919	4941
2011	6997	6187
2012	7917	6964
2013	8896	7773
2014	9892	8711
2015	11422	9679

① 《2017 年居民收入和消费支出情况》，http：//www.gov.cn/xinwen/2018 – 01/18/content_5257974.htm。

② 《2018 年居民收入和消费支出情况》，http：//www.stats.gov.cn/tjsj/zxfb/201901/t20190121_1645791.html。

③ 《2018 年居民收入和消费支出情况》，http：//www.stats.gov.cn/tjsj/zxfb/201901/t20190121_1645791.html。

④ 农民消费水平是指农民“在物质产品和劳务的消费过程中，对满足人们生存、发展和享受需要方面所达到的程度。通过消费的物质产品和劳务的数量和质量反映出来”。参见《2016 年中国居民消费支出、人均可支配收入及居民消费水平分析》，http：//www.chyxx.com/industry/201703/499378.html。

2. 农民群体勤俭节约的消费取向是我国农村合理消费社会风尚形成的重要基础

农民群体因受生产力水平、生存条件、地理环境等因素的影响，其消费观念和消费行为取向具有不同于其他群体的一个主要表现就是崇尚勤俭节约。

经过改革开放40多年的发展，尽管农村经济发展迅速，农民增收后消费支出亦大幅度提升，但节俭消费依然是农村居民消费的主要表现。其主要原因有如下几个方面。首先，伴随着城镇化进程的持续推进和户籍制度的改革，大量农村青壮年流向城镇，农村剩余人口中主要是妇女、儿童和老人，即所谓的“386199部队”，且农村居民人口老龄化程度在不断上升。据统计，2016年，我国乡村65岁及以上人口占乡村人口的比重为12.5%。老人由于体能下降、收入减少，加上自身活动范围较小，对衣食住行的生活消费需求减少，同时，由于60岁以上的老人基本都经历过改革开放之前的经济困难时期，深谙生活之不易，所以在消费中崇尚传统文化中的节俭风尚。农村剩余人口中的另一主要消费者是中年妇女，她们为增加收入和改善生活，农闲时期常常选择在乡村或乡镇打零工，收入低且非常辛苦，因此在消费中也比较节俭。其次，对子女教育要求和对居住条件需求的提高，使得居民不得不节约其他消费开支，以很大一部分收入用于子女接受教育活动和建造房屋，没有多余的能力进行高消费，在衣食住行方面亦比较节俭。最后是基于危机意识和发家意识的考量。当前我国农民收入普遍较低，受市场因素的影响而收入不稳定，抗突发因素的能力较弱，因此农民普遍具有较强的危机意识，形成了“没钱不能花，有钱也不敢花”的价值取向。同时，受“家本位”的思想影响，我国农民家庭观念意识浓厚，普遍存在为家庭的未来谋划和家庭的发展而节俭当前开支的现象。农民除了购买生产所必需的农药、化肥、种子等基本生产资料和进化家庭必需的生活消费外，一般都把为数不多的结余存起来，这也是农民节俭消费的主要原因。

（二）在我国合理消费社会风尚形成中发挥农民群体作用的有效途径

目前，按照社会主义生态文明建设的要求，审视广大农民的消费观念和消费行为取向既有合理性，也存在着一定程度的不合理性。为进一步推进生态文明建设，我国相关部门应根据当前农村居民消费特点，采取相关措施，形塑农民群体的消费风尚。

1. 持续推进农村生产力发展，完善社会保障制度，切实解决农民的困难

不断发展社会生产、提高人民消费水平，是马克思主义消费思想的重要内容，无论是马克思主义经典作家还是新中国的领导人，都对此做过重要论述。因此，引导农民进行科学合理的消费，形成合理消费社会风尚，首先应该立足于持续推进农村生产力发展。大量研究表明，当前，农民进行算命占卜、烧香拜佛等不合理消费的主要根源是农村生产力水平低下，农民在生活中存在难以解决的各种困难及风险。在自身能力无法解决问题的情况下，他们自然求助于神灵。为此我们必须大力发展农村生产力，切实解决农民关心的问题和遇到的困难，从根本上消除农民群体算命占卜、烧香拜佛等不合理消费的物质基础。

当前，大力发展农村生产力，要围绕《乡村振兴战略规划（2018—2022年）》的部署，按照“顺应村庄发展规律和演变趋势，根据不同村庄的发展现状、区位条件、资源禀赋等，按照集聚提升、融入城镇、特色保护、搬迁撤并的思路，分类推进乡村振兴”[①] 的要求，从建立现代农业经营体系、强化农业科技、发展乡村产业、推动农村产业深度融合、完善农业支持等方面稳步推进，实现农村生产力的大发展和农民生活水平的大幅度提高，为农民进行绿色消费提供坚实的物质基础。一般而言，节能环保、绿色无污染的产品在从生产、加工到销售的整个过程均有较为严格的产地环境标准、绿色技术标准等，生产和管理成本较高，因此绿色产品售价往往高于同类非绿色产品，即便农民有购买绿色、环保产品的愿望，但是往往因为自身购买力的限制，而不得不放弃绿色产品，进而选择非环保类产品。

另外，在生产发展的基础上，逐步完善农村社会保障体系，对促进农民的合理消费，形成合理消费社会风尚也极为重要和必要。当前完善农村社会保障体系，应对照《乡村振兴战略规划（2018—2022年）》，“按照兜底线、织密网、建机制的要求，全面建成覆盖全民、城乡统筹、权责清晰、保障适度、可持续的多层次社会保障体系”[②]，进一步完善农村居民基本养老保险制

① 《乡村振兴战略规划（2018—2022年）》，http://www.sohu.com/a/256770270_740796。

② 《乡村振兴战略规划（2018—2022年）》，http://www.gov.cn/zhengce/2018-09/26/content_5325534.htm。

度、基本医疗保险制度和大病保险制度，做好农民重特大疾病救助工作等①。同时，提升农村养老服务能力，以解决农民的后顾之忧。主要立足于“加快建立以居家为基础、社区为依托、机构为补充的多层次农村养老服务体系。以乡镇为中心，建立具有综合服务功能、医养相结合的养老机构，与农村基本公共服务、农村特困供养服务、农村互助养老服务相互配合，形成农村基本养老服务网络。提高乡村卫生服务机构为老年人提供医疗保健服务的能力。支持主要面向失能、半失能老年人的农村养老服务设施建设，推进农村幸福院等互助型养老服务发展，建立健全农村留守老年人关爱服务体系。开发农村康养产业项目。鼓励村集体建设用地优先用于发展养老服务”②。

2. 在推动精神文明建设中培养农民群体的合理消费观

当前，随着乡村振兴战略的实施，政府和社会对农民群体越来越关注，国家对于农村精神文明建设的投入力度不断加大，显然这是加强农民群体合理消费观教育的绝佳时机。为此，我们应该依托国家在乡村振兴战略中发展农村所提供的平台，即“推动县级图书馆、文化馆总分馆制，发挥县级公共文化机构辐射作用，加强基层综合性文化服务中心建设，实现乡村两级公共文化服务全覆盖，提升服务效能。完善农村新闻出版广播电视公共服务覆盖体系，推进数字广播电视户户通”③，来培养农民群体的合理消费观，主要做法如下。首先，在调查了解农民群众消费需求的基础上，有针对性地加强政府和民间组织关于文化消费、绿色消费等合理消费方面的宣传教育。马克思主义经典作家在传播马克思主义的时候就特别强调要在了解对象的前提下进行。1852 年马克思在给约瑟夫·魏德迈的信中指出：“在不了解读者等等情况下，给在大洋彼岸出版的报纸撰稿，是多么困难。”④ 1868 年恩格斯在给马克思的书信中曾提到：“几乎完全不熟悉那里的读者，一点也不知道应该

① 《乡村振兴战略规划（2018—2022 年）》，http：//www. gov. cn/zhengce/2018 – 09/26/content_5325534. htm。

② 《乡村振兴战略规划（2018—2022 年）》，http：//www. gov. cn/zhengce/2018 – 09/26/content_5325534. htm。

③ 《乡村振兴战略规划（2018—2022 年）》，http：//www. gov. cn/zhengce/2018 – 09/26/content_5325534. htm。

④ 《马克思恩格斯全集》第二十八卷，中共中央马克思恩格斯列宁斯大林著作编译局译，人民出版社，1973，第 493 页。

抓什么，而这是最重要的。”① 1942 年毛泽东指出：“共产党员如果真想做宣传，就要看对象，就要想一想自己的文章、演说、谈话、写字是给什么人看、给什么人听的，否则就等于下决心不要人看、不要人听。”② 因此在新的历史条件下，首先要调查研究农民群众的消费心理变化，只有这样才能做到有的放矢。在此基础上通过电视和移动设备等媒体，利用送戏下乡、标语和专栏等多种载体，有针对性地向农民宣传合理消费观和绿色消费知识，提高农民对合理消费行为的认知水平，增强农民对资源环境问题的责任观念，树立“合理消费，人人有责”的责任意识。其次，对农民群体中的进行文明、绿色消费的典型人物进行表彰和奖励，进而广泛宣传，强化农民在进行文明、绿色消费后自身拥有的自豪感，使农民的合理消费行为在时间上保持连续性，从而对其他农民产生较好的示范性。最后，严格规范不合理消费行为。比如针对农民清明时节购买纸钱和冥物的不合理消费行为，当地民政部门可以联合公安、工商、城管等部门，开展清明殡葬专项执法活动，重点查处制造和销售封建迷信殡葬用品等违法行为，并按照《殡葬管理条例》规定，对各种“制造、销售封建迷信殡葬用品的，由民政部门会同工商行政管理部门予以没收，可以并处制造、销售金额 1 倍以上 3 倍以下的罚款”③。

3. 创造条件，努力提高农民的文化消费水平

2016 年 5 月 6 日，文化部、财政部联合发布的《文化部　财政部关于开展引导城乡居民扩大文化消费试点工作的通知》指出，当前“促进文化消费成为满足人民群众日益增长、不断升级和个性化精神文化需求的必然要求”④。推动农民进行文化消费，不仅是满足其日益增长的精神文化需要的举措，也是推动形成农村合理消费社会风尚的重要举措。针对当前我国农民群体存在的不合理消费现状，我们认为提高农民的文化消费水平，除了大力发展农村生产力、提高农民收入之外，还应做到以下几点。一是优化农民的文化消费结构，改变农民文化消费结构较为单一的现状，提高消费的层次。我

① 《马克思恩格斯全集》第三十二卷，中共中央马克思恩格斯列宁斯大林著作编译局译，人民出版社，1975，第 23 页。

② 《毛泽东选集》第三卷，人民出版社，1991，第 836 页。

③ 《殡葬管理条例（2012 年修正本）》，http：//mzzt. mca. gov. cn/article/qm2015/a/201503/20150300785360. shtml。

④ 《文化部　财政部关于开展引导城乡居民扩大文化消费试点工作的通知》，https：//www. mct. gov. cn/whzx/ggtz/201605/t20160506_695573. htm。

们认为，关键是要发挥政府的作用，一方面围绕农业发展，立足农民需求，针对不同年龄、不同文化程度的农民开展不同的文化消费培训，诸如农业科技普及、农业技能培训等，提升发展型文化消费的比例。另一方面，针对当前电视、报纸中涉农内容少、涉及农民文化消费的内容更是寥寥无几的现状，政府应加大对报纸、广播、电视、网络等媒体的引导和管理的力度，增加对文化消费的宣传，尤其是宣传能够引起农民共鸣的农村文化消费内容。二是加强农村文化的公共设施建设，以增加公共文化产品和服务供给。在信息化时代，尤其要加快农村信息网络领域的基础设施建设，并按照中共中央、国务院颁布的《乡村振兴战略规划（2018—2022年）》中“增加公共文化产品和服务供给”的要求，“建立农民群众文化需求反馈机制，推动政府向社会购买公共文化服务，开展‘菜单式’、‘订单式’服务。加强公共文化服务品牌建设，推动形成具有鲜明特色和社会影响力的农村公共文化服务项目。开展文化结对帮扶。……鼓励各级文艺组织深入农村地区开展惠民演出活动。加强农村科普工作，推动全民阅读进家庭、进农村，提高农民科学文化素养”①。从外部来看，农村信息网络领域的基础设施建设和公共文化产品的有效供给，是提升农民的文化消费能力和文化消费水平的重要基础和条件，尤其是在当前农民文化消费需求不断增长的条件下，加强文化领域的基础设施建设和文化产品的有效供给非常必要，这也是2019年两会期间全国人大代表张辉呼吁建设完善乡村文化基础设施的重要原因。另一方面，从农民群体内部来看，主要是通过宣传引导来提升农民对文化消费重要性的认识，改变重物质而轻文化的传统消费观，从而提升其文化消费的自觉性和主动性。

4. 发挥农村党政干部及村民委员会的管理和带头示范作用

村委干部和党支部成员，既是消费者，也是管理者，应自觉进行文明绿色环保型的消费，在消费行为上为农民做出示范和表率。对于当前农村社会居高不下的人情消费和婚嫁消费，村委干部和党员同志首先应该以身作则，节俭办红白喜事，带头进行绿色环保消费，宣传节约精神。同时，发挥村民委员会的自治组织作用，首先发动群众、深入讨论，在形成共识基础上制定村规民约，对红白喜事操办规模、收礼金额做出具体明确的界定。也可以选

① 《乡村振兴战略规划（2018—2022年）》，http：//www.gov.cn/zhengce/2018－09/26/content_5325534.htm。

取本村有名望的老人和有文化、有经验、素质高、能力强的能人组成红白喜事理事会，对村里的红白喜事统一安排，本着文明节俭的原则，按照统一规模操办村里的红白喜事。这样，既避免了大操大办、铺张浪费等不合理消费行为，又弘扬了我国的优良传统。

5. 压实责任，规范和整治农民群体中的不合理消费风气，为形成合理消费社会风尚扫清障碍

对于农民群体中的迷信消费、铺张浪费和大操大办等不合理消费行为，在宣传教育的同时，应该压实责任、加强监督检查。县乡党委特别是纪委和组织部门通过加强对村居党组织尤其是党员干部的督促检查，对于违反规定和参与封建迷信消费的党员干部给予严厉处罚。文明办要把狠刹迷信消费、铺张浪费的大操大办作为村居文明创建的重要内容，纳入考核指标体系。民政部门切实抓好群众自治组织及村居委员会的工作落实。

总之，农民作为未来中国消费市场的“潜在消费大军”，对其消费行为取向进行积极的引导，推动形成合理消费社会风尚，对改善农民生存环境、提高农民生活质量、建设社会主义生态文明具有重要的现实意义和深远的历史意义。

五 发挥大学生群体[①]在我国合理消费社会风尚形成中的生力军作用

大学生是较为特殊的一个消费群体，尽管他们经济不独立、消费能力较弱，却有着强烈的消费欲望，是公众消费的主流群体。尽管他们尚存在很多不合理的消费取向，但正处在人生观、价值观的形成时期，具有较强的可塑性。塑造大学生的合理消费行为，对我国合理消费社会风尚的形成具有重要的作用，也必将对其个人和社会发展产生持久的积极影响。

（一）大学生“未来合理消费生力军”的地位决定了其在我国合理消费社会风尚形成中的重要作用

大学生有着先进的思想和较强的行动力，是一个乐于体验和接受新鲜事

① 这里的大学生群体主要是指高校在读的研究生和普通本专科学生。

物的群体。他们非常容易接受社会上新颖的消费观念和消费方式，乐此不疲地追赶新潮的消费商品和消费方式，具有非常大的消费潜力，他们的价值取向直接影响和推动着经济社会的发展。当今中国，建设社会主义生态文明已经成为时代的最强音，形成合理消费社会风尚，是时代发展的必然，更是社会进步的标志。大学生作为国家未来发展的生力军，在消费价值取向方面明显具有与自身发展以及社会发展要求的一致性。《2015 年中国大学生消费行为与品牌认知报告》显示，“68.0% 的受调查大学生赞同‘兼顾实惠和高标准’的消费观念，27.7% 赞同‘以经济实惠为主’的消费观念，仅有 4.3% 赞同‘尽量追求高标准’这一消费观念”①。2018 年《大学生消费洞察报告》显示，“对于购买单价超过 800 元的商品，62% 的大学生在购买前会花一段时间详细了解产品信息和价格……15% 的大学生会在逛街时冲动购买大金额商品，比例较低”②。从以上调查数据不难看出，多数大学生的消费价值取向具有合理性。

大学生是一个集聚的共居群体，其价值观和人生观正处于形成时期，因此，大学生的消费观和消费取向可塑性较强，形塑的时效性也较强。针对大学生的这一特点，越来越多的高校日渐重视通过课程教育和实践活动支持来普及绿色消费知识，倡导合理消费社会风尚，且作用明显。调查显示，当前大学课程设置中有关绿色消费、合理消费等方面的课程和讲座也在不断增加，同时，随着资源环境问题的凸显，以节俭、环保为主题的大学生活动也日益增多。比如，针对一度存在的校园中的“餐桌上的浪费”现象，北京多所高校学生食堂推出节约新招，节俭的风险在校园中蔚然成风。“在北京外国语大学，随处可见提醒学生珍惜粮食的标识；北京邮电大学还利用手机报、人人网、微博等媒体发起‘随手拍光盘’活动，千余人次参与活动；中国农业大学也开展‘科学饮食，告别浪费’大型宣讲活动。……中国人民大学、北京服装学院食堂推出‘半份菜’‘小份菜’‘拼菜’；北京石油化工学院、北京交通大学还奖励节约，吃饭‘光盘’的师生将得到卡片，攒卡享受用餐优惠……北京化工大学师生自主研发了一套餐厨垃圾处理设备，采用‘厌氧制沼气’工艺，先把餐厨垃圾中的筷子、塑料袋等分拣出来，然后再

---

① 李玉：《〈2015 年中国大学生消费行为与品牌认知报告〉发布》，http：//www.cssn.cn/dybg/gqdy_gqcj/201601/t20160114_2827753_1.shtml。

② 《大学生消费洞察报告》，http：//report.iresearch.cn/report_pdf.aspx？id =3262。

油水分离，之后再投入生物菌发酵形成沼气，提纯后就变成燃气。处理后的残渣，还可以作为树木、花草的有机肥料。”①

大学生是一群特殊的消费者，他们具有较高的文化水平、较完备的知识结构，对国家所倡导的以绿色文明健康为特点的合理消费有较强的认同，他们进入社会后势必会成为我国合理消费的生力军，成为我国合理消费社会风尚的推动者。

（二）引导大学生合理消费，助推合理消费社会风尚形成

大学生作为我国未来消费的生力军，针对大学生消费特点与当前存在的不合理消费现象，引导大学生合理消费，对于我国合理消费社会风尚的形成甚为重要。

1. 政府积极引导主流消费文化，营造良好的社会消费环境

尽管大学生还没完全进入社会，但对于作为“网络原住民”的当代大学生而言，社会消费环境尤其是网络消费环境对其影响之大甚至超出想象。政府作为宣传和引导合理消费的主要力量，应积极引导主流消费文化，营造良好的社会消费环境。当前最为主要的是构筑新媒体教育平台，推进合理消费理念宣传教育。在当今社会，大学生的消费已同网络媒体绑定在一起，一方面，日益多样的网络媒体不断激发并满足着他们衣食住行等多方面的需求；另一方面，这也使得大学生对网络的依赖程度空前提高。在这样的时代背景下，如何利用网络新媒体的影响力，抓住引领消费的咽喉，形成思想引导的先锋力量，既是政府的社会责任，也是当前形塑大学生合理消费需要面对的迫切挑战。正如詹姆斯·卡伦所言：“新媒体会导致新的权力中心的出现，在现存的主导型维权结构内部引发日趋激化的紧张状态；另一方面，新媒体有时候会绕开已经建立的媒体传输机制，发布禁止或限制的信息，通过这种方式来破坏控制社会知识的等级制度。”②

针对网络媒体给大学生消费教育带来的挑战，政府应顺应“多网融合”新趋势，在网络新媒体中全面深入推进合理消费理念宣传教育。一是主动培养合理消费的网上“意见领袖”。鉴于新媒体时代“政府对传播权力的垄断

① 任敏、贾晓燕：《高校食堂促“光盘”控浪费》，《北京日报》2014年6月3日，第3版。

② 詹姆斯·卡伦：《媒体与权力》，史安斌、董关鹏译，清华大学出版社，2006，第74页。

被解构，传播权逐渐由国家向社会转移，进而在一定程度上削弱了政府在意识形态上的主导地位”①，而与此同时，“掌握新权力的这个主体就是网络社会中的‘意见领袖’，他们成为重新构建的信息社会场域中的权力中心，拥有众多的粉丝，在网络空间中‘指点江山’”②。政府应主动培养合理消费的网上“意见领袖”，充分发挥“意见领袖”的“新权力主体”作用。有统计表明，“在社会化媒体中，10%的‘意见领袖’创造了80%的原创帖，吸引了90%的点击率”③。二是搭建各有侧重、分工明确且相互配合的新媒体平台。以人民网、新华网等为基础，整合、发布与国家消费政策相关的各类新闻、资讯，打造合理消费信息发布的权威平台，在黄金时段、重要版面制作发布公益广告，及时宣传报道合理消费的理念经验和做法；专门建设专题绿色消费网，发布国家绿色消费工作动态；在生态环境部、中央文明办、教育部、共青团中央和全国妇联等相关部门的带领下，办好微博、微信公众号等自媒体，积极开展全国环境日、全国低碳日、节能宣传周、科普活动周等主题宣传活动，组织文明家庭、文明学校、先进个人组建QQ群、微信群，形成覆盖广、影响大的“新媒网”。各平台的相互配合是进行网络宣传的重要物质基础。三是利用好当今社会丰富的合理消费资源，挖掘整合中外合理消费的历史故事、文化艺术活动、典型案例等有关消费的思想文化资源，开发卡通、动漫等网络文化产品。组织全国大学生开发诸如合理消费文化主题连环画、微视频、微电影等网络文化资源与文化产品，及时传递党中央生态文明消费新理念、新思想、新战略，营造良好的消费精神家园。

2. 发挥大学教育的主阵地作用

“大学教育是素质教育，绿色消费素质是人的综合素质的重要组成部分，大学作为向社会各界输送人才的重要基地，普及大学生的绿色消费教育是高等教育的重要职责。”④ 基于时代发展的需要，2016年，国家发展和改革委员会等10部门印发了《关于促进绿色消费的指导意见》，其中明确提出把绿

---

① 王山、奉公：《技术赋权、创造性破坏与以人为本——新媒体时代的政府治理创新》，《东北大学学报》（社会科学版）2016年第1期。

② 王山、奉公：《技术赋权、创造性破坏与以人为本——新媒体时代的政府治理创新》，《东北大学学报》（社会科学版）2016年第1期。

③ 席琳、许玉镇：《新媒体下网络政治发展及政府治理》，《东北师大学报》（哲学社会科学版）2016年第1期。

④ 卢嘉瑞、吕志敏等：《消费教育》，人民出版社，2005，第394页。

色消费作为学生思想政治教育的重要内容，纳入文明校园创建要求。[①] 大学已然成为大学生合理消费教育的主阵地。当前，高校对大学生进行合理消费教育，主要是通过课堂教学和实践教学的开展以及高校校园文化潜移默化的影响来完成的。

（1）完善课堂教学体系，帮助大学生树立合理消费观

我们的调查发现，当前高校教育中专门对大学生进行合理消费教育的课程几乎没有，在这个科技高度发达、经济飞速发展、信息全球化的新时代，仅仅依靠灌输“艰苦奋斗、勤俭节约”的传统消费理念，已经不能满足经济社会发展的需要。我们认为完善课堂教学体系、帮助大学生树立合理消费观的主渠道是开发利用高校思想政治理论课的生态文明教育资源，润物细无声地进行合理消费的教育。《思想道德修养与法律基础》教材中虽没有专门章节介绍合理消费，但其中有不少生态文明教育资源，而生态文明建设的现实选择就是绿色消费，因此教师可以在讲授的过程中进一步加以引导。比如，“一是关于爱国主义的基本要求中包括爱祖国的大好河山，要求大学生热爱自然、珍惜自然、善待自然。二是关于科学对待人生环境，要求大学生促进自我身心和谐，个人与他人、与社会、与自然和谐等生态文明是人类在社会发展过程中保护和改善生态环境形成的文明成果，表现为人与自然不断走向和谐。人与自然和谐共生是中国特色社会主义文化的重要特征和价值追求。三是关于社会公德，在处理人与自然关系的层面上主要体现为热爱自然、尊重自然和保护环境。四是关于环境的法律法规，主要包括《环境保护法》、《固体废物污染环境防治法》、《水污染防治法》和《海洋环境保护法》等”[②]。2018 年版的《毛泽东思想和中国特色社会主义理论体系概论》是根据党的十八大以来特别是习近平总书记系列重要讲话精神进行修订的，其中“建设美丽中国”的三节内容都内含丰富的合理消费教育思想，此外，科学发展观、全面建成小康社会等都是合理消费教育的内容。在《马克思主义基本原理概论》课程中有着丰富的合理消费教育资源，比如唯物主义的物质观，实践观，人与自然、人与社会的和谐发展观。《形势与政策》课可以以专题的形式从生态文明建设的视角介绍合理消费问题。

---

① 《关于促进绿色消费的指导意见》，http：//www. ndrc. gov. cn/zcfb/zcfbtz/201603/t20160301 _ 791588. html。

② 廖金香：《高校生态文明教育的时代诉求与路径选择》，《高教探索》2013 年第 4 期。

其次，借助“中国高校生态文明教育联盟”助推大学生课堂合理消费教育。据笔者观察和调查发现，随着生态文明建设步伐的加快，当前多数高校开始重视大学生生态文明教育，很多学校开设了公共课或素质选修课，比如清华大学就开设了《环境保护与可持续发展》《生态文明十五讲》两门公共课。不仅如此，为了“以生态文明思想和理念化育人心、引导实践，构建高校生态文明教育体系，带动和引导全民生态文明教育，肩负起培育生态文明一代新人的新使命、新任务”，2018 年 5 月 26 日，国内 150 余所高校还联合成立了“中国高校生态文明教育联盟”，准备“逐渐着力开展生态文明教育系列教材编写、生态文明教育共享课程开发、生态文明基本学理研究、高校生态文明教育门户网站建设、大学生生态文明实践创意平台搭建等方面的工作”①。显然“中国高校生态文明教育联盟”的成立及其工作的进一步开展，是完善和有效开展大学生课堂合理消费教育的重要支撑。高校应抓住这一契机，利用好这一平台，在生态文明教育中普及合理消费知识，灌输合理消费理念，形塑大学生合理消费风尚。

（2）积极组织学生开展合理消费实践活动

理论联系实践是马克思主义的根本方法，正如马克思所指出的，“人的思维是否具有客观的真理性，这并不是一个理论的问题，而是一个实践的问题。人应该在实践中证明自己思维的真理性，即自己思维的现实性和力量，亦即自己思维的此岸性。关于离开实践的思维是否具有现实性的争论，是一个纯粹经院哲学的问题”②。对大学生进行合理消费教育时，不应该只注重理论知识的传播，更应该重视理论与实践的相互联系，只有理论联系实践，才会对理论有着更加深入的认识，认识来源于实践并反作用于实践，从认识到实践再到认识，也是马克思主义认识论的基本思想。对大学生而言，合理消费实践活动一方面可以巩固学生合理消费的理论知识，提高学生合理消费的能力，另一方面通过参加实践反过来能大大增强学生对合理消费的认同。

高校开展合理消费实践活动的途径主要有两个方面。

一是校内以学生党团组织、学生社团等为核心力量辐射性地开展合理消

① 陈庆滨：《中国高校生态文明教育联盟成立　南开清华北大等 150 余所高校“加盟”》，http：//news. cnr. cn/native/city/20180527/t20180527_524248407. shtml。

② 《马克思恩格斯选集》第一卷，中共中央马克思恩格斯列宁斯大林著作编译局编，人民出版社，1972，第 16 页。

费实践活动，比如充分利用“世界水日”“世界环境日”等环保节日开展“文明、节约、环保”相关主题教育，可以采用座谈会、报告会、交流会、讲座等形式，也可以开展以“绿色消费”为主题的书画摄影展、演讲和辩论比赛、绿色产品科普知识及环保科技作品设计比赛等活动。这不仅能丰富大学生的课余生活，也能提高大学生对合理消费的认知度和践行力，鼓励大学生从自身做起，从小事做起。

二是为学生提供更多的合理消费实践平台和实践机会。一方面，高校可以给学生提供一些勤工助学岗位，鼓励他们利用自己的课余时间通过自己的付出换取劳动报酬，帮助大学生明白金钱来之不易，任何有偿消费都必须辛苦付出，以此消减大学生不合理的消费欲望，增强其勤俭节约的自觉性。另一方面，学校可以与政府部门尤其是农林、环保等职能部门合作，组织学生实地参观考察或让学生亲身实践，比如组织学生深入生态污染严重的企业和农村，实地考察和感知“三废”（废气、废水、废渣）的排放状态，激发和引导学生对环境污染问题和解决对策做深入思考，加深他们对绿色消费的理论认识，提升他们自觉践行绿色消费的自觉性，甚至主动宣传、积极发动身边人践行合理消费。如东北林业大学“每年都会组织20余次湿地保护、生物多样性研究、资源节约调查、科技兴林服务、生态文明宣讲、‘低碳环保’宣传、生态边城绿色调查等特色社会实践活动。近3年来，参与学生达8000余人次。每到一处，学生们都积极向当地群众传播生态文明知识，提高社会公众的生态文明意识”①。

（3）营造良好的校园消费文化环境

马克思在《关于费尔巴哈的提纲》中说过：“人创造环境，同样环境也创造人。”② 高校良好的文化环境，一定会对生活在其中的大学生的消费产生良好的影响。

校园文化可分为硬件文化和软件文化。校园硬件文化建设主要是建设美丽和谐的校园环境，软件文化建设则主要表现为倡导“绿色生活”模式，营造节约、环保、爱护环境的良好氛围。高校在运用校园报刊、校园广播、宣

① 赵洪波、张士英：《东北林业大学：用思政课播撒生态文明的种子》，《光明日报》2018年11月18日，第5版。

② 《马克思恩格斯选集》第一卷，中共中央马克思恩格斯列宁斯大林著作编译局编，人民出版社，1995，第243页。

传栏等传统媒介的同时，应关注并充分发挥微信、微博等新媒介的作用，形成线上线下相互补充、相互促进的校园宣传新格局。在内容方面，通过组织“高雅艺术进校园”“读经典”等活动不断提升大学生精神消费在整个消费中的比重，精神消费提升了，思想认识提高了，反过来就会让大学生对什么是合理消费有正确的价值判断，他们也就不会沉迷于追逐物质消费的无限欲望中，从而能够在消费主义思潮面前保持消费的理性，把握自我消费的尺度和方向；在技术方面，要充分运用网络化、信息化技术，发挥好当前大学生最为关注的新媒体平台的作用，不断关注并及时了解他们消费的热点和特点，有针对性地对其进行教育。我们认为，要做到有的放矢还必须让大学生广泛参与，充分发挥大学生群体的主动性，一方面，培养学生“意见领袖”群体并引导其从大学生自身的视角去探讨消费问题、解读消费内涵、及时发表理性的见解和观点，宣传正面消费观念，使宣传和教育的内容和形式更加贴近学生生活，从而增强说服力；另一方面，可以通过正反典型案例剖析等形式向大学生群体宣传树立合理消费观的重要性和必要性，逐步消解错误的消费观。同时，学校还可以鼓励和支持教师开设有关“绿色消费”的系列讲座，组织学生参加以“节约、环保”为主题的合理消费论坛等，广泛发动全校师生积极参与，以营造尊重自然、保护环境、节约资源的良好氛围。

（4）积极发挥高校辅导员在大学生合理消费教育中的引导作用。《普通高等学校辅导员队伍建设规定》指出：“辅导员应当努力成为学生成长成才的人生导师和健康生活的知心朋友。……围绕学生、关照学生、服务学生，把握学生成长规律，不断提高学生思想水平、政治觉悟、道德品质、文化素养。”① 辅导员的工作与学生有着天然的密切关系，加之辅导员群体是大学生在校园内接触最为频繁的一支教师队伍，具有年纪轻的特点，更容易同大学生进行“无代沟”交流，能够第一时间发现大学生在思想方面真实客观的情况，并及时进行引导教育，所以辅导员在合理消费社会风尚形成中的地位非常重要。

辅导员引导大学生合理消费的有效路径主要如下。首先，辅导员应以身示范。打铁必须自身硬，育人先育己，正人先正己。辅导员作为施教者的身

① 《教育部公布〈普通高等学校辅导员队伍建设规定〉》，http：//www. gov. cn/xinwen/2017 - 10/05/content _5229685. htm。

份，其自身的消费理念、消费意识和消费取向对学生影响很大并直接决定着其教育的效果，所以要发挥高校辅导员在大学生合理消费教育中的引导作用，辅导员自身要形成良好的消费心理和习惯，并以身示范，只有这样才能有效开展大学生消费教育。其次，抓主要矛盾，有针对性地进行教育引导。针对学生存在的消费误区，辅导员应当认真查找“症结”，深入剖析“病因”，科学开出“药方”，创新教育方式方法，因势利导、循循善诱，教育引导学生树立健康、理性、绿色的消费理念。

3. 充分发挥家庭对大学生合理消费的引导作用

谈到家庭教育的重要作用，大家都基本认同这样的观点：父母是孩子最早的启蒙老师，父母的言行对孩子影响巨大。大量研究也表明，大学生的消费理念和消费行为受父母的消费观念、消费习惯和消费行为的影响巨大。许多大学生的消费行为取向并不是在大学校园里形成的，而主要是从小受家庭的影响所致：父母勤俭节约，其孩子往往崇尚勤俭节约；而父母花钱无计划，其孩子也在消费中缺少规划和理性。显然，对大学生进行合理消费教育，家庭教育必须与学校、政府配合、协调行动，只有这样才能杜绝大学生的盲目消费、过度消费等不良现象，使大学生的消费结构、消费观念和消费行为日趋合理化。一方面，在满足学生的消费要求上，家长要变“有求必应”为“适度供给”，对于孩子的消费，父母要态度明确：凡是学习生活所必需的合理开支，应尽全力支持；凡是非理性的消费，应严格控制。当然转变经济供给的同时，父母必须适时地进行合理消费观教育，让孩子明白父母挣钱的不易，增强其理性消费意识、家庭责任感和社会责任感。另一方面，发挥好“勤俭节约”“绿色消费”的以身示范作用。由于父母的言行对孩子具有重要的示范作用，父母首先要不断进行自我教育，具备文明、节约、环保消费理念，并把其体现在日常的家庭消费之中，为孩子做好榜样；还可以把勤俭持家理念融入家风之中，注重在日常生活中培养大学生的良好消费习惯。

第七章

我国合理消费社会风尚形成机制构建

合理消费社会风尚的形成是一个系统工程，需要充分发挥社会各方力量，形成合力，为此，就需要构建我国合理消费社会风尚的形成机制，使合理消费社会风尚形成的各要素能有机运行。

构建我国合理消费社会风尚的形成机制是应对国内外不良消费风气冲击和挑战的迫切需要，也是解决当前我国合理消费社会风尚形成方面存在的问题的必由之路。

“机制”一词最早源于希腊，是指机器的构造和运作原理。《现代汉语词典》（第7版）对其的其中一个解释为：“泛指一个工作系统的组织或部分之间相互作用的过程和方式。”[①] 从社会科学的视角来理解机制，应从两方面来把握：一是事物各构成要素是构成机制复杂系统的前提；二是各个要素的有机联系和相互作用构成了机制的运行方式，即“机制是以一定的运作方式把事物的各个部分联系起来，使它们协调运行而发挥作用的”[②]。

基于对机制概念的理解，我国合理消费社会风尚形成机制的构建应该包括如下几个方面。

合理消费社会风尚形成的条件：一方面是主要有合理消费社会风尚形成的理论基础、历史经验、政策支持等可能性因素，另一方面还应该包括在消

① 中国社会科学院语言研究所词典编辑室编《现代汉语词典》（第7版），商务印书馆，2016，第600页。

② 李超玲：《构建人民群众广泛参与的反腐倡廉机制》，《党政干部论坛》2010年第5期。

费主义思潮影响下政府和部分群体的部分不合理消费行为以及制度设计、法律规范等方面的问题这一必要性因素。

合理消费社会风尚形成的构成要素主要包括主体要素和客体要素。主体要素包括顶层设计、形成主体等，客体要素包括形成内容、形成路径等。

合理消费社会风尚形成的工作原理与运行方式从功能上可以分为：合理消费社会风尚形成的宣传教育机制、协调运行机制、规范制约机制、激励保障机制等。由此，我国合理消费社会风尚形成机制的构建是合理消费社会风尚各构成要素相互作用，形成比较稳定的体系以及由此产生的整体运行方式、有效调节方式和外部保障措施的总和。

本章主要从我国合理消费社会风尚形成的要素构成和合理消费社会风尚形成机制构建的内容进行研究。

一 当代中国合理消费社会风尚形成机制的要素构成

由于合理消费社会风尚本质上属于意识形态，属于与社会发展要求相一致的主流意识形态，其社会功能不会自然发展，需要人们有意识地倡导或引导。这就是合理消费社会风尚形成机制中的主体要素。

（一）合理消费社会风尚形成机制中的主体要素

1. 我国合理消费社会风尚形成的顶层设计

顶层设计在当代中国合理消费社会风尚形成机制的构建中扮演着“领导角色”，起着主导作用，其主要包括如下几个方面。

首先是树立科学的理念。建立符合中国经济社会发展需要和人民群众需要的合理消费社会风尚形成机制，需要一系列的科学理念作为指导和引领。一是要牢固树立坚持党的领导的理念。“中国特色社会主义最本质的特征是中国共产党领导，中国特色社会主义制度的最大优势是中国共产党领导。”①而合理消费社会风尚属于意识形态的本质特点，决定了其形成机制构建必须牢固树立坚持党的领导的理念，党的十九大报告指出，“加强党对意识形态

① 《决胜全面建成小康社会　夺取新时代中国特色社会主义伟大胜利——在中国共产党第十九次全国代表大会上的报告》，《人民日报》2017 年 10 月 28 日，第 1 版。

工作的领导”“要牢牢掌握意识形态工作领导权”①。当代中国形成合理消费社会风尚要始终坚持党的领导，把党的领导贯穿到合理消费社会风尚形成的全过程，以习近平新时代中国特色社会主义思想为指导，认真学习贯彻习近平关于合理消费的系列讲话精神，不忘初心、牢记使命，坚持以人为本、执政为民，以开展全社会合理消费宣传教育为先导，在保障人民群众物质消费水平不断提高的基础上，以提升精神消费水平为重点，健全机制，完善制度，形成全社会崇尚合理消费社会风尚的良好局面，有力推动我国生态文明建设。二是要树立人民主体的理念。无论是治理当前社会上存在的不合理消费乱象，还是倡导节约、环保、生态的合理消费社会风尚，都必须依赖社会大众的积极参与。社会风尚形成的理论和我国历史上良好消费风尚形成的实践都证明，必须依靠社会民众的广泛参与，充分调动广大人民群众的积极性和主动性，只有这样才能在全社会形成合理消费社会风尚。三是要树立法治理念。一方面党和政府主管部门要树立法治理念，深入实践、积极调查，及时制定相关规范和法律制度，并严格执行，这是当前国家层面形塑我国合理消费社会风尚的前提。另一方面，要依法积极教育、引导、规范人民群众践行文明、节约、环保的消费取向。

其次是坚持一切从实际出发的基本原则。从我国当前的实际出发，立足于我国合理消费社会风尚形成的现实基础，逐步建立与我国生产力发展水平相适应、与人民生活发展要求相适应、与社会主义生态文明建设进程相适应的消费社会风尚，稳步推进各要素主体参与合理消费社会风尚的形成，勠力同心实现中华民族伟大复兴的中国梦。

最后是明确目标。在我国合理消费社会风尚形成机制的构建中要明确的目标一是助推我国社会主义生态文明建设。无论是党的十八大报告首次提出“形成合理消费的社会风尚”，2016 年通过的《中华人民共和国国民经济和社会发展第十三个五年规划纲要》提出的“倡导合理消费，力戒奢侈消费，制止奢靡之风……推动形成勤俭节约的社会风尚”②，还是党的十九大报告提出的“倡导简约适度、绿色低碳的生活方式，反对奢侈浪费和不合理

① 《决胜全面建成小康社会　夺取新时代中国特色社会主义伟大胜利——在中国共产党第十九次全国代表大会上的报告》，《人民日报》2017 年 10 月 28 日，第 1 版。

② 《中华人民共和国国民经济和社会发展第十三个五年规划纲要》，http：//www. xinhuanet. com//politics/2016lh/2016 -03/17/c_1118366322. htm。

消费”①，都着眼于生态文明建设的要求，把形成合理消费社会风尚作为当前我国社会主义生态文明建设的重要内容。二是增强社会参与合理消费社会风尚形成的自觉性。通过政府和学校的广泛宣传教育，社会成员更加认同节约、文明、环保的消费理念。三是使形塑合理消费社会风尚的路径更加多样化。除政府外，充分发挥企业、社团组织和现代媒体在我国合理消费社会风尚形成中的主体作用，使合理消费社会风尚的路径更加多样化。四是使合理消费社会风尚的形成更有保障。形塑我国合理消费社会风尚的制度建设和法制建设不断加强，相关法规制度更加健全，公民的合法权益更有保障。五是使合理消费社会风尚的成效更加明显。通过合理消费社会风尚形成机制的构建，群体参与合理消费社会风尚的自觉性增强，积极性得到提高，形塑合理消费社会风尚的路径更加多样，各主体权利得到保障，反映到实际效果上，就是要使更多的不合理消费取向减少，在全社会形成崇尚文明节俭环保的消费风气，有力地促进我国社会主义生态文明建设。

2. 我国合理消费社会风尚形成的主体

我国合理消费社会风尚形成的主体应该包括政府（决策者）、企业（生产者）、消费者和新闻媒体传播者。

政府，作为国家意志的代表，在我国合理消费社会风尚形成中处于中心地位，发挥着主导作用。

联合国可持续发展委员会经济指导小组主席 Tim Jackson 的研究表明，“消费者个体的消费决策和消费行为受到政府各项经济和法律制度安排的影响和制约，很容易被社会制度和社会规范锁定。因此，政府有责任，也有必要综合运用法律规制、教育引导、财政税收等手段，营造有利于消费者积极转变消费行为的市场环境和社会氛围”②。政府作用的内容主要表现在利用学校和媒体等对公民进行合理消费的宣传教育；制定和完善相关法律制度为合理消费社会风尚的形成提供保障，利用经济手段实现消费与资源利用、环境保护的协调发展。

企业，是从事生产经营活动的主体，企业的生产过程以及生产的产品都

① 《决胜全面建成小康社会　夺取新时代中国特色社会主义伟大胜利——在中国共产党第十九次全国代表大会上的报告》，《人民日报》2017 年 10 月 28 日，第 1 版。

② 转引自许进杰《生态文明消费模式研究——基于资源性供给紧约束的视角》，吉林出版集团股份有限公司，2016，第 160～161 页。

直接决定着消费者的消费选择。企业在我国合理消费社会风尚形成中的主体作用主要表现在两方面。一方面，企业在生产过程中合理利用资源和能源（包括优先选择可再生、低能耗、少污染的原辅材料等），提高资源利用率，减少环境污染，进行清洁生产①，具体体现在，“对生产过程，要求节约原材料和能源，淘汰有毒原材料，削减所有废物的数量和毒性；对产品，要求减少从原材料提炼到产品最终处置的全生命周期的不利影响；对服务，要求将环境因素纳入设计和所提供的服务中”②。另一方面，主动生产和经营有利于资源利用和环境保护的生态产品。随着市场对绿色环保产品的需求不断上升，企业要想实现自身的可持续发展，就必须加强对生态产品的开发和设计，不断优化产品结构，主动参与到生态文明消费的实践中去。

作为合理消费社会风尚形成主体的消费者，直接决定了合理消费社会风尚形成的程度。始于20世纪80年代末在欧美国家盛行的环境运动，它所遵循的绿色消费主义的宗旨认为，与其靠政治活动制定法律，倒不如提高消费者的意识，靠消费者的选择推动市场机制，即靠消费者的主导意识，要比规制更能促进对环境有益的商品的流通，更能早日实现对环境的保护。③ 因为“没有消费就没有生产”“消费在观念上提出生产的对象，把它作为内心的图像，作为需要、作为动力和目的提出来”④。

新闻媒体传播者是新媒体时代我国合理消费社会风尚形成的特殊主体，其作用主要体现在通过报纸、杂志、广播、电视、网络等新闻媒介潜移默化地影响消费者的消费取向和消费选择，进而有力地推动我国合理消费社会风尚的形成。其特殊性主要表现在新闻媒体传播者具有代表公众意愿的功能，并借助公众意愿对政府官员群体等典型群体的不良消费取向进行监督。二是新闻媒体传播者的传播载体具有共享性、即时性、互动性、受众人数多等特点，是信息化时代人们沟通的纽带，也日渐成为大众消费的最重要的载体，

① 联合国环境规划署认为，清洁生产是指将综合性预防的战略持续地应用于生产过程、产品和服务中，以增加生态效率和降低对人类安全和环境的风险。

② 许进杰：《生态文明消费模式研究——基于资源性供给紧约束的视角》，吉林出版集团股份有限公司，2016，第179页。

③ 转引自许进杰《生态文明消费模式研究——基于资源性供给紧约束的视角》，吉林出版集团股份有限公司，2016，第185页。

④ 《马克思恩格斯全集》第四十六卷上册，中共中央马克思恩格斯列宁斯大林著作编译局译，人民出版社，1979，第29页。

在日常生活中潜移默化地影响着合理消费社会风尚的形成。

（二）合理消费社会风尚形成机制中的客体要素

我国合理消费社会风尚的形成不仅受到政府消费政策、消费者消费价值观念、生产者的生产经营理念等主体因素的影响和制约，还受到我国人口数量、资源环境状况、生产力水平等客体的影响和制约。

1. 我国合理消费社会风尚形成的内容

参照党的十八大报告中的生态文明建设视域下对合理消费社会风尚的要求和前述合理消费社会风尚的内涵，笔者认为我国合理消费社会风尚形成的具体内容有以下三个方面。

首先是节约的消费社会风尚。一方面是在生产和消费过程中，提高物的使用效率，循环利用，物尽其用，从而节约资源和能源。另一方面是限制对消费量的过度追求，规范人们对消费水平和生活质量的更高追求，进而实现节约，保障代际消费的公平和社会发展的可持续。尽管新时代我国生产力水平发展迅速，物质产品极大丰富，但资源性产品供给趋紧却日渐成为我国发展的主要制约因素，为此，国家倡导“要大力弘扬中华民族勤俭节约的优秀传统，大力宣传节约光荣、浪费可耻的思想观念，努力使厉行节约、反对浪费在全社会蔚然成风”①。

其次是生态环保的消费社会风尚，主要体现为消费者的消费过程以及消费结果要以保护生态、保护环境为自觉追求，即在消费过程中尽量少消费甚至拒绝消费不可再生资源，多使用短缺资源和不可再生资源的替代消费品，自觉控制消费结果，不产生对环境造成污染的消费残存物。

最后是健康精神文化的消费社会风尚。消费是人类生存和发展的基本条件，而人的全面发展不仅要求物质消费的生存满足，更要求健康精神文化消费的实现，这也是人的消费不同于动物消费的重要区别所在。健康精神文化的消费社会风尚反对低级、庸俗、愚昧的精神文化消费取向和消费理念，是全社会自觉追求的健康科学的精神文化消费价值观。

2. 我国合理消费社会风尚形成的方式和途径

理论上，社会风尚传播和形成的形式主要有两种：“一是自发，由少数人率

---

① 习近平：《在第十八届中央纪律检查委员会第二次全体会议上的讲话》，载中共中央文献研究室编《厉行节约 反对浪费——重要论述摘编》，中央文献出版社，2013，第56页。

先兴起，更多的人模仿而成。这种社会风尚的形成与演变带有很大的自发性，是一种较为低级的群众集体行为，没有科学的思想体系做指导。二是倡导，政府或正式组织有目的、有组织地宣传和提倡某种社会风尚，这种社会风尚蕴含了与主文化相适应的意识形态，有科学的思想体系做指导。”① 在现实生活中，合理消费社会风尚形成的实践更为复杂，可分为传统形成方式和网络参与方式两大类。

首先是传统形成方式。政府自上而下的倡导是合理消费社会风尚形成的传统形式。合理消费社会风尚形成的起点常常是少数人的意识和行为，他们的消费意识或消费取向具有科学合理性，对人的发展和社会进步具有积极作用，且代表社会大多数人的利益，进而能够引起社会大多数人的共鸣，其源泉一般是处于较高地位或被高度关注的群体，这些人常常是合理消费社会风尚的最初倡导者。当倡导者的消费理念和消费取向能够代表社会大多数人的利益和符合社会大多数人的要求时，这种合理消费社会风尚便由开始时的自上而下的倡导演变为自下而上和自上而下的融合。新中国成立至改革开放前我国节约消费社会风尚的形成过程，充分佐证了合理消费社会风尚形成方式的上述特点。这一时期，为把我国建设成强大的社会主义现代化的工业国家，党和政府倡导节约的观念，强调“节约的观念，在我们现在要加紧建设的当中，是一个最中心的问题。要使我们的干部和人民都要有这样一个观念，节约一点，就是对于国家建设增加一分，对于国防力量增强一分；浪费一点，就是对于国家的经济建设和国防建设有害。要用这个观点经常地教育我们的干部和人民，因为这是很容易疏忽的。国家大了，稍微不留神，就要浪费一批人力，或者物力，或者财力，对我们建设就不利”②。其具体做法首先是政府机关、党政领导做表率，“一切国家机关、国营企业、事业单位和合作社，都应该厉行节约”③。虽然该时期广大人民群众的消费水平依然较低，但节约消费较好地契合了他们的现实消费水平状况，加之党和政府提出的节约消费代表了国家利益，是人民群众长远消费利益的有力保障，因此这

---

① 朱力：《社会风尚的理论蕴含》，《学术交流》1998 年第 4 期。

② 周恩来：《节约和改善生活》，载中共中央文献研究室编《周恩来经济文选》，中央文献出版社，1993，第 206 ~ 207 页。

③ 周恩来：《关于第二个五年计划建议的若干主要问题》，载中共中央文献研究室编《周恩来经济文选》，中央文献出版社，1993，第 324 ~ 325 页。

种自上而下的倡导很快得到了人民群众的认同和支持。1979 年，邓小平肯定了这一时期人们的付出，他说“在艰难的时候，人们都很守纪律，照顾大局，把个人利益放在集体利益当中，放在国家利益、社会利益当中，自觉地和国家一道来渡过困难”①。最终，这一时期崇尚节约的消费风尚在自上而下的倡导中逐步形成并持续稳定。

其次是网络参与方式。互联网时代的到来使我国合理消费社会风尚的形成方式发生了新的变化。从构成上看，网络合理消费在消费中的比例不断加大，尤其是近年来智能手机的不断更新换代，以及手机软件的普及，越来越多的人随时随地进行网上购物。与传统的合理消费社会风尚形成方式相比，网络参与方式在当前我国合理消费社会风尚形成中的作用和影响日渐增大。中国互联网络信息中心（CNNIC）第 47 次《中国互联网络发展状况统计报告》显示，截至 2020 年 12 月，我国网民规模达 9.89 亿人，互联网普及率达 70.4%。网络购物用户规模达 7.82 亿人，占网民整体的 79.1%。2020 年，我国网上零售额达 11.76 万亿元，其中，实物商品网上零售额 9.76 万亿元，占社会消费品零售总额的 24.9%。越来越多的网购者在选购商品时日渐关注和重视绿色且环保的消费品，网购成为合理消费的“主阵地”。“拼多多统计数据显示，2020 年平台上节能类大家电的消费人群、消费金额同比增长 35%、41%；节水类大家电的消费人群、消费金额同比增长 115%、89%；同类大家电产品中，购买节能产品 2 级以上（包含 1 级与 2 级）产品的消费金额占比约为 63%。”②

从公开的信息来看，党和政府的绿色消费政策以及反对奢靡消费的信息的发布量大幅增加，为合理消费社会风尚的形成提供了有效支持。在中央“八项规定”“六项禁令”出台和 2016 年 2 月国家发展和改革委员会等 10 部门联合发布《关于促进绿色消费的指导意见》后，人们通过网络平台就能查看和了解党和政府关于合理消费的方针、政策以及反对浪费之风和奢靡之风的政策等，从而使越来越多的人能够及时了解合理消费，并且有效参与合理消费社会风尚的形成。

从政策法规来看，网络监督不断得到完善和加强，为合理消费社会风

① 邓小平：《社会主义也可以搞市场经济》，载《邓小平文选》第二卷，人民出版社，1983，第 233 页。

② 齐志明：《绿色消费多起来（消费视窗）》，《人民日报》2021 年 3 月 17 日，第 19 版。

尚的网络参与提供了保障。党的十九大报告强调，“加强互联网内容建设，建立网络综合治理体系，营造清朗的网络空间”。近年来，随着《电话用户真实身份信息登记规定》《计算机软件保护条例》《信息网络传播权保护条例》等规章制度的出台，我国网络环境在法治的规范下焕发出新气象，这有力地促进了网络参与合理消费社会风尚形成的科学化、制度化和规范化。

总之，在信息化、数字化、网络化不断融合、迅速发展的新时代，我们要充分利用好这一手段，通过法律制度加强规范和引导，使我国合理消费社会风尚的各形成主体在网络参与合理消费社会风尚的形成和生态文明建设中发挥更大的作用。

3. 我国合理消费社会风尚形成的功效

我国合理消费社会风尚形成的功效也称合理消费社会风尚形成的效果，是指合理消费社会风尚参与主体在一定理念和原则的指导下，通过一定方式和途径，崇尚并实践合理消费社会风尚的内容，从而达到推动合理消费和生态文明建设的目的和效果。

当前，生态文明建设是中国特色社会主义“五位一体”总体布局的重要内容，而形成合理消费社会风尚是生态文明建设的重要途径和重要内容，因此，形成合理消费社会风尚具有重大意义和重要地位，但是，我国合理消费社会风尚尚未形成，在形成过程中还存在着种种问题。因此，合理消费社会风尚形成功效的实现具有重要的实践价值。

合理消费社会风尚形成所具有的实践功效在于推进合理消费主力的调整和转变，使党和政府的倡导变为政府、企业、社会的协同作用，增强合理消费的持久动力，通过思想政治教育等在合理消费社会风尚形成中功能的发挥，提高整个社会的合理消费意识，从而积极推动我国的生态文明建设。

二　合理消费社会风尚形成机制构建设计

根据机制的运转原理和合理消费社会风尚形成的功能，构建合理消费社会风尚形成机制，应围绕如何发挥合理消费社会风尚形成各主体的积极性、主动性、协同性进行。

（一）合理消费社会风尚形成的宣传教育[①]机制

前文已经提到，我国合理消费社会风尚的形成需要政府（管理者）、企业（生产者）、消费者和新闻媒体（传播者）多方力量的协调与互动。无论是政府（管理者）、企业（生产者），还是新闻媒体（传播者），他们都是完全意义上的消费者。因此，作为合理消费主体的消费者，改变不合理的消费风气，从根本上树立节约能源资源、保护环境的合理消费观，崇尚合理消费，决定了我国合理消费的实现程度。欧美国家盛行的环境运动所遵循的绿色消费主义宗旨认为，与其靠政治活动制定法律，倒不如提高消费者的意识，靠消费者的选择推动市场机制，即靠消费者的主导意识要比规则更能促进对环境有益的商品的流通，更能早日实现对环境的保护。[②] 美国学者皮特金也指出，“包括生态危机在内的全球问题首先是人的问题。因此，除了改善人的素质外，就没有扭转全球局势的其他出路”[③]。显然，要提升消费者的合理消费水平和合理消费意识，改变当前日常生活领域中存在的与生态文明建设相悖的不合理消费风气，形成合理消费社会风尚，最主要、最关键的途径应该是提升消费者自身素质。由于消费者具有高度的消费分散性和消费自主性等特点，且其消费伦理观的改变具有非强制性，呈现难以变迁的趋势，时滞性较为明显[④]，因此，树立新的消费观和新的环境观，改变现存的不合理消费风气，提升消费者自身素质，宣传教育是当前的最主要途径。《中国21 世纪议程——中国 21 世纪人口、环境与发展白皮书》指出，“加强持续发展伦理、道德教育和宣传，促进形成良好的社会道德风尚，逐步将环境保护、改善生态、合理利用资源等纳入城乡居民教育内容中，提高民众的人口意识、资源意识和环境意识”[⑤]。显然，我国合理消费社会风尚的形成也需要

---

① 这里所指的宣传教育，主要是对消费者所进行的一种有目的、有计划、有组织的，以传播合理消费知识、倡导合理消费观念、提高消费者合理消费素质为主要内容的系统教育活动。

② 铃木深雪：《消费生活论——消费者政策》（修订版），张倩、高重迎译，薛慧校，中国社会科学出版社，2002，第 256 页。

③ 转引自杨东《生态教育的必要性及目标与途径》，《中国教育学刊》1992 年第 4 期。

④ 谭崇台主编《发展经济学的新发展》，武汉大学出版社，1999，第 663 页。转引自许进杰《生态文明消费模式研究——基于资源性供给紧约束的视角》，吉林出版集团股份有限公司，2016，第 194 页。

⑤ 《中国 21 世纪议程——中国 21 世纪人口、环境与发展白皮书》，中国环境科学出版社，1994，第 39 页。

大力进行宣传教育，形成宣传教育长效机制。

合理消费社会风尚形成的宣传教育，作为一种教育活动，其实践的开展依赖于宣传教育各要素积极效能的发挥。构成合理消费社会风尚形成的宣传教育运作系统的基本要素主要包括宣传教育者、宣传教育对象、宣传教育的内容、宣传教育的目的、宣传教育的方法、宣传教育的环境。从机制运行和建构视角我们将其分为宣传教育的主体、宣传教育的客体、宣传教育的介体（包括宣传教育的内容、宣传教育的目的、宣传教育的方法）和宣传教育的环体。

我国合理消费社会风尚形成的宣传教育机制是一个由宣传教育主体、宣传教育客体、宣传教育介体和宣传教育环体相互联系并相互作用的有机整体。构建我国合理消费社会风尚形成的宣传教育机制，应从加强宣传教育主体的素质提升和主体性建设、坚持人本教育理念、重视宣传教育客体的主体性、找准宣传教育介体和优化宣传教育环体四个方面入手，实现其联合互动，使这一有机整体协调运行并发挥作用。

1. 加强宣传教育主体的素质提升和主体性建设

合理消费社会风尚形成的宣传教育的主体，是指包括一切参与合理消费社会风尚形成的宣传教育的组织、团体、单位和个人。宣传教育主体在宣传教育工作中起主导作用，宣传教育主体的素质制约着宣传教育的效果，是宣传教育工作成功开展的前提和基础。建立长期有效的宣传教育机制首先要提高宣传教育主体的素质。

（1）提高宣传教育主体的素质

进行自我改造和自我提升是提高宣传教育主体素质的主要内容。毛泽东强调，“教育者必须先受教育”，“因为他们是教育者，是当先生的，他们就有一个先受教育的任务”①。因此，宣传教育主体只有发展好自己，才能有效地满足受教育者发展的需要。马克思主义认为，在实践性上，人是改造客观世界和改造主观世界的统一。鲁洁教授认为，“主体对自身的反思，即主体通过自我意识将自己既作为主体又作为客体，并不断发展这种存在于自我之中的主客体关系，在内在相互作用的改造活动中，建构新的主观世界”②。

① 中共中央文献研究室编《毛泽东文集》第七卷，人民出版社，1999，第271页。

② 鲁洁：《超越与创新》，人民教育出版社，2001，第366页。

在合理消费社会风尚形成的宣传教育中，宣传教育主体的自我改造和自我提升应主要侧重以下两方面。首先，加强知识修养，不断提升政治素质、人格素质和理论素质。随着信息化、网络化的普及，教育客体从网络上获取的消费信息数量远远超过了宣传教育主体，宣传教育主体逐渐丧失知识权威的优势。宣传教育主体必须不断学习，尤其是不断学习党的消费政策、相关的法律法规，加强知识修养，提升理论素养，只有如此，才能始终保持对受教育主体的主导作用。

合理消费社会风尚形成的宣传教育作为服务中国特色社会主义现代化建设的实践活动，必然具有鲜明的政治色彩。而合理消费社会风尚形成的宣传教育者的政治素质决定着教育的政治方向，正如列宁所指出的，“在任何学校里，最重要的是课程的思想政治方向。这个方向有什么来决定呢？完全而且只能由教学人员来决定”①。为此，就要求合理消费社会风尚形成的宣传教育主体必须具有过硬的政治素质，主要包括正确的政治方向、坚定的政治立场和敏锐的政治鉴别力等多个方面。正确的政治方向、坚定的政治立场在宣传教育过程中发挥着定向作用，是宣传教育能够向着正确的政治方向前进的保证，也是宣传教育主体引导教育客体积极、向上发展的前提。政治鉴别力则是宣传教育主体善于从政治的高度去认识合理消费教育担负的重大使命的能力，比如，能够正确鉴别并分析当前消费主义思潮对中国意识形态发展的影响。在人格素质方面，主要包括道德素质和心理素质。合理消费社会风尚形成的宣传教育主体，首先自身要树立合理消费的价值观，自觉践行合理消费。在心理方面，宣传教育者应该具有自我效能感，因为自我效能感“是积极的、自信的、有为的动态心理激发出来的精神力量”②。同时，心理素质的要求还表现在宣传教育主体对合理消费社会风尚形成的宣传教育的热爱。理论素质方面，合理消费宣传教育主体必须具备相应的关于合理消费宣传教育实际组织、实施的理论准备，不仅通晓社会心理学、教育学理论，而且还应把握马克思主义合理消费思想、中国特色社会主义生态文明建设理论等。只有如此才能对合理消费思想观念、现实问题等进行深刻而有说服力的分析和解释，引导教育客体确立合理消费的思想观念并促进其转化为实际的合理消

① 《列宁全集》第四十五卷，中共中央马克思恩格斯列宁斯大林著作编译局编译，人民出版社，1990，第249页。

② 郭湛：《人活动的效率》，人民出版社，1990，第45页。

费行为。

增强宣传教育能力。宣传教育能力包括激发宣传教育客体接受的能力、宣传教育过程中的组织能力、调控能力、引导能力等多个方面，是做好合理消费社会风尚形成的宣传教育工作的关键所在。宣传教育主体宣传教育能力，熟练运用宣传教育工作方法，将直接影响合理消费社会风尚形成的宣传教育的实效。虽然政治素质、人格素质、理论素质为宣传教育主体开展宣传教育工作提供了前提条件，但是在进入实践活动之前，这些素质只是以潜在的、准备的形态存在于宣传教育主体身上的，而只有在教育实践中，他们才能发挥现实作用，即只有依靠教育主体的宣传教育实践，上述素质才能由潜在形态向现实形态转化。正因如此，列宁强调制定理论的工作与实际的宣传鼓动工作的融合，强调社会主义的宣传鼓动人员理论素质和能力素养的并重。他指出："如果社会主义的任务是要做无产阶级的思想领导者……不做上述理论工作，便不能当思想领导者；不根据事业的需要进行这项工作，不在工人中间宣传这个理论的成果并帮助他们组织起来，也不能当思想领导者。"①

（2）加强宣传教育主体的主体性建设

"教育者的主体性不是一个实体范畴，而是一个关系、功能范畴，是指教育者作为教育主体的本质属性，是在与教育客体的对象性关系中表现出来的自主性、能动性和创造性。"② 考察合理消费社会风尚形成的宣传教育主体所处的对象性关系以及所进行的对象性活动，应着力从以下方面加强宣传教育主体的主体性建设。

第一，全面客观认识合理消费社会风尚形成的宣传教育的受教育对象。在合理消费社会风尚形成的宣传教育中，受教育对象存在年龄、家庭背景、文化教育、经济收入、生活习惯等方面的差异，而这些是影响其合理消费行为取向的直接因素。这就要求合理消费社会风尚形成的宣传教育主体应该积极主动分析研究并全面把握受教育对象的特点，有针对性地采取合适的教育方法和教育手段，以增强教育的实效性。当然，宣传教育主体对教育对象的正确认识还应重视受教育对象的主体性，重视受教育对象作为生活在现实生

① 《列宁选集》第一卷，中共中央马克思恩格斯列宁斯大林著作编译局编，人民出版社，1995，第78～79页。

② 郑永廷、张彦：《德育发展研究——面向21世纪中国高校德育探索》，人民出版社，2006，第230页。

活中的人的自主性、能动性和创造性，进而在教育中采取有利于受教育对象发展的教育方法。

第二，科学运用合理消费社会风尚形成的宣传教育的介体。一方面，不断丰富发展合理消费社会风尚形成的宣传教育内容。当前在我国消费领域，出现了很多新情况、新问题，宣传教育主体要敏锐地把握这些新问题、新情况，针对这些新情况、新问题提炼出反映时代和人们发展要求的合理消费教育内容，使教育内容富有时代性，具有发展性。另一方面，选择有效的教育方式和方法。毛泽东曾形象地比喻，“我们不但要提出任务，而且要解决完成任务的方法问题。我们的任务是过河，但是没有桥或没有船就不能过，不解决桥或船的问题，过河就是一句空话。不解决方法问题，任务也只是瞎说一顿”① 教育方法，作为连接教育主体和教育对象的桥梁和纽带，是实现教育目标的中介。在现实的教育实践活动中，往往一种教育方法被创造出来以后，教育主体就会反复运用，甚至固守这种方法，以至于教育方法成为阻碍教育主体进一步发展的障碍。因此，在我国合理消费社会风尚形成的宣传教育活动中，加强宣传教育主体性建设还应该强调和要求宣传教育主体根据教育环境和教育对象的变化，不断发展和创造教育方法。

第三，积极主动适应并改造教育环境。一方面，合理消费社会风尚形成的宣传教育总是在一定的环境中进行的；另一方面，宣传教育主体和宣传教育客体也总是生活在一定的环境中的。正所谓“人创造环境，同样，环境也创造人”②。宣传教育主体和宣传教育客体既受环境影响和制约，也对环境产生一定的能动作用。尤其是当今新的环境不断产生，人们受环境的影响越来越大，环境对宣传教育的作用也越来越突出，这就要求宣传教育主体发挥自身的主体性，积极主动地适应环境，不断开发环境的教育功能。

2. 树立人本教育的理念，重视教育客体的主体性

构建合理消费社会风尚形成的宣传教育机制，需要科学的教育理念做指导，因为教育理念贯穿着机制构建的全过程和各方面，指导着宣传教育工作的开展。教育的主体是人，教育的对象是人，教育也是为了人，这就要求我们首先树立人本教育的理念。

---

① 《毛泽东选集》第一卷，人民出版社，1991，第139页。

② 《马克思恩格斯选集》第一卷，中共中央马克思恩格斯列宁斯大林著作编译局编，人民出版社，1995，第92页。

马克思主义主体性思想是人本教育的理论基础。马克思主义的主体“是具有自然力和生命力的能动地进行对象性活动的作为对象性存在物的现实的历史的人”[①]，人的主体性主要表现为人的意识性、人的目的性和人的创造性。马克思主义认为，人的本质思想生成的起因是对现实的个人、现实的社会的关注。过去我们的宣传教育很大程度上忽略了教育对象是“现实的历史的人”、具有意识性和主动性，忽略了他们“既是被教育者也是教育者。作为被教育者，他们离不开社会和社会改造具有被动性；作为教育者，他们又对施教者和社会发生反作用，具有主动性”[②]。这就启示我们宣传教育必须发挥人的主体性。

马克思对人的本质的科学阐释使我们认识到，人是具有无限丰富性的总体的人。人的本质内涵具有多重规定性：其一，劳动本质着眼于人的本质的主体层面，强调人之所以为人的根本在于自由的、有意识的创造性活动；其二，社会本质着眼于人的本质的现实性层面，即人的本质的现实性是一切社会关系的总和；其三，需要本质和个性本质着眼于内在规定性层面，指出人的本质还表现为需要的个体和个体的主体性。[③] 因此，胡锦涛同志指出，“思想政治工作，说到底是做人的工作，必须坚持以人为本”[④]，并强调宣传思想工作“既要坚持教育人、引导人、鼓舞人、鞭策人，又要做到尊重人、理解人、关心人、帮助人”[⑤]。

人本教育理念在合理消费社会风尚形成的宣传教育中主要体现为重视宣传教育对象的主体性，即在宣传教育中把宣传教育对象当作人本教育的基本目标。马克思主义关于人的主体性理论认为，在宣传教育实践中，首先必须确立宣传教育对象的主体性地位，把以往的“主体－客体”的灌输型转变为“主体－主体型”。这就要求我们的宣传教育工作者把教育对象看成是一个个有思想、有创造性的独立个体，注重其在合理消费过程中自觉性和主动性的开发和培养。尤其是在信息化、全球化和文化多元化的当代，受教育主体掌

① 袁本新、王丽荣等：《人本德育论——大学生思想政治教育的人文关怀与人才资源开发研究》，人民出版社，2007，第76页。

② 袁本新、王丽荣等：《人本德育论——大学生思想政治教育的人文关怀与人才资源开发研究》，人民出版社，2007，第84页。

③ 袁本新、王丽荣等：《人本德育论——大学生思想政治教育的人文关怀与人才资源开发研究》，人民出版社，2007，第84页。

④ 胡锦涛：《在全国宣传思想工作会议上的讲话》，《人民日报》2003年12月8日。

⑤ 胡锦涛：《在全国宣传思想工作会议上的讲话》，《人民日报》2003年12月8日。

握了丰富的知识和技术，选择意愿大大加强，自主性特点明显。只有重视教育对象主体性，树立人本教育的理念，才能与人的发展要求和时代精神相契合，才能达到形成合理消费社会风尚的目标。

3. 把握和找准合理消费社会风尚形成的宣传教育的介体

合理消费社会风尚形成的宣传教育的介体，顾名思义就是联系合理消费社会风尚形成的宣传教育的主体与消费者之间的中介，主要是关于合理消费社会风尚形成的宣传教育的主体用什么内容和什么方法去教育消费者的问题。应不断探索我国合理消费社会风尚形成的宣传教育介体的新内涵和新途径。内容通俗、方法有效是增强宣传教育实效性的重要保障，是构建宣传教育机制、形成合理消费社会风尚的重要内容。

（1）增强宣传教育内容的通俗性和方法的有效性

只有合理消费思想和理念深入人心，才能使其转化为人们自觉的合理消费行为，并且只有合理消费思想和理念为社会大众所认同并自觉转化为自己的消费实践，我国合理消费社会风尚才能形成，为此，我国合理消费社会风尚的形成必须增强合理消费社会风尚形成的宣传教育内容的通俗性，贴近人民实际、贴近人民生活，用人民群众喜闻乐见的形式和方法，宣传党的消费政策和相关法律法规。合理消费社会风尚形成的宣传教育中最为主要的是区分教育对象的差异，增强教育的有效性。虽然，总体上看，合理消费社会风尚形成的宣传教育的对象是社会全体公民，但由于宣传教育客体消费水平、社会地位、受教育程度等的不相同，他们接受教育的效果也有所不同。为增强教育的有效性，就需要认真区分对象的差异，针对不同的教育对象采取不同的教育方法、教育内容。恩格斯特别强调教育对象和教育方法的匹配性，他在给拉甫罗夫的信中指出："我们当中的每一个人都或多或少地受着我们主要在其中活动的精神环境的影响。对于俄国（您对自己在那里的读者了解得比我清楚），对于依靠'感情上的联系'，依靠道义感的宣传性刊物，您的方法可能是比较好的。对于德国，由于虚伪的温情主义已经并且还在继续造成闻所未闻的危害，这种方法并不合适，它会被误解，会被歪曲为温情主义的。"① 当前，在我国合理消费社会风尚形成的宣传教育中，应该根据群体差

① 《马克思恩格斯选集》第四卷，中共中央马克思恩格斯列宁斯大林著作编译局编，人民出版社，1995，第622页。

异，采用不同的教育方法和教育内容。对于领导干部群体，因其是国家公职人员且担任着领导职务，在合理消费社会风尚形成中具有倡导性和示范性的作用，所以应立足于我国社会主义生态文明建设的要求，注重在党风教育中加强合理消费社会风尚形成的宣传教育，增强其的节约意识、环保意识和生态意识。对商人群体的宣传教育，应针对商人“逐利”性的特点，从自身健康和企业可持续发展的视角，通过商会等社团组织和新媒体，大力开展环保消费和生态消费的宣传教育，使他们意识到自身的生产和消费行为对自己、自然和社会的重要影响，并增强其消费的责任意识。对大学生群体的教育，应结合大学生的消费特点、成长特点和其肩负的实现中华民族伟大复兴中国梦的历史使命，开展“合理消费进课堂”“合理消费进社团”活动，借助微博、微信等新媒体平台，开展宣传教育工作，引导青年大学生树立合理消费的观念和意识，培养他们合理消费的行为。农民群体作为我国一个庞大的消费群体，由于消费水平相对较低、知识文化水平不高、各种传统的消费习俗对他们产生着深刻的影响，对农民群体的宣传教育则应立足于农民生活，运用典型示范教育法，发挥模范典型、领导干部的示范作用以及党组织、村委会等的组织作用，利用广播电视、手机微信等媒体平台，大力开展以节约资源和保护环境为主要内容的合理消费社会风尚形成的宣传教育。

（2）利用好新平台、新载体

随着当今世界以数字技术、互联网技术和移动通信技术为核心的一系列新兴技术的出现和发展，现代社会已经进入了“互联网 +”时代，知识和信息的传播方式有了极大的变化。手机和互联网已经成了当下社会信息流通的主要传播方式，在合理消费社会风尚形成的宣传教育方面将会发挥其他传统宣传方式不可比拟的作用。不断涌现的新技术、新媒体已经成了人们日常生活不可分割的一部分。比起报刊、广播、电视等传统意义上的媒体，由于新媒体具有覆盖面广、内容形式多样、贴近生活、传播迅速、运行成本低等优势，已经成了社会公众获取和交流信息的重要渠道，给人们的生活和交流带来了极大的便利。新媒体的运用将会克服我们当前在合理消费社会风尚形成的宣传教育过程中遇到的诸多问题，为当前合理消费社会风尚形成的宣传教育提供了新的环境和良好的机遇。

第一，完善技术条件，提升技术水平。新媒体在合理消费社会风尚形成的宣传教育中作用的发挥必须依托一定的新平台、新载体。为了利用好新平台、新载体，一是要加强宣传教育的基础条件建设，完善宣传教育的技术平台建设，在计算机配备、网络接通、移动终端配送等方面大量投入，通过对技术平台的投入，夯实新媒体发展的基础条件。二是要不断提升现有的技术水平，尤其是在当今社会，新媒体的技术水平提升速度日新月异，在QQ、微博、微信等新媒体还在如日中天地发展、不断渗入人们生活的时候，视频直播等以实时互动交流为特点的新兴自媒体又如雨后春笋般地出现并深入人们日常生活的方方面面。

第二，因地制宜创新技术手段，提高宣传效率。鉴于我国社会的发展水平不平衡，地区、城乡之间在生产力水平、经济发展程度、文化教育水平、生态环境和思想观念方面都存在着差异，在合理消费社会风尚形成的宣传教育方面不能采取一刀切的做法，必须因地制宜。因此我们必须创新技术手段，在新媒体宣传的资源分配、内容和平台建设投入以及宣传手段方面都必须结合实际而定。一方面要充分利用大数据、云计算等手段广泛收集各地区的消费信息，再经过科学的分析得出各地的消费水平等信息。另一方面要借助高新技术，针对各地的消费状况，对宣传教育的内容进行精准的推送，坚持因地制宜的宣传教育。在经济发达、消费水平高的东部地区和经济欠发达、消费水平较低的中西部地区所投入的资源、宣传手段等方面肯定是有所不同的。要尽可能避免过于“高大上”，应该尽量做到“接地气”，贴近群众生活。在内容上要务实，在形式上要多变，从而提升公众的了解和认同，提高公众的参与度。这些措施能够最大限度地提升新媒体的宣传效率。

4. 优化宣传教育环体

宣传教育环体即宣传教育环境，是指与宣传教育有关的、对人的合理消费观与合理消费行为产生影响的外部因素，主要包括现实的经济环境、政治环境、文化环境和社会环境。宣传教育环体对整个合理消费社会风尚形成的宣传教育具有重要的影响。构建合理消费社会风尚形成的宣传教育机制，增强合理消费社会风尚形成的宣传教育的实效性，必须优化宣传教育环体。

（1）优化政治环境

政治环境影响着人们对我国合理消费社会风尚的认识、态度，直接影响着我国合理消费社会风尚的形成。优化政治环境，应“不断发展我国社会主义民主政治，积极稳妥推进政治体制改革，推进社会主义民主政治制度化、规范化、法治化、程序化，保证人民依法通过各种途径和形式管理国家事务，管理经济文化事业，管理社会事务”①，这是保证我国合理消费政策和制度合法性的前提和基础，也是民众自下而上响应国家对合理消费倡导的关键。应继续深入开展反“四风”建设，建立并健全惩治和预防腐败的政策和法律制度体系，为合理消费社会风尚形成的宣传教育创造良好的政治环境。

（2）优化经济环境

马克思主义认为，人们的思想观念总是与一定的物质生活条件相联系的，马克思、恩格斯在《德意志意识形态》中指出，“发展着自己物质生产和物质交往的人们，在改变自己的这个现实的同时也改变着自己的思维和思维的产物”②。物质环境是合理消费社会风尚形成的宣传教育的基础和重要条件。当前在我国经济发展中，影响合理消费社会风尚形成的主要问题是粗放型的落后的生产方式以及较低的生产力水平。

为此，一方面要大力发展经济，尤其是大力发展循环经济。“按照减量化、再利用、资源化的原则，加快建立循环型工业、农业、服务业体系，提高全社会资源产出率。完善再生资源回收体系，实行垃圾分类回收，开发利用‘城市矿产’，推进秸秆等农林废弃物以及建筑垃圾、餐厨废弃物资源化利用，发展再制造和再生利用产品，鼓励纺织品、汽车轮胎等废旧物品回收利用。推进煤矸石、矿渣等大宗固体废弃物综合利用。组织开展循环经济示范行动，大力推广循环经济典型模式。推进产业循环式组合，促进生产和生活系统的循环链接，构建覆盖全社会的资源循环利用体系。”③ 在大力发展循环经济的同时必须进行技术创新，因为技术创新改变了生产过程中成本与收益的关系，把原来不可利用的废物变为宝贵资源，从而有利于生产方式的转化。

另一方面是要发展低碳经济。低碳经济是以低能耗、低排放、低污

---

① 《决胜全面建成小康社会　夺取新时代中国特色社会主义伟大胜利——在中国共产党第十九次全国代表大会上的报告》，《人民日报》2017 年 10 月 28 日，第 1 版。

② 《马克思恩格斯选集》第二卷，中共中央马克思恩格斯列宁斯大林著作编译局编，人民出版社，1995，第 38 页。

③ 《中共中央国务院关于加快推进生态文明建设的意见》，http：//politics. people. com. cn/n/2015/0506/c1001 -26953754. html。

染为基础的经济发展模式，是一场新能源和新经济革命。发展低碳经济必须与能源技术创新、制度创新等同步进行。特别要“加强重大科学技术问题研究，开展能源节约、资源循环利用、新能源开发、污染治理、生态修复等领域关键技术攻关”①。发展低碳经济重点应调整产业结构和能源结构，《中共中央　国务院关于加快推进生态文明建设的意见》强调指出，“采用先进适用节能低碳环保技术改造提升传统产业，发展壮大服务业，合理布局建设基础设施和基础产业。……调整能源结构，推动传统能源安全绿色开发和清洁低碳利用，发展清洁能源、可再生能源，不断提高非化石能源在能源消费结构中的比重。……发展绿色产业。大力发展节能环保产业，以推广节能环保产品拉动消费需求”②。同时，在社会经济全面发展的基础上，要不断加大合理消费社会风尚形成的宣传教育的物力投入，为合理消费社会风尚形成的宣传教育提供坚实的物质保障。

（3）优化文化环境

良好的、健康的文化环境有利于人们形成正确的人生观和消费观。当前，我国文化发展趋势向好，整体文化环境是健康的，但也不能否认还存在一些非主流的、消极的文化现象和文化取向，尤其是在西方文化的侵蚀下，大众文化出现了低俗化、媚俗化和庸俗化趋向，这或多或少、或直接或间接地影响着人们的精神面貌和价值取舍，给合理消费社会风尚形成的宣传教育带来极大冲击。当前，优化文化环境应按《中共中央　国务院关于加快推进生态文明建设的意见》，“坚持把培育生态文化作为重要支撑。将生态文明纳入社会主义核心价值体系，加强生态文化的宣传教育，倡导勤俭节约、绿色低碳、文明健康的生活方式和消费模式，提高全社会生态文明意识”③，主要立足于家庭、学校和社会，优化家庭文化环境、学校文化环境和社会文化环境。

第一，充分发挥家庭合理消费教育，创造良好的家庭消费环境。家庭消

① 《中共中央国务院关于加快推进生态文明建设的意见》，http：//politics. people. com. cn/n/2015/0506/c1001 –26953754. html。

② 《中共中央国务院关于加快推进生态文明建设的意见》，http：//politics. people. com. cn/n/2015/0506/c1001 –26953754. html。

③ 《中共中央国务院关于加快推进生态文明建设的意见》，http：//politics. people. com. cn/n/2015/0506/c1001 –26953754. html。

费教育在我国具有特殊的地位，因为一个人一生的绝大部分时间是在家庭中度过的。家庭，作为一个基本消费单位，其生活消费开支占据了我国社会生活中的大部分。加之我国传统文化对家庭消费的注重，使得家庭消费教育十分重要。习近平总书记就特别强调“家庭是社会的基本细胞，是人生的第一所学校。不论时代发生多大变化，不论生活格局发生多大变化，我们都要重视家庭建设、注重家庭、注重家教、注重家风，紧密结合培育和弘扬社会主义核心价值观，发扬光大中华民族传统家庭美德”[①]。当前，加强家庭合理消费教育，应着重从以下几个方面进行。一是弘扬勤俭节约的中华民族传统美德，端正合理消费的价值导向，努力做到量入为出、绿色消费，反对奢侈性、浪费性消费。二是优化家庭的消费结构，合理安排物质消费和精神消费的比例，并逐步提升精神文化消费比例，促进人的更高层次的发展。三是注重对家庭子女尤其是未成年子女的合理消费引导。家庭和父母对子女的消费行为具有至关重要的影响，父母健康合理的消费取向和消费行为，能有效促进孩子养成合理消费的良好习惯。利用好家庭教育、利用好家风教育，教导孩子形成勤俭节约、艰苦奋斗的生活习惯，有利于合理消费社会风尚形成的宣传教育机制的构建，有利于在全社会形成合理消费社会风尚，推动中国特色社会主义强国中“美丽”目标的实现。

第二，大力加强学校合理消费教育，创造良好的学校消费环境。学校教育是我国合理消费教育中的中坚力量。因此应大力加强学校合理消费教育。其一，学校党委高度重视，构建党群部门的联动机制。学校党委要从我国社会主义生态文明建设的高度，立足于大学生成长成才的需要，高度重视对学生合理消费观的培养，充分发挥学校思想政治教育主渠道作用，协调学校各方力量，整合党群部门资源。其二，我国学校消费教育起步较晚，虽然在教材中多少渗透着中国传统勤俭节约的合理消费思想，但是仍然没有正规的、系统的消费教育。因此，当前急需完善学校课程体系，增加合理消费思想教育的内容，并不断加强课堂合理消费教育，积极探索实践合理消费教育的有效途径。其三，建立和健全各级各类学校的合理消费教育体系，保障合理消费教育体系的连续性。当前我国合理消费教育体系很不完善，中小学合理消费教育明显不足。因此，有必要建立和健全各级各类学校的合理消费教育体

① 习近平：《在2015年春节团拜会上的讲话》，《人民日报》2015年2月18日，第2版。

系，利用好学校教育，发挥学校教育的独特作用。

第三，净化社会支持的消费环境。合理消费教育作为一项系统的社会活动，不仅包括学校教育和家庭教育，还包括社会教育。因此，加强社会合理消费教育，净化社会支持的消费环境，也是优化文化环境的重要内容。

其一，规范和利用大众传播媒介，宣传合理消费思想。报纸、杂志、广播、电视、互联网等大众媒体，不仅是当前消费宣传的主要工具和载体，也是消费文化的制造者。通过大众媒体，人们寻找着符合自身价值观念和社会地位的消费信息，“信息消费之信息，即对世界进行剪辑、戏剧化和曲解的信息以及把消费信息当成商品一样进行赋值的信息，对作为符号的内容进行颂扬的信息。简而言之，就是一种包装和曲解的功能”①。为此，我们应该针对大众媒体当前在宣传消费过程中存在的享乐主义、物质主义等现象进行有效规范，尤其是要对商业广告进行严格规定和严格审查，避免渗透着享乐主义的商业广告在大众媒体上出现。政府机构应该采取措施，积极推动相关专业媒体开设专栏，对大众进行合理消费教育。同时，对媒体要加强监管和进行职业道德教育，强化媒体的社会道德责任。

其二，开办业余消费教育学校和组织消费俱乐部。业余消费教育学校和消费俱乐部，是政府机构和民间组织开办的非正规的业余学习机构，具有适用范围广的特点，是当前对大众进行合理消费教育、优化社会环境的重要形式。《中国 21 世纪议程——中国 21 世纪人口、环境与发展白皮书》就指出，“加强持续发展伦理、道德教育和宣传，促进形成良好的社会道德风尚，逐步将环境保护、改善生态、合理利用资源等纳入城乡居民教育内容中，提高民众的人口意识、资源意识和环境意识”②。2009 年，国家工商行政管理总局发布了《关于开展消费教育和消费引导工作有关问题的通知》，进行消费宣传教育，发挥了重要作用。截至 2011 年 4 月底，“全国各省（区、市）工商部门与有关职能部门联合下发专门文件 81 件，面向社会各界召开消费教育引导专题会议 1.9 万个，开展大型宣传和咨询活动 7.9 万次，发布消费提示警示 197.3 万条，开展授课等活动培训 503 万人次，印发宣传材料 4954.5 万份；参与的消费者 1.02 亿人次、行业组织人员 926.9 万人次、企业人员 392.7 万

① 杨魁、董雅丽：《消费文化——从现代到后现代》，中国社会科学出版社，2003。

② 《中国 21 世纪议程——中国 21 世纪人口、环境与发展白皮书》，中国环境科学出版社，1994，第 39 页。

人次，培训维权志愿者9.8万人次，消费教育引导工作取得新成效”[①]。

其三，净化社会上的奢侈浪费风气。随着人们生活水平的提高和物质产品的极大丰富，社会上一些奢靡思想和行为通过互联网和媒体的传播，不断蔓延且持续高涨，尤其是年轻人的相互模仿更助长了这种不良消费风气。为此，就需要党和政府采取切实可行的政策和策略，制定一系列法律制度，通过经济手段、法律制度手段等进行规范和引导，其中，我们认为关键的是有效发挥思想政治教育的思想引导作用。内因决定外因、思想决定行为的事物发展原理告诉我们，只有消费者内心认同合理消费、崇尚合理消费，才能从根本上净化社会的奢侈浪费风气。而这就必须发挥思想政治教育的基础治本引导作用。这就要求做到：一方面，对政府工作人员来说，如果思想上树立合理消费观，表现在行为上就能够践行绿色消费、节约消费，而不会奢侈浪费，也就从源头之一上弱化了奢靡之风、浪费之风等不合理消费风气；另一方面，对广大普通消费者来说，对其加强合理消费思想宣传教育、利益导引、典型示范，就会提高消费者合理消费的自觉性和能动性，从而降低和减少其对不合理消费风气的盲目模仿。思想政治教育这种思想教化和治本作用不是立竿见影的，它是一个潜移默化的过程，在宣传工作中一定要掌握意识指导实践的规律，也要看到这种潜移默化的影响需要一个过程，不能像其他宣传手段那样可以很快获得成功，为此，宣传教育主体队伍一定要具有战略眼光和大局意识，以此推动我国合理消费及合理消费社会风尚的形成。

（二）合理消费社会风尚形成的协调运行机制

合理消费社会风尚形成的运行机制的协调，包括两方面：一方面是内部要素的协调，即合理消费社会风尚形成的内在构成要素之间运行关系的协调；另一方面是外部关系的协调，即合理消费社会风尚形成坚持与中国共产党领导的关系、与经济发展的关系、与个人发展的关系等。

1. 协调合理消费社会风尚形成与坚持中国共产党领导的关系

党的十九大报告明确提出，“党政军民学，东西南北中，党是领导一切

① 王东峰：《开展消费教育引导和健全消费维权网络体系》，http：//www.cca.org.cn/zxsd/detail/1029.html。

的”。“中国特色社会主义最本质的特征是中国共产党领导。”① 合理消费社会风尚的形成，涉及面广、问题错综复杂，是一项系统工程，从顶层设计到最终践行，都必须坚持党的领导。坚持合理消费社会风尚形成与党的领导的有机统一，党要依靠社会的大力支持推动合理消费，同时合理消费社会风尚的形成离不开党的领导。

合理消费社会风尚的形成有利于巩固党的执政基础。合理消费社会风尚中的生态环保消费、健康精神文化消费等内容符合广大人民群众的根本利益，反映了时代的要求。“新的征程上，我们必须紧紧依靠人民创造历史，坚持全心全意为人民服务的根本宗旨，站稳人民立场，贯彻党的群众路线，尊重人民首创精神，践行以人民为中心的发展思想。”② 形成合理消费社会风尚，从表面来看，是在推动合理消费，抵制浪费之风、奢靡之风等不合理消费风气，建设社会主义生态文明；从本质上看，形成合理消费社会风尚的最终目的是维护人民群众的根本利益，实现党的根本宗旨，进而巩固党的执政基础。

2. 协调合理消费社会风尚形成与经济发展的关系

合理消费社会风尚形成与经济发展的关系，理论上是马克思主义关于物质与意识、经济基础与上层建筑的关系。一方面，经济发展是合理消费社会风尚形成的条件和基础。马克思认为：“物质生活的生产方式制约着整个社会生活、政治生活和精神生活的过程。”③ 按照马斯洛的需求层次理论，在经济不发达的条件下，人们的消费需求基本局限在吃饱和穿暖的生理需求上，随着物质生活水平的提高，人们对安全健康的产品、优美的自然环境、陶冶情操的精神产品等需求的感受越来越强烈，也就是说经济的发展是人们消费需求和生活品质不断提高的前提和基础。人们在关注自身发展的同时，越来越关注自然环境的保护，越来越有社会责任感，这是自我实现需求的体现，而与这些需求相呼应的就是合理消费。另一方面，从长远和全局来看，形成

---

① 《决胜全面建成小康社会　夺取新时代中国特色社会主义伟大胜利——在中国共产党第十九次全国代表大会上的报告》，《人民日报》2017 年 10 月 28 日，第 1 版。

② 《习近平总书记在庆祝中国共产党成立 100 周年大会上的讲话》，http：//news. cctv. com/2021/07/02/ARTI7lVnsytnW2zABU75iRyE210702. shtml。

③ 《马克思恩格斯选集》第二卷，中共中央马克思恩格斯列宁斯大林著作编译局编，人民出版社，1995，第 32 页。

合理消费社会风尚能够促进经济的可持续发展。因为在合理消费社会风尚的影响下，人们在生产和消费过程中，会自觉考虑资源的有限性和再生周期，自觉提高物的使用效率，通过循环利用使物尽其用，从而实现资源和能源的节约，这样就为国家发展提供了必需的物质资源，保障了经济社会的可持续发展。但如果从短期和局部来看，在合理消费社会风尚的作用下，为了节约资源和保护生态环境，人们会自觉减少对物质产品和非再生资源的消费。众所周知，当前我国的经济增长方式已经由“粗放型”转向“集约型”，所以从这个角度而言，形成合理消费社会风尚也是有助于我国经济发展的。

3. 协调合理消费社会风尚形成与人的发展的关系

一方面，形成合理消费社会风尚有助于改善人的生存环境和生存条件，从而促进人的发展。在合理消费社会风尚中，由于人们普遍具有节约消费意识、环保消费意识和生态消费意识，我国的奢靡和浪费现象等破坏自然环境和自然生态平衡的消费现象将日趋减少，被破坏的生态自然平衡逐渐恢复，人的生存环境逐渐向好，因此形成合理消费社会风尚，为人的发展创造了良好的生存环境和生存条件，有效提升了人的生存质量。

另一方面，在合理消费社会风尚中，人们在追求基本物质生活改善的同时逐步提升精神消费，而高级趣味、积极的精神追求，不仅能大大降低人们的物欲，改变曾经被物奴役的状态，使人的内心平静、幸福感大为增强，而且有利于“保证他们的体力和智力获得充分的自由发展和运用”①，从而实现人的全面发展，实现人的本质的全面复归。我们知道，人与动物的最大区别在于人具有精神生产能力和精神消费能力。

4. 协调合理消费社会风尚形成诸要素之间的关系

“各要素功能的发挥是通过与其他要素的相互作用而在整个机制的运行过程中实现的，离开了整体的机制，其各要素就失去了其原有的功能和作用。”② 因此协调好合理消费社会风尚形成诸要素之间的关系，对构建合理消费社会风尚形成的机制至关重要。

---

① 《马克思恩格斯选集》第三卷，中共中央马克思恩格斯列宁斯大林著作编译局编，人民出版社，1972，第322页。

② 周永军、杨娜：《论高校思想政治工作机制诸要素之间的关系》，《文史月刊》2012年第11期。

一是国家层面的顶层设计和其他要素的关系。国家层面的顶层设计包括合理消费社会风尚形成的理念设定、遵循原则，以及预期目标。合理消费社会风尚的顶层设计决定着合理消费社会风尚的方向和趋势，决定着整个机制的运行状况和实践效果，也统领着合理消费社会风尚形成的方式选择和主要内容等其他要素。

二是形成主体和诸要素的关系。无论是作为合理消费社会风尚形成主体的政府决策者，还是生产者、消费者和新闻媒体传播者，都是最活跃的要素——人。具体而言，国家层面的顶层设计决定着合理消费社会风尚形成的方向和目标，而合理消费社会风尚形成主体的能动性，则反作用于国家层面顶层设计的实现以及合理消费社会风尚的顺利形成。

三是协调合理消费社会风尚的内容和诸要素的关系。合理消费社会风尚的内容是合理消费社会风尚顶层设计的直接体现，与合理消费社会风尚形成的主体联系紧密，合理消费社会风尚形成的主体所要实践的东西都包含在内容要素之中。

（三）合理消费社会风尚形成的规范制约机制

中国共产党一贯重视制度建设，特别是进入新时代，党在治国理政方面高度重视制度建设。习近平指出："国家治理体系是在党领导下管理国家的制度体系，包括经济、政治、文化、社会、生态文明和党的建设等各领域体制机制、法律法规安排，也就是一整套紧密相连、相互协调的国家制度。"①《中共中央关于全面深化改革若干重大问题的决定》提出，要"完善和发展中国特色社会主义制度，推进国家治理体系和治理能力现代化"②。因此，为推动我国合理消费社会风尚的形成，需建立较为完善的法律和制度。

1. 实现合理消费社会风尚的制度化，主要是指用法律和制度来规范政府、企业、消费者等消费主体的消费行为

形成合理消费社会风尚之所以强调制度化主要原因如下。一是制度具有根本性、客观性、稳定性。制度也是规范，一旦制定下来，不仅不能随意改

---

① 中共中央文献研究室编《十八大以来重要文献选编》（上），中央文献出版社，2014，第548页。

② 中共中央文献研究室编《十八大以来重要文献选编》（上），中央文献出版社，2014，第512页。

变，而且在制度面前人人平等。因此中国共产党历来非常重视和强调制度的重要性。邓小平强调，制度带有“根本性、全局性、稳定性和长期性”[①]，他在《党和国家领导制度的改革》中指出：“组织制度、工作制度方面的问题更重要。这些方面的制度好可以使坏人无法任意横行，制度不好可以使好人无法充分做好事，甚至会走向反面。领导制度、组织制度问题更带有根本性、全局性、稳定性和长期性。这种制度问题，关系到党和国家是否改变颜色，必须引起全党的高度重视。”[②] 党的十九大以来，我们党把制度建设摆到更加突出的位置，尤其是党的十九届四中全会通过的《中共中央关于坚持和完善中国特色社会主义制度　推进国家治理体系和治理能力现代化若干重大问题的决定》，归纳总结了由根本制度、基本制度和重要制度构成的新时代中国特色社会主义科学制度体系，是中国共产党治国理政的新境界。二是由社会风尚形成的特点决定。社会风尚是一个社会中大多数人在一定价值观的引导下所表现出的一种趋于普遍流行的行为，存在自发性、随意性的问题，倘若不加以规范和引导，就会出现与社会所倡导的主流价值观、主流文化相冲突的情况，从而影响社会经济的发展。而制度建设的根本性、全局性、稳定性和长期性特点，则可以规避自发的不合理消费风尚。所以，要形成合理消费社会风尚，必须注重加强制度化建设。三是由全面依法治国的基本方略所决定。党的十九大把“全面依法治国”作为建设新时代中国特色社会主义的基本方略，当前“法治中国，已经成为新时代中国特色社会主义建设的响亮名片与奋斗目标，既是国家英明决策，也是世界潮流所趋、国民人心所向。正如法学专家张文显教授指出，法治中国的内涵比法治国家更加丰富、更加深刻、更具有时代精神。建设法治中国，不仅要建设法治国家，还要建设法治政府、法治社会”[③]。所以在新时代，只有逐步实现推动合理消费社会风尚形成的制度化、法制化，推动合理消费和生态文明建设，才不会忽冷忽热，从而保证其稳定性和连续性。

鉴于至今我国尚没有一部专门规范消费行为的法律法规，而其中关涉合理消费的现行法律法规，多数属于倡导性的，缺乏配套的实施细则，当前急

① 《邓小平文选》第二卷，人民出版社，1994，第 333 页。

② 《邓小平文选》第二卷，人民出版社，1994，第 333 页。

③ 陈灿平：《新时代全面依法治国的思考》，http：//theory. gmw. cn/2018 – 11/26/content _ 32044871. htm。

需政府利用法律手段，为合理消费社会风尚的形成提供制度保障，以凸显政府在合理消费社会风尚形成中的引导和规范作用。“当前环境标志制度、消费者社会义务制度和政府绿色采购制度基本构成了对居民消费领域的行为规范和道德约束，明显有利于我国居民生态文明消费模式的形成和发展。”①

首先，不断完善税收制度，实施合理消费税。20 世纪 70 年代以来，西方一些发达国家逐步通过征收生态环境税的手段来保护环境，并把征收的所得税费用于治理污染的技术研发，取得了重要成效。由于资源、环境具有公共物品的特征，消费者在消费过程中缺少自发地去保护环境和节约资源的动力。为解决环境外部性问题，“英国古典经济学家庇古，主张通过政府干预，如课税、提供政府津贴等方法解决外部性问题，即政府可以通过对市场机制的介入，使经济主体将其活动的社会成本纳入私人成本中，将外部成本内部化，这就是经济学中的‘庇古税’”②。西方的现代税收理论，为我们在推动合理消费社会风尚的形成中从税制设计方面来进行调节提供了理论依据。重庆大学秦鹏教授提出了生态消费税，认为生态消费税是为了保护环境和引导理性消费，国家对特定的消费物品和消费行为所进行的税收征纳，不仅具有导向特别明确、环境保护特别明显的特性，而且具有更加有效的平衡社会收入和财富的功能。③ 消费税自 1994 年在我国开征以来，有力限制了某些奢侈品和高能耗品的生产，在正确引导民众消费行为和消费观念方面发挥了重大作用。但是我国的消费税在对合理消费与合理消费社会风尚的塑造方面的作用仍显得不足，尚需要不断完善税收制度，建构和优化合理消费税制，这对于推动形成合理消费社会风尚、推动社会合理消费、实现经济社会的可持续发展、建设社会主义生态文明具有重大的现实意义。

为推动我国社会主义生态文明建设，节约资源和保护环境，当前我们急需建构和完善合理消费税制度，具体而言，一方面，调整征税范围，加大对奢侈品的征税力度，比如豪宅、豪华家具等消费品。另一方面，对危害环境的和资源再生较慢的商品开征限制消费税，并提高税率。例如，对含有汞、锡、有毒

---

① 许进杰:《生态文明消费模式研究——基于资源性供给紧约束的视角》，吉林出版集团股份有限公司，2016，第 170 页。

② 转引自许进杰《生态文明消费模式研究——基于资源性供给紧约束的视角》，吉林出版集团股份有限公司，2016，第 164 页。

③ 秦鹏:《生态消费税收制度研究》，《法律科学》2006 年第 6 期。

元素的电池征收消费税等。同时，鉴于我国生活垃圾量大且随意排放等问题，可以借鉴国外的一些做法，开征垃圾税，具体征收依据可根据人口数量或者是家庭产生的垃圾数量。开征垃圾税明显有利于完善合理消费税收制度，促进民众合理消费行为转变，有利于推动我国合理消费社会风尚的形成。

其次，实施环境标志制度。“环境标志（Environmental Label），也称绿色标志、生态标志（Eco. Labelling），是指由政府管理部门，或由公共或民间团体依据一定环境标准，向有关申请者颁发其产品或服务符合要求的一种特定标志。标志获得者可把标志印在产品和包装上。它向消费者表明该产品或服务从研制、开发、生产、使用、回收利用、处置的整个过程符合环境保护要求，这是调动公众参与环境保护的一种很好的方式，最终有利于保护环境。由于对生态环境的保护有着独特的作用，它被褒称为拯救地球的绿色天使。”[①] 环境标志制度的实质是“利用有环境意识的消费引导市场，用市场来刺激有利于环境的产品开发和利用”[②]。1994 年，中国开始实施环境标志制度，至今已取得了很多成效，是促进绿色消费最有影响力和最有效的管理手段之一，明显有利于我国合理消费社会风尚的形成。消费者对环境标志产品的购买和消费的过程，实际上就是对其进行润物细无声的环保教育的过程，因此环境标志制度的实施有利于激发企业和消费者等环保主体的环保意识，促进其消费选择向合理消费的方向转变。当然，环境标志制度也极大地促进了合理消费社会风尚的形成。

再次，实施消费者义务制度。众所周知，作为消费者，我们既有权利，也有义务，我们在享受权利的同时，也必须承担起应该履行的义务，也就是说，我们的消费，不只是个人的私事，还要关照社会利益、他人利益和生态利益。在我国现行法律中已经存在关于消费者消费义务的规定，比如我国《环境保护法》第六条规定，“一切单位和个人都有保护环境的义务”[③]。但是诸如此类的规定明显太过笼统和抽象，无法满足法律所要求的具体化、特定化。为节约资源和保护环境、建设社会主义生态文明，有学者提出，消费

---

① 夏友富：《论环境标志制度与国际贸易发展》，《世界经济》1995 年第 10 期。

② 万方：《绿色消费偏好形成的理性过程及其对外部性问题的纠正——基于环境标志制度的分析》，《消费经济》2010 年第 6 期。

③ 《中华人民共和国环境保护法（主席令第九号）》，http：//www. gov. cn/zhengce/2014 - 04/25/content_2666434. htm。

者社会义务在法律当中的体现主要表现在以下四个方面。一是消费者在消费活动中坚持资源节约的原则，采取资源节约、适度合理的消费方式。二是消费者在消费活动中应当优先选购具有环境标志的产品，广泛参与生态环境的保护。三是消费者应当在消费活动中禁止使用“用过即扔”的一次性木筷、一次性塑料购物袋、宾馆的一次性洗漱用品等消费品，减少生活垃圾的产生量和排放量。四是消费者积极配合环卫部门，对消费活动中产生的生活垃圾进行分类收集、整理和投放。① 显然，消费者社会义务的法律化，有利于促进消费者抛弃不良消费习惯，进而自觉选择与生态文明建设发展要求相适应的消费行为，这有利于大大推动我国合理消费社会风尚的形成。

最后，实施和完善政府绿色采购制度。《中华人民共和国政府采购法》将政府采购定义为“各级国家机关、事业单位和团体组织，使用财政性资金采购依法制定的集中采购目录以内的或者采购限额标准以上的货物、工程和服务的行为”②。政府采购是一种特殊的消费行为，表现在采购资金来源的公共性、采购用途的公益性、采购数量的巨额性等。政府采购的特点决定了其必须一切从社会公众的利益出发，满足社会公众的需求，当然也包括满足社会公众良好生态环境的需求。

政府绿色采购，是人类在面临严重生态危机的条件下对传统采购模式反思而提出的一种崭新采购方式，它要求政府从社会公共的环境利益出发，购买和使用符合国家绿色标准的产品、服务和工程。实施政府绿色采购制度是推动我国合理消费社会风尚形成的一项重要举措，具有重要意义。一方面，政府的绿色采购行为，对微观经济主体具有显著的示范作用。由于政府的权威性，其绿色采购行为可以示范性地引导人们改变不合理的消费取向和消费行为，从而可以引导社会形成合理消费社会风尚，进而推动我国社会主义生态文明建设。另一方面，政府的绿色采购活动能够帮助和促进节约环保型企业的发展，推动生产性消费向节约环保方向的转变。因为在一般情况下，政府在做出采购决定前必须考虑产品服务的资源节约与环境保护因素。2019 年 2 月 1 日下发的《关于调整优化节能产品、环

① 许进杰：《环境道德、消费者社会义务与生态文明消费模式》，《现代经济探讨》2012 年第 10 期。

② 《中华人民共和国政府采购法（全文）》，http：//www. people. com. cn/GB/jinji/20020629/764316. html。

境标志产品政府采购执行机制的通知》指出，“对于已列入品目清单的产品类别，采购人可在采购需求中提出更高的节约资源和保护环境要求，对符合条件的获证产品给予优先待遇。对于未列入品目清单的产品类别，鼓励采购人综合考虑节能、节水、环保、循环、低碳、再生、有机等因素，参考相关国家标准、行业标准或团体标准，在采购需求中提出相关绿色采购要求，促进绿色产品推广应用”①。而这必然会引导企业调整生产方式，减少资源消耗和污染排放，促进绿色环保产业的发展，为消费者提供更多的绿色环保产品。

当前我国政府绿色采购制度还不完善。2003 年实施的《中华人民共和国政府采购法》只是笼统地提到了保护环境，缺少相应条文的支持和法律规范的约束。2015 年 3 月 1 日起施行的《中华人民共和国政府采购实施条例》也没有对政府绿色采购行为做出专门具体的规定，有研究指出，“当前我国政府绿色采购制度在法律框架设计、采购标准、采购监督管理及采购救济保障等方面存在着诸多不足，严重影响着该制度的绩效，应从绿色采购立法的健全化、采购技术标准的科学化、监督程序的完备化及救济措施的规范化等方面来加以完善”②。我们认为当前急需修改和完善《中华人民共和国政府采购法》，增加政府绿色采购的相关内容，发布政府绿色品目清单和绿色采购标准等。

由于合理消费社会风尚形成的复杂性、长期性等特点，在形塑合理消费社会风尚的过程中，必须要有配套的制度体系对其进行综合规范，加强配套制度的制定和改革，形成较为完整的配套制度体系，比如通过完善绿色建筑和绿色建材标识制度、研究建立水效“领跑者”制度、损害赔偿制度、责任追究制度、环境治理和生态修复制度等，形成合力，以形塑我国合理消费社会风尚。同时，针对当前我国合理消费的问题，我们认为有必要结合《生态文明体制改革总体方案》，深化合理消费体制改革。“我国生态环境保护中存在的一些突出问题，一定程度上与体制不健全有关。”③ 在我国消费中存在的问题，一定程度上也与体制不健全有关。为此，我们有必要对照《生态文明

① 《关于调整优化节能产品、环境标志产品政府采购执行机制的通知》，http：//gks. mof. gov. cn/zhengfuxinxi/guizhangzhidu/201902/t20190212_3146226. html。

② 王京歌、邹雄：《政府绿色采购制度研究》，《郑州大学学报》（哲学社会科学版）2017 年第 6 期。

③ 中共中央文献研究室编《十八大以来重要文献选编》（上），中央文献出版社，2014，第 507 页。

体制改革总体方案》的八项制度，在消费领域改革和完善全面节约制度、资源有偿使用和生态补偿制度、生态文明绩效评价考核、责任追究制度等。

2. 实现形塑合理消费社会风尚的组织化

由于合理消费社会风尚的形成具有自发性和随意性，如果不建立健全推动形成合理消费社会风尚的组织体系，政府倡导和人民群众践行就形不成合力，也就很难取得应有的效果，所以，我们应建立健全推动我国合理消费社会风尚形成的组织体系。

进入新时代，在生态文明建设战略布局的指导下，我国形塑合理消费社会风尚的组织化在不断加强。首先，国家发展和改革委员会、环境保护部等国家机构积极部署并推动合理消费，典型的如2016年制定并通过的《关于促进绿色消费的指导意见》。其次是在环境保护部等国家机构的领导下，尤其是2017年3月，环境保护部、民政部联合发布《关于加强对环保社会组织引导发展和规范管理的指导意见》，并提出“到2020年，在全国范围内建立健全环保社会组织有序参与环保事务的管理体制，落实综合监管，完善环保社会组织引导发展政策措施，基本建立政社分开、权责明确、依法自治的社会组织制度，基本形成与绿色发展战略相适应的定位准确、功能完善、充满活力、有序发展、诚信自律的环保社会组织发展格局”① 的目标以后，一些致力于环境保护和推动合理消费的社会组织如中华环保基金会、绿色志愿者联合会等在推动合理消费和生态文明建设方面不断发挥积极作用。据报道，“2017年3月17日，我国首个物流环保公益基金——菜鸟绿色联盟公益基金在京成立。此基金由菜鸟网络、阿里巴巴公益基金会、中华环保基金会发起，并联合圆通、中通、申通、韵达、百世、天天等六家快递公司，共同出资成立。基金将专注于解决日趋严重的物流业污染现状，推动快递包装创新改良，促进快递车辆使用清洁能源，引导运用大数据技术减少资源浪费，更好地保护生态环境。未来，基金共计划投入3亿元，用于开展绿色物流、绿色消费、绿色供应链等方面的研究、倡导和推动。……9月1日，北京市第四中级人民法院正式受理重庆市绿色志愿者联合会起诉百度外卖（北京小度信息科技有限公司）、美团（北京三快科技有限公司）、饿了么（上海拉扎斯

① 《关于加强对环保社会组织引导发展和规范管理的指导意见》，http://www.sohu.com/a/130492775_673516。

信息科技有限公司）三家外卖平台环境污染责任纠纷一案。诉讼请求判令被告改变浪费资源、危害生态环境的经营模式，在其平台提供的订餐界面首页显著位置设置是否有偿使用一次性餐具、是否使用塑料袋选项，并对一次性筷子、塑料袋等明码标价、收取费用；并判令被告对其已造成的生态环境损害进行修复或承担修复费用。重庆市绿色志愿者联合会除诉企业环境污染进行赔偿外，也想让这个案件在一定程度上改变人们的行为观念”[①]。

同时，为推动我国合理消费，一些专门平台相继搭建，比如由各级党政机关和行业专家、协会组织牵头成立的绿色中国理事会，“以弘扬生态文明，促进绿色发展，全面贯彻经济社会可持续发展战略，推进和谐社会、资源节约型社会和环境友好型社会建设为目标……以《绿色中国》杂志、绿色中国网络电视为载体，以大型系列主题活动‘绿色财富论坛’、‘绿色中国行’、‘绿色中国年度焦点人物评选’、‘绿色财富领袖评选’、‘中国绿色宝贝评选’为互动交流平台……致力于传播绿色理念、引领绿色时尚、倡导绿色消费”[②]。显然，绿色中国理事会作为合理消费社会风尚形成组织体系中的一分子，在推动我国合理消费社会风尚形成中发挥了重要作用。

总之，根据法律规定并结合我国的实际情况，积极探索建立适合我国国情的组织体系，形成党内外、体制内外、全方位的社会参与合理消费社会风尚的机构和组织，是当前推动我国合理消费社会风尚形成的重要保障。

（四）合理消费社会风尚形成的利益激励机制

我国合理消费社会风尚的形成是一项复杂的长期系统工程，要使这项工程得以持续顺利进行，就必须维护形成主体的利益，从而调动形成主体的积极性、主动性和创造性。因为利益是激励人类从事社会历史活动的动力因素，“人们奋斗所争取的一切，都同他们的利益有关”[③]。“思想一旦离开利益，就一定会使自己出丑。”[④] 而这就需要建立切实有效的利益激励机制。用

① 《2017 年中国环保社会组织十大事件发布》，https：//gongyi. ifeng. com/a/20171218/44808385 _ 0. shtml。

② 《绿色中国理事会诚邀加盟》，《绿色中国》2013 年第 12 期。

③ 《马克思恩格斯全集》第一卷，中共中央马克思恩格斯列宁斯大林著作编译局译，人民出版社，1956，第 82 页。

④ 《马克思恩格斯全集》第二卷，中共中央马克思恩格斯列宁斯大林著作编译局译，人民出版社，1957，第 103 页。

于激励的内容包括物质激励和精神激励两方面。“物质激励也叫物质鼓励，所谓物质鼓励，就是指在按劳分配的基础上，对为社会的经济发展和全面进步做出了重要贡献的先进分子，给予实物奖励。”① 物质鼓励运用于我国合理消费社会风尚的形成，有利于提高人们践行合理消费的积极性。正如列宁所说，“我们应该记住，除了我们决心要进行的生产宣传以外，还要采取另一种诱导方式，即实物奖励”②。精神激励也叫精神鼓励，是指在合理消费实践中对推动合理消费有重要贡献的人给予各种荣誉和表扬，包括发给奖状、奖牌和授予各种光荣称号等。

1. 精神激励和物质激励相结合

首先，在中国共产党的发展历史上，中国共产党把精神激励与物质激励相结合作为党的思想政治教育的重要内容长期坚持，已经内化为党的传统。在中国民主革命时期和社会建设初期，中国共产党领导中国人民在比较艰苦的条件下进行革命和建设，主要靠的就是共产主义的理想和信念。但是，毛泽东始终强调要关心人民群众的疾苦，为人民群众的根本物质利益而奋斗。在改革开放的历史新时期，以邓小平为代表的中国共产党人强调发展是硬道理，中国特色社会主义现代化是物质文明和精神文明共同发展的现代化。同样，中国共产党人没有忽视用共产主义理想和革命精神来调动人们生产的积极性，邓小平强调，在新时期仍然需要“发扬革命和拼命精神，严守纪律和自我牺牲精神，大公无私和先人后己精神，压倒一切敌人、压倒一切困难的精神，坚持革命乐观主义、排除万难去争取胜利的精神”③。不难看出，把物质激励和精神激励相结合，是中国共产党的重要传统。

其次，处理好精神激励和物质激励的辩证关系。一方面，在进行精神激励的同时必须贯彻物质激励原则。邓小平指出：“不重视物质利益，对少数先进分子可以，对广大群众不行，一段时间可以，长期不行。革命精神是非常宝贵的，没有革命精神就没有革命行动。但是，革命是在物质利益的基础上产生的，如果只讲牺牲精神，不讲物质利益，那就是唯心论。”④ 当前我国

① 国家教委思想政治工作司组编《思想政治教育方法论》，高等教育出版社，1992，第149页。

② 《列宁全集》第四十卷，中共中央马克思恩格斯列宁斯大林著作编译局译，人民出版社，1986，第148页。

③ 《邓小平文选》第二卷，人民出版社，1994，第368页。

④ 《邓小平文选》第二卷，人民出版社，1994，第101页。

多种经济成分并存的现状和市场经济的发展，使人们的利益意识不断增强，这就要求在合理消费社会风尚形成的过程中，既要引导人们正确认识进行合理消费的长远利益，又要维护好在合理消费社会风尚形成中人们的正当的当前利益，起码不能损害其正当利益。另一方面，在进行物质激励的同时，必须强调精神激励的作用。由于物质利益本身具有不稳定性和两重性，单纯地讲物质利益是不够的，如果一切个人的积极性、主动性都必须靠物质激励，最终整个社会将物欲横流，深陷消费主义的泥潭，其结果是不仅不利于经济社会的可持续发展，而且不利于人的全面发展和整个社会的和谐。并且，如果没有爱国主义、社会主义和集体主义的精神状态，正确的物质利益就根本无从谈起，正如邓小平所言，“提倡按劳分配，承认物质利益，是要为全体人民的物质利益奋斗。每个人都应该有他一定的物质利益，但是这绝不是提倡个人都向‘钱’看”①。在现实中，一些人正是由于没有摆正物质利益和精神激励的关系，过度看重物质利益，以致出现了心理和行为扭曲，甚至走上犯罪的道路。特别是在物质产品极大丰富、利益格局深刻调整、思想文化多元化的今天，人们很容易受到物质主义和消费主义的“裹挟”。思想是行动的先导，行为上的决堤源于思想的崩溃，一些人为了追求奢靡消费，甚至不惜以身试法，就是因为思想出了问题。这就要求我们在反对不合理消费风气、推动合理消费社会风尚形成的过程中，在尽量满足人们物质利益的同时，扎实推进思想政治的宣传教育，发挥好精神激励的作用。

2. 实施奖罚激励

“所谓奖罚激励，就是对人们的思想行为表现给予肯定、表扬或给予否定、批评。”②“表扬、奖励是正面激励，批评、惩罚是反面激励，两者是相辅相成联系在一起，并从不同侧面来教育和提高群众的思想觉悟和认识能力的，因而在使用时，必须把两者结合起来。”③ 因此，奖罚激励是我国合理消费社会风尚形成中利益激励机制的重要内容。

马克思主义唯物辩证法认为，客观事物的发展总是不平衡的，在合理消费社会风尚形成的过程中，有先进，也有落后，有积极因素，也有消极成分。因此我们应该进行正反激励教育，通过正反激励教育，让人们从中吸取

---

① 《邓小平文选》第二卷，人民出版社，1994，第 337 页。

② 国家教委思想政治工作司组编《思想政治教育方法论》，高等教育出版社，1992，第 151 页。

③ 国家教委思想政治工作司组编《思想政治教育方法论》，高等教育出版社，1992，第 151 页。

能正能量，减少负面的影响，从而有效推动合理消费社会风尚的形成。当然在运用正面激励和反面激励的过程中，一定要坚持以正面激励为主，正面激励要多一些，面要宽一些。如果正面激励太少，面太小，先进的作用发挥不出来，会让人感觉可望而不可即，进而影响民众积极性的发挥。但正面激励的对象也不可太多，否则会降低正面激励的作用，达不到激励的目的。反面激励宜少不宜多，但是也不能没有，因为如果不惩罚，诸如奢靡之风、浪费之风等一些歪风邪气就会不断蔓延。当然，在我们运用正面激励和反面激励时，要实事求是，既不要夸大也不能缩小，只有这样才能服人服众。正面激励过头了，反面激励过分了，都会引起群众不满。

在我国合理消费社会风尚形成的过程中，实施奖罚激励教育的主要手段和形式有：召开先进事迹报告会、新闻媒体报道、拍摄影视作品等。比如2014年由法律出版社出版的《厉行节约、反对浪费：重要规定与典型案例评析》，即通过典型反面案例教育国家公职人员和广大党员干部引以为戒，进而达到惩处一个却教育一片的目的。

进入信息化、网络化和新媒体时代，在推动我国合理消费社会风尚形成的过程中，应该充分发挥网络媒体的作用，扩大奖罚激励的影响。比如搜狐网关于《在村里规模化养猪，为何被罚款15万元？究竟谁的错?》的网络报道：

> 四川南充市南部县永定镇永定村二组大油山有一家养殖场，做规模化养猪，违规加盖场房，粪便肆意排放，污染当地水源。经调查，这家养殖场地处宜养区，但没有报批环评文件，仅建有一个容积约30立方米的粪便临时收贮设施，未配套建设和设计与饲养规模相适应的干粪发酵棚、沼气池、沼液贮存池及沼液转运输送消纳体系，存在未批先建、擅自开工、污染环境的问题。当地环保局对养殖场环境违法行为进行了立案调查，送达了《行政处罚告知书》，拟处罚该养殖场15万元。原来这罚款也是有原因的，那么农民朋友们应该如何避免这种情况发生呢?一起来听听北京市康达律师事务所刘柏伶是如何说的。1. 法律法规规范养殖活动……比如，2014年1月，我国第一部专门针对畜禽养殖污染防治的法律法规《畜禽规模养殖污染防治条例》施行。后续又有相关的法律法规出台或修订，比如《环境保护法》和《水污染防治法》，以及关于配合畜禽养殖的相关规定。这些法律法规都有明确规定，比如哪些地

方属于禁养区等具体内容。其中明确规定在2017年底的时候，一些严禁养殖的地方要关闭或搬迁养殖场。总体来看，涉及养殖的法律法规很多。具体涉及农民朋友个人的养殖项目，可能要根据自己所在的地域，有针对性地了解一下，确定是否属于限养区或是明确禁止养殖的地方。

2. 污染环境要受重罚。国家对于养猪等养殖活动，有谁污染、谁缴费的原则，并于今年起施行《环境保护税法》。环保税是针对养殖畜禽数量较多的一些养殖户，比如500头以上的规模化养猪场。也就是明确了遵守过去的法规之外，还应缴纳相应的税费。①

这样的报道不仅向农民传达了农村开办养殖业的注意事项，而且宣传了相关法律法规以及国家依法治国的政策，有助于规范企业的消费行为，并且因报道的对象具有大众性的特点，其激励教育作用也更为广泛。

3. 实施竞争激励

“所谓竞争激励就是通过评比、比较造成一种相互竞赛、不甘落后、争取优胜的状况。”② 竞争激励的特点是有组织、有领导、有目的，因此比较适合倡导合理消费社会风尚的形成。实施竞争激励可以根据合理消费的内容进行，比如在全国或某一个地区（市、县、乡镇等），组织开展“绿色家庭、绿色商场、绿色景区、绿色饭店、绿色食堂、节约型机关、节约型校园、节约型医院等创建活动”③，并对入选的单位和个人进行物质激励和精神激励。

在我国合理消费社会风尚的形成过程中，实施竞争激励要把握好以下条件。第一，要目的明确。竞争是为了激励和鼓励在合理消费行动中的先进集体和先进个人，以发挥其示范带头作用，而不是为了打压他人。否则竞争激励就没有任何意义，搞不好还可能助长弄虚作假等不良风气，带来严重后果。④ 第二，“要有严格的标准，明确的要求，这是保证竞争激励顺利进行的必要条件。竞争者要按统一的要求、标准，按照公平合理的原则展开竞争，

---

① 《在村里规模化养猪，为何被罚款15万元？究竟谁的错?》，http：//www. sohu. com/a/234586811_100026981。

② 国家教委思想政治工作司组编《思想政治教育方法论》，高等教育出版社，1992，第153页。

③ 《关于促进绿色消费的指导意见》，http：//www. ndrc. gov. cn/zcfb/zcfbtz/201603/t20160301_791588. html。

④ 观点参考了国家教委思想政治工作司组编《思想政治教育方法论》（高等教育出版社，1992）中第152页的相关理论内容。

只有这样才能决出胜负。如果没有严格、统一的标准和明确的要求，就达不到鼓励先进、鞭策后进，甚至会挫伤先进分子的积极性，助长消极落后情绪的蔓延”①。

（五）合理消费社会风尚形成的协同作用机制

我国合理消费社会风尚的形成是一项系统工程，需要各形成主体相互协作、共同努力，为此，就需要构建合理消费社会风尚形成的协同机制。

我国合理消费社会风尚形成的协同主要包括主体协同和过程协同。合理消费社会风尚形成的协同机制具有统一认识、整合资源和提高效率的作用和功能。

1. 合理消费社会风尚形成的主体协同

我国合理消费社会风尚的主体协同主要包括以下几个方面。

①实现合理消费社会风尚形成中的政府协同。推动合理消费社会风尚形成，实现政府协同，可以从以下几个方面着手。一是协调中央和地方的关系，实现合理消费社会风尚形成的央地协同，具体表现为中央政府制定合理消费政策制度和整体规划，地方政府积极认真执行。其理想的状态是保持中央有权威、地方也有积极性。中央要保持权威性就必须保证合理消费政策及制度的科学性和权威性。对于不认真执行或违反国家相关政策和制度的地方政府行为，要给予严厉惩罚，坚决反对为了地方利益而破坏生态环境的地方保护主义，保证中央工作的统一性和有效性。当然，中央政府在制定合理消费的政策和制度时，应在注重全局利益中充分考虑地方政府的利益。唯有如此，地方政府在推行合理消费政策和落实合理消费制度时才有积极性、主动性。二是协调各级地方政府之间的关系，实现合理消费社会风尚形成的区域协同。各级地方政府之间关系的协同实际上是利益的协同和认识的协同，而要实现利益的协同就必须实现认识上的协同一致，为此首先应注重提高并统一各级地方政府对合理消费的思想认识，在此基础上通过生态补偿制度协调各级地方政府在推行合理消费政策过程中的利益冲突。三是实现合理消费社会风尚形成的部门协同。目前我国合理消费社会风尚形成中实际执行的部门

① 国家教委思想政治工作司组编《思想政治教育方法论》，高等教育出版社，1992，第152页。

关系复杂，隶属分工也各不相同，为有效发挥各部门在我国合理消费社会风尚形成中的协同作用，有必要理顺并建立各个部门之间的工作协调机制，重点是“建立健全资源环境保护部门与财政、人事部门的工作协调机制，使得环境保护部门能够及时有效地获得相应的人力和财政资源”①。

②实现合理消费社会风尚形成中的企业协同，主要包含实现生态文明建设型企业内部协同、非生态文明建设型企业之间协同，以及生态文明建设型企业与非生态文明建设型企业之间的协同。② 其主要途径有三。其一是降低生态文明建设型企业内部成本，实现其内部的协同。当前我国的生态文明建设型企业，如污水处理厂、垃圾处理厂等，由于自然垄断的因素的影响，尚存在管理、技术等诸多问题，为此就有必要按照现代企业制度的管理原则，优化公司管理流程，并不断改进、提升关键技术，以降低公司内部成本。其二是通过完善排污权交易制度，加强非生态文明企业间的协同。所谓排污权交易是指“在满足环境要求的条件下，建立合法的污染物排放权利即排污权，并允许这种权利像商品那样进行交易，以此来控制污染物的排放总量，降低污染治理总体费用”③。排污权交易制度的实施，有利于国家从总量上控制企业排出的污染物，这是因为“向环境排污的权力就不再是公共的，而是属于进行排污权初始分配时的企业，后来新建的企业必须向已有的企业购买排污权。已有排污权的企业，如果通过改进生产技术，治理本企业所排放的污染物则可以减少污染物排放，节约本企业的污染物排放权，节约下来的权限可以存储下来，留待以后扩大生产规模，也可以放到市场上出售，获取利益”④。可见，建立健全排污权交易制度是非生态文明建设型企业间协同的基础。其三是生态文明型企业和非生态文明型企业之间的协同，主要依赖基础设施方面的加强，比如建立排污管道网络等。

③实现合理消费社会风尚形成中的社会协同。实现合理消费社会风尚的

---

① 向俊杰:《我国生态文明建设的协同治理体系研究》，中国社会科学出版社，2016，第132页。

② 生态文明建设型企业是指从政府或其他机构获得生态文明建设项目，以生态文明建设为主业，以生态文明建设产品和服务为核心产出，从事生态文明建设的企业。非生态文明建设型企业是指不以生态文明建设产品和服务为核心产出，不以生态文明建设为核心行为的企业。参见向俊杰《我国生态文明建设的协同治理体系研究》，中国社会科学出版社，2016，第81页。

③ 杨展里:《中国排污权交易的可行性研究》，《环境保护》2001年第4期。

④ 向俊杰:《我国生态文明建设的协同治理体系研究》，中国社会科学出版社，2016，第135页。

社会协同主要包括消费者协同和环保节约类非政府组织的协同。首先是加强合理消费文化建设，塑造人们高度的公共精神。具体做法是加强人们关心公共事务、促进公共利益的公共精神教育，不断拓展环保型节约类非政府组织活动的公共空间，因为公共空间“有助于培养一种参与意识与集体观念”[①]。其次是提高环保节约类非政府组织的能力，支持环保节约类非政府组织的发展。由于我国环保节约类非政府组织的发展，离不开政府的支持，提高环保节约类非政府组织的能力必须优化政府与社会的关系，转变政府管理模式，塑造“小政府、大社会”，实现由政府管理转向治理，即实现所谓的善治，而“善治的本质特征，就在于它是政府与公民对公共生活的合作管理”[②]。提高环保节约类非政府组织的能力，还应该加强社会对其发展的资金支持，这是因为我国大部分环保节约类非政府组织存在经费来源少且不稳定的问题，这是当前我国环保节约类非政府组织发展的最大困境。有研究表明，我国大部分环保节约类非政府组织的经费主要来源于政府的补贴，如2007年的研究显示，我国非政府组织获得的“政府直接提供的补贴、经费等高达53%，会费收入占21.18%”[③]，而解决这一问题的关键是社会团体和公民的大力支持。

④实现政府、企业、社会之间的协同。要实现政府、企业、社会之间的协同，必须抓住“利益协调”这一核心。实现利益协调的关键是法治，具体表现在以下三个方面。一是建设法治政府，实现政府、企业、社会的关系协同。政府是国家意志的代表，在我国合理消费社会风尚形成的过程中处于核心和主导地位。从当前我国政府、企业、社会在合理消费社会风尚形成中出现不协同现象的原因来看，其重要原因是政府行为失当、失范等，因此，建设法治政府是构建政府、企业、社会关系协同的关键。这就必须要健全政府的决策程序，并保障决策程序科学化、规范化；完善政府执法，加强对政府的执法监督。二是依法推动企业履行环境责任。从某种意义上说，企业对当前的环境污染负有直接责任，因为人们所使用的污染环境的商品都直接来源于企业。因此，必须依法推动企业履行环境责任，这有利于从源头上减少和避免不合理消费品的数量，有利于节约资源和保护环境，也就不会使得企业

① 黄洋：《希腊城邦的公共空间与政治文化》，《历史研究》2001年第5期。

② 俞可平：《权利政治与公益政治——当代西方政治学评析》，社会科学文献出版社，2000，第111页。

③ 刘贵山、曹海军：《中国NGO的筹资困境及其现实选择》，《行政与法》2007年第3期。

因环境问题与社会主体出现不和谐，有利于实现企业与社会的关系协同。同时，依法推动企业履行环境责任，是有效防止政府在合理消费社会风尚形成中“越位”或者“错位”的重要手段，有利于实现政府、企业关系的协同。三是建设法治社会，保障政府、企业、社会的关系协同。罗纳德·德沃金认为，法律并不是统治者强加给弱者的意志，而是社会共存的保证。[①] 我国学者也强调，“法治成为促成转型中国‘社会团结’的重要机制，成为弥合社会碎片化与重铸信任的核心抓手，能够担迈向和谐社会的路径保障之责”[②]。

2. 合理消费社会风尚形成的过程协同

我国合理消费社会风尚形成的过程协同，主要是指参与合理消费社会风尚形成的政府主体、企业主体和消费者主体，在价值理念方面、目标规划方面、方案决策方面、执行过程方面的协同。

（1）实现各形成主体价值理念的协同

理念引领行动，实现合理消费，实现合理消费社会风尚形成的过程协同，首先应该实现各形成主体的价值理念协同，而要实现各形成主体的价值理念协同就必须转变当前各形成主体的不正确的甚至是错误的价值理念，树立促进合理消费、推动生态文明的正确价值理念。一方面，各级政府要摒弃经济发展至上的理念，树立生态发展理念。因为当前我国存在的资源浪费和环境污染问题，一定程度上和政府过分重视经济发展，而忽视或轻视生态建设有关。另一方面，摒弃个人本位理念，树立命运共同体意识。个人本位理念的本质是为个人利益而损害公共和整体利益。为此就要加强对社会各界的教育，树立消费的命运共同体意识。

（2）实现各形成主体目标的协同

在我国合理消费社会风尚的形成过程中，政府主体目标体现为推动合理消费以服务我国社会主义生态文明建设和满足人民美好生活的需求；企业主体的目标通过向消费者提供绿色环保产品来追求利润；社会主体的目标是在消费商品和服务中兼顾社会、生态等其他方面的利益。显然，在实践中企业、社会各形成主体的目标与政府的目标必然会因利益的不同而存在差异，要解决这个问题，着力点是通过法律法规约束企业主体和消费者主体的

① 罗纳德·德沃金：《认真对待权利》，信春鹰、吴玉章译，中国大百科全书出版社，1998，第15页。

② 江必新、王红霞：《法治社会建设论纲》，《中国社会科学》2014年第1期。

行为。

（3）实现各形成主体消费决策的协同

一方面，政府在制定我国合理消费政策时首先要做到充分发扬民主、广泛听取和吸取民众的意见和建议，这是保证企业和民众的行为决策与政府决策协同的基础；另一方面，企业主体的生产消费和社会主体的生活消费要遵守国家相关法律制度，自觉做到与社会发展的要求相一致。

（4）实现各形成主体执行过程的协同

我国合理消费社会风尚形成的过程是各形成主体执行并完成我国合理消费社会风尚形成方案的过程，因此依赖于多个主体的协同。为此必须实现各形成主体执行过程的协同。在我国合理消费社会风尚形成的过程中，合理消费社会风尚的执行主体可能是政府，可能是消费者，也可能是新闻媒体或者企业。执行者可能是普通消费者、企业，或者社团组织。合理消费的执行权力只有在得到执行对象认同的情况下才能顺利实现。这就需要多主体进行对话协商、民主协商。

我国合理消费社会风尚形成的机制是一个复杂系统，它是系统内部各要素的良性运转和优化整合。在合理消费社会风尚形成的复杂系统中，各要素的良性运转和优化整合的关键要素是人，即合理消费社会风尚的形成主体，因为只有调动并发挥合理消费社会风尚各形成主体的积极性、主动性，才能正确把握合理消费社会风尚形成的各客体要素。因此，在合理消费社会风尚形成的机制构建中，无论是教育宣传机制、利益激励机制，还是规范制约机制、协同作用机制等都必须立足于人这一关键因素。

参考文献

一 著作

阿兰·德波顿:《身份的焦虑》,陈广兴、南治国译,上海译文出版社,2007。

埃里希·弗洛姆:《在幻想锁链的彼岸——我所理解的马克思和弗洛伊德》,张燕译,湖南人民出版社,1986。

艾伦·杜宁:《多少算够——消费社会与地球的未来》,毕聿译,刘晓军校,吉林人民出版社,1997。

班建武:《符号消费与青少年身份认同》,教育科学出版社,2010。

比尔·麦克基本:《自然的终结》,孙晓春、马树林译,吉林人民出版社,2000。

陈学明、吴松、远东编《痛苦中的安乐——马尔库塞、弗洛姆论消费主义》,云南人民出版社,1998。

凡勃伦:《有闲阶级论——关于制度的经济研究》,蔡受百译,商务印书馆,1964。

房爱卿主编《我国消费需求发展趋势和消费政策研究》,中国经济出版社,2006。

高志英:《中国居民可持续消费研究》,湖北人民出版社,2011。

葛凯著《中国消费的崛起》,曹槟译,中信出版社,2011。

郭湛:《人活动的效率》,人民出版社,1990。

国家环境保护局污染管理司:《清洁生产——认识与实践》,中国环境科学出版社,1993。

胡雪萍：《绿色消费》，中国环境出版社，2016。

黄苇町、李凡：《当代中国的消费之谜——困惑与思考》，中国商业出版社，1990。

姜彩芬：《面子与消费》，社会科学文献出版社，2009。

克劳德－让·贝特朗：《媒体职业道德规范与责任体系》，宋建新译，刘振琪校，商务印书馆，2005。

克里斯托佛·贝里：《奢侈的概念：概念及历史的探究》，江红译，上海世纪出版集团，2005。

李通屏：《中国消费制度变迁研究》，经济科学出版社，2005。

林建煌：《消费者行为》，北京大学出版社，2004。

铃木深雪：《消费生活论——消费者政策》（修订版），张倩、高重迎译，薛慧校，中国社会科学出版社，2002。

卢嘉瑞、吕志敏等：《消费教育》，人民出版社，2005。

陆学艺主编《当代中国社会结构》，社会科学文献出版社，2010。

马尔库塞：《单向度的人》，张峰等译，重庆出版社，1993。

让·鲍德里亚：《消费社会》，刘成富、全志钢译，南京大学出版社，2014。

商务部国际贸易经济合作研究院编《消费发展升级之路——40 年改革开放大潮下的中国消费》，中国商务出版社，2018。

尚·布希亚：《物体系》，林志明译，上海人民出版社，2001。

施里达斯·拉夫尔：《我们的家园——地球》，夏堃堡等译，张坤民等校，中国环境科学出版社，1993。

《21 世纪议程》，国家环境保护局译，中国环境科学出版社，1993。

世界环境与发展委员会：《我们共同的未来》，王之佳、柯金良等译，夏堃堡校，吉林人民出版社，1997。

E. F. 舒马赫：《小的是美好的》，虞鸿钧、郑关林译，刘静华校，商务印书馆，1984。

宋小卫：《媒介消费的法律保障——兼论媒体对受众的底限责任》，中国广播电视出版社，2004。

王菲编著《奢侈品消费者行为学》，对外经济贸易大学出版社，2012。

王宁：《从苦行者社会到消费者社会：中国城市消费制度、劳动激励与主体结构转型》，社会科学文献出版社，2009。

王宁：《消费的欲望：中国城市消费文化的社会学解读》，南方日报出版社，2005。

西美尔：《金钱、性别、现代生活风格》，刘小枫编，顾仁明译，李猛、吴增定校，学林出版社，2000。

习近平：《习近平谈治国理政》（第二卷），外文出版社，2017。

习近平：《习近平谈治国理政》（第三卷），外文出版社，2020。

习近平：《习近平谈治国理政》，外文出版社，2014。

向俊杰：《我国生态文明建设的协同治理体系研究》，中国社会科学出版社，2016。

辛鸣：《制度论——关于制度哲学的理论建构》，人民出版社，2005。

许进杰：《生态文明消费模式研究——基于资源性供给紧约束的视角》，吉林出版集团股份有限公司，2016。

杨家栋主编《消费经济学》，中国商业出版社，2008。

仰海峰：《走向后马克思：从生产之镜到符号之镜——早期鲍德里亚思想的文本学解读》，中央编译出版社，2004。

尹世杰主编《中国消费结构合理化研究》，湖南大学出版社，2001。

余保刚：《消费主义与我国主流意识形态建设研究》，中国社会科学出版社，2017。

袁少锋：《中国人的炫耀性消费行为：前因与后果》，中国经济出版社，2013。

曾刚等：《我国生态文明建设的科学基础与路径选择》，人民出版社，2018。

赵卫华：《地位与消费：当代中国社会各阶层消费状况研究》，社会科学文献出版社，2007。

赵毅衡：《符号学：原理与推演》，南京大学出版社，2011。

郑红娥：《社会转型与消费革命—中国城市消费观念的变迁》，北京大学出版社，2006。

《中共中央关于全面深化改革若干重大问题的决定》，人民出版社，2013。

中共中央文献研究室编《建国以来重要文献选编》，中央文献出版社，2011。

中共中央文献研究室编《厉行节约　反对浪费——重要论述摘编》，中央文献出版社，2013。

中共中央文献研究室编《三中全会以来重要文献选编》（上、下），中央文献出版社，1982。

中共中央文献研究室编《十八大以来重要文献选编》（上），中央文献出版社，2014。

中共中央文献研究室编《十二大以来重要文献选编》（中），人民出版社，1986。

中共中央文献研究室编《十六大以来重要文献选编》（下），中央文献出版社，2008。

中共中央文献研究室编《十六大以来重要文献选编》（中），中央文献出版社，2006。

中共中央文献研究室编《十四大以来重要文献选编》（中），中央文献出版社，1997。

中共中央文献研究室编《十五大以来重要文献选编》（上），中央文献出版社，2000。

中共中央文献研究室编《十五大以来重要文献选编》（下），人民出版社，2003。

中共中央文献研究室编《十五大以来重要文献选编》（中），中央文献出版社，2001。

中共中央文献研究室编《习近平关于社会主义生态文明建设论述摘编》，中央文献出版社，2017。

中国环境报社：《迈向21世纪——联合国环境与发展大会文献汇编》，中国环境报社编译，中国环境科学出版社，1992。

《中国21世纪议程——中国21世纪人口、环境与发展白皮书》，中国环境科学出版社，1994。

钟茂初：《可持续发展经济学》，经济科学出版社，2006。

朱迪：《品味与物质欲望：当代中产阶层的消费模式》，社会科学文献出版社，2013。

二　期刊论文

鲍金：《揭开消费主义的意识形态面纱》，《马克思主义研究》2013年第

11 期。

崔苗：《农村文化消费及文化市场培育机制研究》，《农业经济》2018 年第 3 期。

范玉吉：《炫富性新闻与传媒的社会责任》，《山西师大学报》（社会科学版）2011 年第 1 期。

顾栋：《浅谈形成合理消费的社会风尚问题》，《中外企业家》2013 年第 6 期。

郭芙蕊、孙慕天：《消费悖论：我国公众生态意识启蒙的核心阻力》，《自然辩证法研究》2018 年第 9 期。

郭建锋、卢新明：《消费社会形态下的大学生消费行为研究》，《思想教育研究》2011 年第 4 期。

胡建：《建设生态文明与克服消费主义》，《上海师范大学学报》（哲学社会科学版）2016 年第 1 期。

吉志鹏、朱泽东：《批判与启示：符号消费的生态困境及绿色发展》，《云南行政学院学报》2018 年第 1 期。

蒋斌、陈金龙：《杜绝奢靡之风》，《求是》2013 年第 17 期。

李怀：《婚嫁消费升级的意义供给机制转型：一个多重逻辑的分析》，《浙江学刊》2017 年第 3 期。

李岚：《生态文明视野下农村地区消费异化问题的特质及其应对策略研究》，《农业经济》2019 年第 1 期。

林明惠：《大学生网贷消费行为调查分析及引导策略》，《思想理论教育》2017 年第 5 期。

林于良：《新媒体时代消费主义生活化传播与青年价值观教育》，《山东行政学院学报》2018 年第 1 期。

罗铭杰、刘燕：《新时代绿色消费理念的问题指向、内涵要义及价值意蕴》，《经济学家》2020 年第 7 期。

马维晨、邓徐：《我国绿色消费的政策措施研究》，《环境保护》2017 年第 6 期。

毛中根、叶胥：《新时代新消费不断满足人民日益增长的美好生活需要——学习贯彻党的十九大报告有关消费论述的体会》，《财经科学》2017 年第 11 期。

莫少群：《当代中国的消费主义现象：消费革命抑或过度消费?》，《南京师大学报》（社会科学版）2012 年第 4 期。

人民论坛问卷调查中心：《党风、民风如何相互作用、相互影响——关于社会风气变革内在逻辑的调查报告》，《人民论坛》2016 年第 4 期。

宋建：《不同收入阶层消费之间相互影响的实证分析》，《经济问题探索》2017 年第 3 期。

孙伟平：《我们需要什么样的消费观?》，《求是》2013 年第 15 期。

田芯、冯文华：《中国奢侈品消费的符号价值创造》，《财经问题研究》2012 年第 7 期。

王京歌、邹雄：《政府绿色采购制度研究》，《郑州大学学报》（哲学社会科学版）2017 年第 6 期。

王敬、张忠潮：《生态文明视角下的适度消费观》，《消费经济》2011 年第 2 期。

王明杰：《“八项规定”带来的巨大改变》，《人民论坛》2017 年第 1 期。

王翔、鲍海波：《大众媒介逐利逻辑对新生代大学生消费异化的影响研究》，《人文杂志》2017 年第 5 期。

王曾豪：《“炫富性新闻”的伦理困境探究》，《传播与版权》2017 年第 7 期。

文魁、刘慧：《合理消费：生态文明的源头》，《北京社会科学》2013 年第 2 期。

徐晓飞：《大学生低碳消费状况的调查研究》，《现代管理科学》2018 年第 6 期。

许进杰：《环境道德、消费者社会义务与生态文明消费模式》，《现代经济探讨》2012 年第 10 期。

杨春花：《改革开放以来消费观念变化的哲学透视》，《山东社会科学》2009 年第 7 期。

张永强、蒲晨曦、彭有幸：《农民绿色消费意识对其消费行为的影响研究》，《商业研究》2018 年第 7 期。

周生贤：《走向生态文明新时代——学习习近平同志关于生态文明建设的重要论述》，《求是》2013 年第 17 期。

朱力：《社会风尚的理论蕴含》，《学术交流》1998 年第 4 期。

竹立家：《用好的制度治理“三公”消费》，《中国党政干部论坛》2014 年第 10 期。

图书在版编目（CIP）数据

合理消费社会风尚的形成机制 / 盛美真著. -- 北京：社会科学文献出版社，2021.9

（云南大学新时代马克思主义理论与实践研究丛书）

ISBN 978 - 7 - 5201 - 9038 - 1

Ⅰ. ①合… Ⅱ. ①盛… Ⅲ. ①消费习惯 - 研究 - 中国 Ⅳ. ①D669.3

中国版本图书馆 CIP 数据核字（2021）第 187412 号

· 云南大学新时代马克思主义理论与实践研究丛书 ·

合理消费社会风尚的形成机制

著　　者 / 盛美真

出 版 人 / 王利民
组稿编辑 / 谢蕊芬
责任编辑 / 庄士龙　胡庆英
责任印制 / 王京美

出　　版 / 社会科学文献出版社 · 群学出版分社（010）59366453
地址：北京市北三环中路甲 29 号院华龙大厦　邮编：100029
网址：www.ssap.com.cn
发　　行 / 市场营销中心（010）59367081　59367083
印　　装 / 三河市龙林印务有限公司

规　　格 / 开 本：787mm × 1092mm　1/16
印 张：15.5　字 数：260 千字
版　　次 / 2021 年 9 月第 1 版　2021 年 9 月第 1 次印刷
书　　号 / ISBN 978 - 7 - 5201 - 9038 - 1
定　　价 / 108.00 元